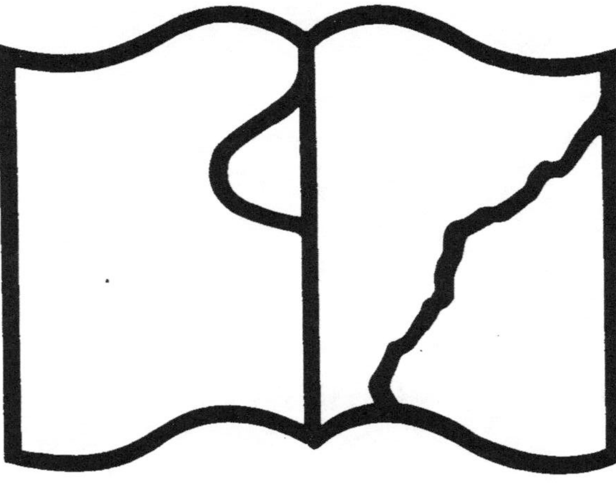

MISSION
à
L'EXPOSITION DE HANOÏ
et en
Extrême-Orient

Rapport Général

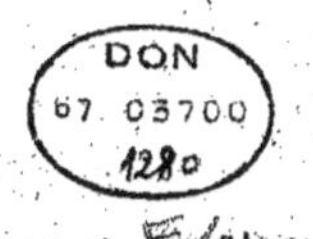

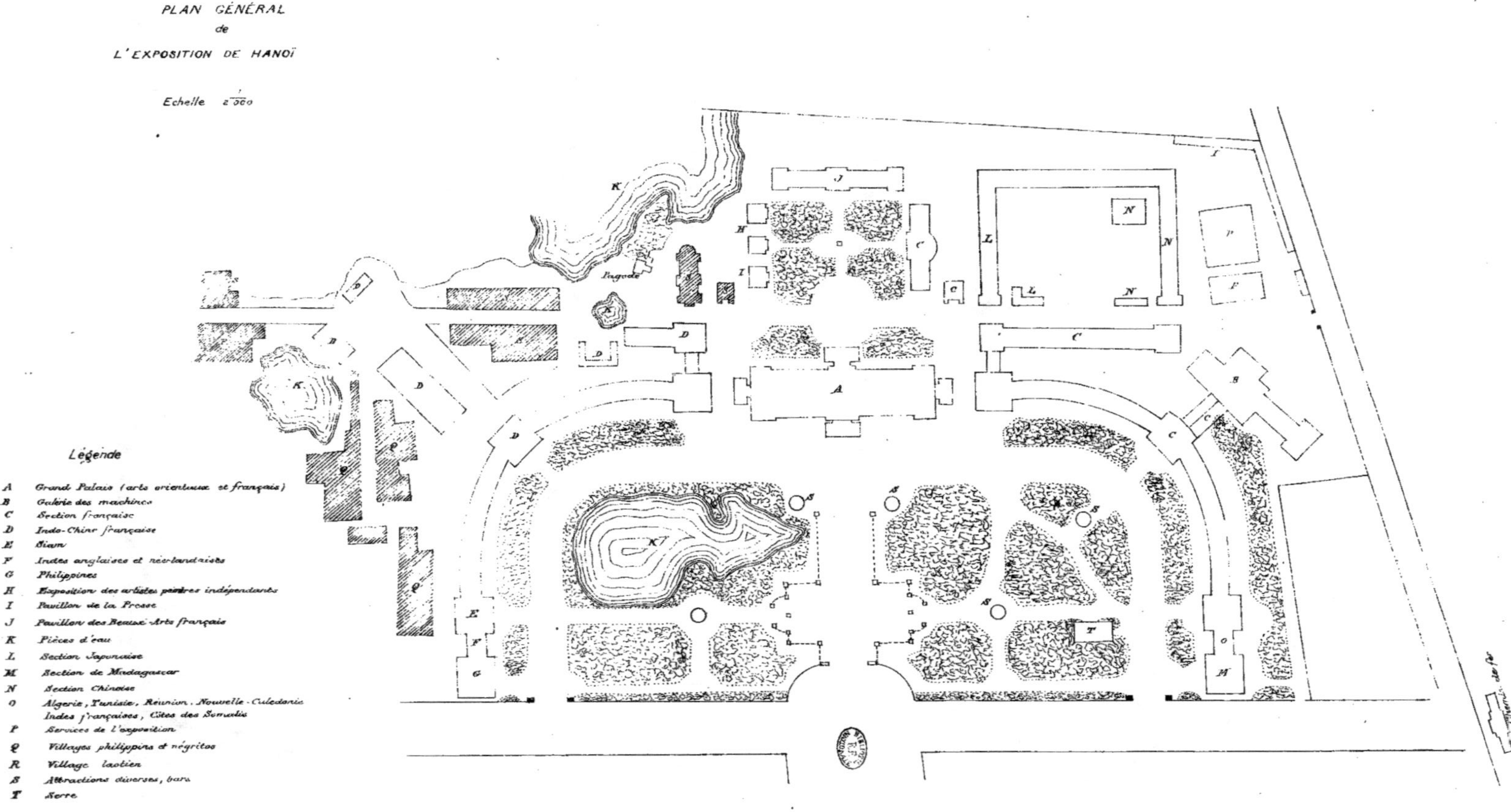
PLAN GÉNÉRAL
de
L'EXPOSITION DE HANOÏ
Echelle 1/2000
Légende
A Grand Palais (arts orientaux et français)
B Galerie des machines
C Section française
D Indo-Chine française
E Siam
F Indes anglaises et néerlandaises
G Philippines
H Exposition des artistes peintres indépendants
I Pavillon de la Presse
J Pavillon des Beaux-Arts français
K Pièces d'eau
L Section Japonaise
M Section de Madagascar
N Section Chinoise
O Algérie, Tunisie, Réunion, Nouvelle-Calédonie
Indes françaises, Côtes des Somalis
P Services de l'exposition
Q Villages philippins et négritos
R Village laotien
S Attractions diverses, bars
T Serre
Pagode
Gare du Chemin de fer

Pavillon de Madagascar

Le Pavillon Malgache

(disposition intérieure)

A *Bureau de renseignements*

B *Enseignement officiel*

C *Exposition des Missions religieuses d'enseignement*

D *Imprimerie officielle*

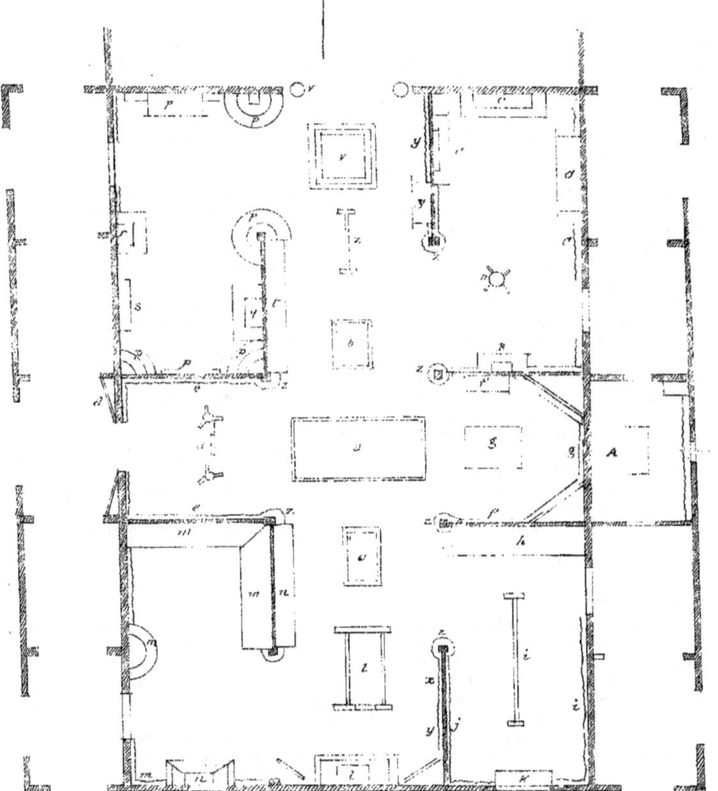

a, b, c *Plans-reliefs de Madagascar, de Diego-Suarez et de Tananarive*

d *Collections ethnographiques*

e *Cartes du Service géographique*

f *Service topographique*

g *Documents concernant le commerce et la colonisation*

h, i, j *Exposition des Mines, des Ponts-et-Chaussées et des Bâtiments civils*

k *Eaux Minérales, Salines de Diego-Suarez*

l *École professionnelle de Tananarive*

m *Produits agricoles*

n *Produits de la mer*

p, q, r, *Collections de bois, de résines et gommes, de caoutchoucs et de textiles forestiers*

s *Exposition des produits de M. Froger*

t *Étoffes d'importation*

u, v, x *Industries indigènes des tissus, de l'orfèvrerie de la métallurgie*

y *Exposition des Services administratifs, de santé et des Postes et télégraphes*

z *Photographies*

8 Décembre 1903.

MONSIEUR LE GOUVERNEUR GÉNÉRAL,

Par arrêté en date du 19 janvier 1902, vous avez bien voulu me charger de la préparation à Madagascar et de l'installation en Indo-Chine des collections et documents destinés à présenter la situation politique et économique de notre Colonie aux visiteurs de l'Exposition de Hanoï.

Mon premier rapport, qui vous a été remis le 31 juillet 1902, vous exposait ce qui avait été fait dans les diverses provinces, avec un relevé des collections préparées par les services techniques ou par le bureau de l'Exposition lui-même. Sommairement aussi l'installation à Hanoï était prévue, ou plutôt la coordination méthodique des documents qui nous avaient été confiés.

Si, sur certains points, les circonstances nous ont amené à modifier le programme primitif, il n'en a pas moins été conservé dans ses grandes lignes, ainsi que vous pourrez le constater par le rapport ci-joint de M. le capitaine Ducarre, mon commissaire-adjoint, au dévouement et à l'activité duquel nous devons en grande partie le succès de l'Exposition malgache.

Les différents articles parus dans les journaux du Tonkin et de la Cochinchine, les notes données dans plusieurs revues, l'étude publiée par M. Gaffarel, délégué de Marseille, dans la *Dépêche Coloniale*, enfin, le volume écrit par M. Raquez sur l'Exposition, actuellement en cours de publication à Hanoï, reflètent exactement l'impression des visiteurs de notre pavillon.

Elle a été très nettement favorable à Madagascar, à l'œuvre qui, depuis six ans, s'y est poursuivie, et aux efforts de tous ceux qui vous ont secondé dans cette tâche.

La première partie du résultat que vous désiriez en assurant notre participation effective à la manifestation indo-chinoise a donc été obtenue : mais vos instructions en prévoyaient une seconde, définie à la fois dans la lettre que je portais en votre nom à M. le Gouverneur Général de l'Indo-Chine et dans celle qui devait me permettre de mener à bien le voyage complémentaire dont vous m'aviez entretenu.

En étudiant l'Exposition dans son ensemble et ses détails, pour l'Indo-Chine elle-même, comme pour les autres colonies et les pays étrangers, je devais voir les résultats obtenus jusqu'ici, tant par l'initiative privée que par l'organisation administrative, les comparer avec ceux qui ont été réalisés à Madagascar, vous signaler les tentatives pouvant intéresser la Grande Ile et en préciser le fonctionnement.

Le voyage d'études que vous m'aviez prescrit sur Lang-Son, vers Laokay, dans les autres régions indo-chinoises et les pays voisins, devait compléter par l'observation de la mise en pratique les renseignements recueillis à l'Exposition.

C'est cette tâche complexe, à laquelle je me suis particulièrement attaché, qui fait l'objet de ce rapport, divisé en trois parties comprenant :

1° L'Exposition de Hanoï : son but, son organisation, son installation, son fonctionnement et ses conséquences ;

2° Les pays de l'unité indo-chinoise, leur organisation et leur colonisation ;

3° Les colonies ou pays étrangers voisins, en relations directes ou indirectes avec l'Indo-Chine ; leur situation en 1903.

Une semblable étude ne saurait être évidemment de ma part qu'une esquisse comparative, limitée aux points communs entre ces pays ; étude forcément incomplète pour deux raisons : la première due au peu de temps que j'ai pu passer dans chacun d'eux, la seconde à mon incompétence en plusieurs matières.

Un long séjour à Madagascar, où j'ai été, grâce à votre bienveillance, témoin, actif parfois, de l'évolution des idées dans la colonisation européenne et indigène, constituait mon bagage et mon guide dans une telle investigation. Le désir d'être utile à un pays auquel j'ai donné bien des preuves d'intérêt et, par dessus tout, la ferme volonté de justifier votre indulgente confiance pourront faire excuser les incursions que je me suis permises sur des terrains qui ne m'étaient pas familiers, comme ma situation d'architecte expliquera les digressions techniques ou archéologiques où je me suis complu en cours de route.

Les documents manuscrits et imprimés et les photographies nombreuses prises par moi ou achetées sur place permettront de suivre de plus près les parties de ce rapport constituant les phases d'un voyage au cours duquel j'ai rencontré près de tous, fonctionnaires, colons et militaires, ainsi que chez les étrangers, l'accueil le plus cordial et l'appui le plus large.

Ce voyage m'a permis d'acquérir une précieuse expérience et une connaissance des pays, des hommes et des choses qui me seront d'un puissant secours dans l'avenir et restent au service de Madagascar.

Aussi, c'est avec une sincère reconnaissance que je vous prie, Monsieur le Gouverneur Général, d'agréer mes remerciements et l'assurance de mon respectueux dévouement.

JULLY.

L'EXPOSITION DE HANOÏ

Son but, son organisation, son installation, son fonctionnement et ses conséquences

---

But de l'Exposition. — Dans le rapport publié en 1902 par M. Paul Doumer, Gouverneur Général, sur la situation de l'Indo-Chine (1897-1901), une note sur l'Exposition de Hanoï est insérée à la page 537, où l'idée générale qui a guidé les organisateurs de cette Exposition est précisée. « L'idée d'organiser une Exposition à Hanoï est née lors du vote de l'emprunt de « 280 millions, à la fin de l'année 1898. Il était utile d'étaler au grand jour les richesses de l'Indo-Chine, de montrer la réalité de « ses ressources et justifier la création de l'outillage économique de la Colonie. »

Il s'agissait donc, en principe, d'une exposition nettement locale comme avait été précédemment celle de 1887, mais l'arrêté du 5 mai 1899, conséquence de pourparlers avec les représentants de la France en Extrême-Orient, fixa au 1er décembre 1901 la date de l'ouverture d'une exposition « des produits agricoles et industriels et des œuvres d'art de la France, des colonies françaises et des pays d'Extrême-Orient. »

Extension de l'idée primitive. — En étendant ainsi les limites de l'idée primitive, cet arrêté assura le succès de l'Exposition, car, comme nous aurons l'occasion de le constater au cours de cette étude, la belle manifestation coloniale de Hanoï a été surtout visitée par des coloniaux pour lesquels la juxtaposition des documents indo-chinois et autres fut une source précieuse de renseignements.

Quant au but primitif, il ne fut pas complètement atteint, du fait de l'Exposition tout au moins. En dehors de quelques collections méthodiques, comme l'ensemble de l'agriculture, toutes celles présentées par l'Union indo-chinoise restèrent à notre avis inférieures à la réalité, dont le séjour et les voyages dans le pays permirent aux visiteurs de mieux se rendre compte. Le grand malheur fut que les visiteurs vinrent peu nombreux et la cause principale était l'excentricité de Hanoï par rapport aux lignes des grands paquebots.

Le choix de Hanoï, il est vrai, s'imposait comme conséquence de la politique générale de M. Doumer, synthétisée dans l'unité indo-chinoise.

Cette politique prudente, commandée par les nécessités budgétaires dont les causes sont longuement exposées au début du rapport précité (Voir page 12), modifiait un état de choses établi depuis de longues années, d'où quelques tiraillements dans l'organisation qui causèrent des retards dans le fonctionnement.

La belle collection agricole de Saïgon, par exemple, ne parvint que fort tard à Hanoï. Le Cambodge temporisa également et, d'une façon générale, il y avait encore, même à notre arrivée au Tonkin, des hésitations doublées d'une pointe de scepticisme à l'égard de l'œuvre et de son succès. La Colonie semblait douter de sa vitalité. Il fallut l'arrivée du nouveau Gouverneur Général pour remettre les choses au point, convaincre les hésitants et presser les retardataires. On se mit résolument à l'œuvre, mais en matière d'exposition il est difficile de regagner le temps perdu.

Les collections, aussi bien que les documents, dont la coordination doit présenter un tout homogène, exigent une préparation méthodique, ennemie de la fièvre finale : beaucoup ne purent arriver en temps voulu, n'étant pas partis à point.

Comme les Parisiens en 1900, les Tonkinois furent les derniers prêts du reste et le 1er décembre, c'est-à-dire quinze jours après l'ouverture, les étalages s'installaient à la hâte dans les galeries réservées à la ville même de Hanoï.

Il ne nous convient pas de nous faire l'écho des discussions locales, dont les polémiques des journaux reproduisirent à cette époque les arguments ; toutefois, en présence du résultat final, il est permis de se demander si le choix de Hanoï comme lieu d'exposition était heureux.

Les transbordements sont toujours, en effet, un motif de détériorations pour les marchandises et de craintes pour les commerçants qui les expédient : or, il fallait trois embarquements et trois débarquements au minimum pour les colis expédiés à Hanoï. De plus, le chemin de fer, dont les travaux venaient d'être terminés, restait encore dans la période de début où la ligne et le matériel cherchent à se mettre d'accord. Le résultat fut l'encombrement des docks de Haïphong, qui causa lui-même du retard dans l'ouverture.

Il semblerait donc que le choix d'un port en contact habituel avec les paquebots et situé sur une grande voie de navigation eut favorisé davantage à tous points de vue et l'installation et le fonctionnement de cette Exposition.

Hanoï, au fond du golfe du Tonkin, reste et restera excentrique, tant qu'une annexe des Messageries Maritimes le reliera à Saïgon, avec une traversée de cinq jours et un voyage de cinq heures en chemin de fer, le tout comportant deux transbordements, alors que Saïgon est à un jour et demi de Singapour et à quelques heures de la grande voie commerciale si fréquentée qui relie ce point à Hong-Kong.

Du port d'embarquement au quai de débarquement, les marchandises n'auraient donc subi aucune manutention : les avaries et les pertes comme celles dont nous avons été victimes eussent été évitées. Quant aux visiteurs, Français ou étrangers, la garantie d'un voyage rapide et confortable en trois semaines en aurait certainement attiré beaucoup plus.

L'emplacement eut été facile à trouver à proximité du port : l'immense boulevard Charner, par exemple, se serait admirablement prêté à l'installation de bâtiments dont le dispositif plus resserré aurait évité une dispersion, un émiettement dans une vaste solitude qui resta, comme on pourra le voir, la caractéristique des jardins de Hanoï devant le palais central, même au moment des plus grandes fêtes.

Deux objections, je le sais, peuvent être formulées contre cette opinion : le climat de Saïgon et la crainte de ne pas voir au Tonkin les visiteurs de l'Exposition. Les étrangers qui résident à Singapour, Colombo, Batavia, Hong-Kong ne se seraient guère laissé arrêter par la première, et les globe-trotters, s'ils avaient trouvé à Saïgon un service régulier de transports, confortable et rapide, auraient démenti la seconde.

Notre conclusion est donc que si le choix de Hanoï peut s'expliquer par le désir manifeste et fort naturel d'attirer le visiteur sur ce point, où de superbes travaux comme le chemin de fer et le pont du Fleuve-Rouge ont été réalisés, il est évident que cette ville était excentrique et ne remplissait pas toutes les conditions voulues pour recevoir une exposition.

Organisation de l'Exposition. — Cette base nettement établie, et il était indispensable de le faire pour en expliquer les conséquences, examinons comment il fut procédé à l'organisation ; nous continuons à citer le texte du rapport de M. Doumer : « Une commission provisoire fut instituée ; elle eut pour principal objectif la recherche de l'emplacement. Cette question fut tranchée définitivement en faveur de l'hippodrome de Hanoï, terrain d'une superficie de 9 hectares environ, situé en bordure du boulevard Gambetta et à proximité de la future gare de Hanoï. »

Pour qui connait la jeune, mais déjà coquette, capitale du Tonkin, l'emplacement près de la gare était évidemment très bien choisi : le large boulevard Gambetta, avec l'avenue Richaud qui le coupe perpendiculairement, assurait des accès faciles aux indigènes, tandis que les boulevards Jauréguiberry, Gia-Long, Dongh-Khan le reliaient au centre européen et commerçant de la rue Paul-Bert. Le grand tramway électrique qui traverse toute la ville avec le village du Papier et Bac-Moi comme points terminus, sur lequel fut branché un raccord qui desservait le boulevard Gambetta jusqu'à la gare, constituait un lien parfait, en communication avec tous les quartiers.

Augmentation progressive de la superficie de l'Exposition. — Mais, déjà, la préoccupation qui devait tant influer sur toute l'Exposition se fait jour : le terrain choisi a une superficie de 9 hectares. Au fur et à mesure que les limites idéales de l'Exposition s'étendent, les limites réelles de son champ d'action suivent la même progression. D'un terrain relativement restreint on passe à un plus étendu, puis, les projets devenant chaque jour plus grandioses, c'est une superficie de 17 hectares environ qui fut absorbée et enfermée définitivement dans les clôtures de l'Exposition.

A dater du commencement de 1901, les organisateurs, subissant la loi commune des expositions, cherchèrent à faire grand. On a toujours vu grand à Hanoï d'ailleurs et l'événement semble justifier, depuis, l'exagération du début. Mais une expérience un peu plus complète des expositions, et en particulier de celle de 1900, aurait certainement réprimé cette tendance. Car ce fut, à n'en pas douter, la même cause qui produisit les mêmes effets, toutes proportions gardées, bien entendu, à Hanoï en 1902, comme à Paris en 1900. A Paris, l'extension démesurée causait à la fois un amoncellement de pavillons devant le nombre desquels la bonne volonté des visiteurs reculait, et une série de solitudes qu'on se refusait à traverser durant les jours caniculaires du mois d'août ou les plus froides nuits d'octobre. A Hanoï, un trop vaste jardin, parc dans lequel les arbres manquaient, étendait son immensité désertique devant le Grand Palais, séparant les deux ailes en fer à cheval des galeries annexes par une plaine presque nue, torride sous le grand soleil, boueuse pendant les pluies, marécageuse pendant le crachin.

Comme toute la physionomie de cette Exposition se serait égayée et animée, si, au lieu d'obéir aux exigences de son terrain et de chercher à y disséminer des constructions, mon distingué confrère, dont j'aurai bientôt l'occasion de louer l'œuvre architecturale, eut songé aux bâtiments concentriques de l'Exposition de 1867 plutôt que de se souvenir du Trocadéro et du Grand Palais des Champs-Elysées ! L'expérience de Hanoï s'ajoute à celle de Paris ; c'est aux architectes qu'il convient d'en profiter et aux organisateurs.

Examinons maintenant la genèse de l'éclosion en étudiant les actes administratifs qui en marquèrent les étapes ; c'est, ne l'oublions pas, un enseignement que nous cherchons.

Par arrêté en date du 7 décembre 1899, M. le Gouverneur Général organisait le Commissariat général de l'Exposition et le plaçait sous l'autorité du Directeur de l'agriculture et du commerce de l'Indo-Chine, nommait le Commissaire Général et réglait le fonctionnement financier ; en outre, un arrêté du 30 décembre 1899 complétait le premier et désignait les chefs du secrétariat et de la comptabilité.

L'affabilité avec laquelle la délégation de Madagascar a été accueillie par tous ces messieurs et l'obligeance qu'ils nous témoignèrent rend ici notre tâche très difficile, mais je ne puis hésiter à reproduire les critiques que j'ai été amené à faire maintes fois verbalement ou même par écrit.

En rendant hommage à M. Capus, qui possédait la plus incontestable autorité pour organiser le classement méthodique des collections reçues, il nous faut regretter que ses fonctions absorbantes de Directeur du commerce et de l'agriculture l'aient obligé à laisser porter souvent tout le poids de la besogne sur le Commissaire Général. M. Thomé ne ménagea ni son activité ni sa peine : toujours à la besogne, soit à son bureau, soit dans les galeries, il fut en même temps Directeur et Commissaire Général, c'est-à-dire pensant et agissant : c'était une lourde charge.

Opiniâtre et conciliant, il sut aplanir bien des difficultés et surmonter bien des ennuis, dus tant à la situation morale dont j'ai parlé plus haut, qui eut souvent des contre-coups économiques, qu'aux obstacles matériels provenant de l'emplacement choisi. Toujours aimable et infatigable cependant, il sut, par des démarches et une correspondance assidue, se concilier des adhérents et assurer la participation de nombreux pays. Mais, ses occupations multiples en faisaient à la fois le récepteur et le distributeur de cette machine aux rouages forcément compliqués que doit être une exposition.

Rouages administratifs du service de l'Exposition. — Or, comme les chefs du secrétariat et de la comptabilité étaient pris par leurs besognes respectives, qu'ils surent d'ailleurs mener jusqu'au bout à la satisfaction de tous, le fonctionnement fut imparfaitement assuré. Une bonne partie du travail revint à l'architecte qui, surmené, tomba malade. Quant à la plus importante, comprenant le classement des demandes d'admission, c'est-à-dire l'installation sur le papier par le catalogue, elle ne fut jamais effectuée. Le rouage nécessaire était bien prévu et fut désigné : un chef d'exploitation existait, mais, peu au courant des exigences ultérieures du fonctionnement d'une exposition et occupé à la besogne matérielle du placement, il ne put rien préparer. Tout le monde souffrit de cette lacune : les délégués pour l'organisation de leurs collections, les visiteurs pour leurs recherches, et, enfin, par dessus tout, les membres du jury pour leur examen.

L'Exposition de Hanoï, en résumé, comprenait certainement le personnel voulu, mais les fonctions dévolues à chacun ne furent pas méthodiquement respectées. Ou le directeur devait prendre en mains l'organisation générale théorique, c'est-à-dire la préparation, laissant au Commissaire Général la mise en œuvre ; ou bien ce dernier devait être l'âme dirigeante et il lui fallait comme coadjuteur un chef d'exploitation énergique et expérimenté.

En résumé, une exposition coloniale doit, à notre avis, comprendre le personnel suivant avec ses attributions soigneusement définies :

1° *Commissaire Général*	Directeur de l'exposition ayant sous ses ordres, avec le secrétaire particulier, tous les chefs des services ci-dessous, dont nous avons dressé un tableau, avec, en regard de chacun d'eux, leur personnel direct :
1 *Administrateur* chef du service du secrétariat ayant sous ses ordres :	1 *chef du bureau des exposants*, chargé de recevoir les demandes d'admission, de les classer, de constituer les dossiers des exposants et de rédiger le catalogue en temps voulu. 1 *chef du bureau de la comptabilité*, centralisant la comptabilité des divers services et préparant la justification des dépenses. 1 *magasinier*, centralisant les inventaires du matériel des divers services et le classement méthodique dans le magasin central des envois faits par les divers exposants des caisses leur appartenant, etc., et des collections après leur mise en place.
1 *Architecte* chef du service ayant sous ses ordres :	1 *ou plusieurs inspecteurs.* 1 *comptable finances.* 1 *comptable matières* chargé des inventaires du matériel et de la manutention des caisses de collections pour l'installation dans les galeries diverses.
1 *Ingénieur* chef du service de la force motrice, de l'eau et de l'éclairage, ayant sous ses ordres :	1 *ou plusieurs conducteurs.* 1 *comptable finances.* 1 *comptable matières* chargé des inventaires du matériel et de la manutention des caisses de machinerie pour l'installation dans les galeries diverses.
1 *Jardinier-chef* chargé des parcs, serres et jardins avec :	1 *ou plusieurs jardiniers.* 1 *comptable finances et matières.*
1 *militaire* ou assimilé chef des services de garde et d'incendie avec :	Le nombre de gardes et de pompiers exigés par la superficie de l'exposition.

Nécessité d'un magasin central dans l'Exposition. — C'est surtout, je tiens à le répéter, la méthode qui a manqué dans l'Exposition de Hanoï, où le personnel était nombreux. Il en est résulté dès le début un peu de désordre, qui nous prouva, lors de l'arrivée à Haïphong, que les attributions de chacun et en particulier celles des magasiniers n'étaient pas suffisamment définies. C'est sur ce point, en effet, que s'entassaient les colis et les caisses déjà arrivées en grand nombre, alors qu'un vaste magasin aurait dû être construit à Hanoï même, dans l'enceinte de l'Exposition, avant tout autre bâtiment, magasin dans lequel un raccord de la ligne du chemin de fer aurait amené les caisses au fur et à mesure de leur arrivage.

Un bâtiment de la douane à Haïphong fut choisi comme entrepôt, d'où des difficultés de manutention, des avaries et des retards qui auraient pu être évités.

Plusieurs exposants exprimèrent leur mécontentement et firent toutes réserves sur des réclamations ultérieures ; aujourd'hui que ces questions sont réglées, on peut avouer qu'ils n'avaient pas absolument tort.

Ce résultat est d'autant plus fâcheux qu'un magasin figure et a été prévu sur le plan d'ensemble ; malheureusement, il était de dimensions beaucoup trop faibles.

Règlement général de l'Exposition et classification. — Un arrêté du 28 juin 1900, retardant d'un an l'ouverture de l'Exposition et la fixant au 3 novembre 1902, promulgua le règlement général.

La première décision était absolument nécessaire et il est certain qu'une exposition, quelle qu'elle soit, exige, tant de la part des organisateurs que de celle de beaucoup d'exposants, un minimum strict de deux années pour la préparation.

La seconde décision demande un plus long examen, principalement en ce qui touche la classification. Celle-ci paraît avoir été conçue dans la forme habituelle des expositions d'Europe et n'a pas présenté le caractère nettement colonial qu'il eût été bon d'imprimer à cette manifestation. De plus, pour cette même raison, elle était incomplète et certaines classes chevauchaient les unes sur les autres.

Si nous prenons le groupe I, par exemple, nous relevons dans la classe 1, en sous-titre : les poids et mesures des divers pays. Il est évident qu'il ne s'agit que de collections archéologiques, puisque le titre général de la classe 1 est : « Archéologie, art ancien, ethonographie, religions ». Pourquoi, dès lors, cette subdivision inutile qui peut donner lieu à confusion ?

L'énumération de la classe 2 a rendu le jury perplexe en plusieurs cas, car celui-ci se composait en majorité d'artistes, amateurs ou professionnels, plus qualifiés que d'autres pour juger les œuvres d'art. Or, par une inconcevable anomalie, les meubles, la sculpture ornementale, la ferronnerie, les peintures décoratives, la céramique artistique, les broderies sur soie, coton, etc., l'orfèvrerie en or, argent, cuivre, bronze, étain, étaient classés dans le groupe II.

La classe 3, consacrée à la gravure, typographie, photographie et librairie, n'aurait pas dû comprendre les machines et appareils de ces industries, pour l'examen desquels les membres du jury du groupe IV, tous ingénieurs ou industriels, étaient plus compétents. Les produits de ces machines, au point de vue de la perfection du résultat, intéressaient seuls les jurés du groupe I.

De même, pourquoi l'introduction dans la classe 6, sous le titre « Economie sociale et colonisation », du matériel de transport et de campement ?

Il est vrai que, par une erreur inverse, nous remarquons à la classe 21 du groupe II les médicaments, simples et composés, alors que le titre de la classe 7 du groupe I est : « Médecine, chirurgie, hygiène et salubrité publiques », et que le jury de cette classe était uniquement composé de médecins. Les classes 23 et 24 auraient dû également faire partie du groupe III et non du groupe II. Il est inutile de multiplier les exemples pour faire comprendre l'incohérence du classement adopté, qui eut pour conséquence des erreurs à n'en pas douter, et des oublis probablement. De plus, le défaut capital présenté par le classement et le règlement général adoptés, fut de ne pas permettre la sélection des objets exposés qui présentaient un intérêt purement colonial, leur mise en valeur et par suite un compendium, une sorte de palmarès de l'œuvre de colonisation, en France d'une part, dans les colonies ou pays étrangers de l'autre.

Tant qu'il s'était agi de présenter au public les ressources de l'Indo-Chine, cette préoccupation était moindre, mais du jour où les organisateurs de l'Exposition convièrent les colonies, les pays étrangers et la métropole à y participer, cette idée aurait dû devenir la dominante.

Idées maîtresses d'une exposition coloniale. — L'importation et l'exportation devaient constituer les deux troncs d'organisation distincts : le classement, le fonctionnement et le jugement final devaient suivre leurs branches respectives. Dans ces conditions, au lieu de présenter à ses visiteurs le spectacle d'efforts multiples, dont beaucoup restèrent sans effet à cause du manque de coordination, l'Exposition de Hanoï aurait offert les deux blocs des efforts métropolitains et coloniaux, exalté le mérite des commerçants et industriels qui ont travaillé et travaillent pour la cause coloniale, et relégué à leur place tous ceux qui sont venus refaire à Hanoï l'étalage qu'ils avaient déjà exposé à Anvers, à Glasgow, à Chicago ou à Paris.

L'occasion était excellente de se servir de ce groupement exceptionnel pour donner à tous une leçon de choses et indiquer ainsi à nos fabricants français, par des récompenses loyalement données à ceux qui l'ont suivie, la voie pratique dans laquelle l'importation doit désormais s'engager.

Le commerce colonial n'est plus le trafic d'autrefois et le temps est loin où quelques mètres de toile permettaient de se procurer des bœufs : l'indigène partout est devenu difficile et veut des objets à sa convenance. D'autre part, que lui font les toilettes de nos grands couturiers et les corsets de nos célèbres faiseuses. Le spectacle de ces luxueux étalages, retour d'Amérique, présentait, au point de vue colonial, un faible intérêt, et il était plutôt pénible d'être obligé de chercher dans ce fatras l'exposition des travailleurs, de ceux qui coopèrent réellement et efficacement à la solution du problème colonial en construisant ou en fabriquant pour les colonies.

Nous essaierons de signaler ceux-là dans la nomenclature qui suit cet exposé, mais la tâche pour les trouver sous le flot des inutilités fut dure ; ajoutons qu'ils étaient rares, hélas !

Il serait évidemment injuste d'imputer cette faute primordiale exclusivement aux organisateurs de l'Exposition. Ceux qui furent leurs représentants à Paris ont à cet égard une large part de responsabilité. Lorsque le Commissaire Général alla, en effet, se mettre en relations directes avec eux, il y a lieu de penser que sa vieille expérience du Tonkin lui permit de donner tous les renseignements nécessaires pour l'organisation en France de cette Exposition, qui devait être nettement coloniale. Il est profondément regrettable que ses instructions n'aient pas été scrupuleusement suivies et communiquées aux comités des expositions à l'étranger qui, au lieu d'uniformiser ses procédés, devrait être l'initiateur des expositions diverses dans des pays différents.

Les industriels qui se chargèrent du transport et de l'installation des produits de nos commerçants étaient tous fort habiles et leurs étalages furent remarquables, mais les prix qu'ils demandèrent à leurs clients durent causer l'abstention de plusieurs commerçants; ils provoquèrent celle des petits fabricants peu désireux d'aventurer, pour un résultat inconnu, une somme de quelque importance.

Les grosses maisons seules, du genre de celles que j'ai citées plus haut, consentirent donc à un pareil sacrifice et il en résulta une section métropolitaine aux vitrines éblouissantes, où l'alimentation et le luxe tinrent presque toute la place et qui fut en somme bien peu coloniale.

L'observation en fut faite par tout le monde et M. Gaffarel, délégué de l'Institut colonial de Marseille, nous ayant plusieurs fois communiqué ses impressions à cet égard, il y a lieu de croire que l'Exposition de Marseille, en 1906, saura se mettre à l'abri de semblables erreurs par un classement méthodique devant faire dans l'esprit des visiteurs œuvre pratique et colonisatrice. Une impitoyable élimination des produits qui n'ont rien de colonial en sera la garantie.

Construction de l'Exposition. — Le principe de la construction fut décidé par l'arrêté du 21 février 1900, qui ouvrait un concours pour l'établissement du plan général de l'Exposition, comprenant le palais central, les pavillons, galeries annexes, parcs et jardins. A la suite de ce concours, M. Bussy, inspecteur des bâtiments civils au Tonkin, fut nommé, par arrêté du 27 juin 1900, chef du service des travaux et chargé des études définitives. Les organisateurs ne pouvaient faire un meilleur choix. Ancien élève de l'école des Beaux-Arts, installé à Hanoï depuis plusieurs années, M. Bussy connaît le pays et les ressources de l'industrie locale.

Très actif et aimé des indigènes, il tira de la main-d'œuvre un parti surprenant et, contrairement aux prévisions les plus pessimistes, les bâtiments de l'Exposition furent prêts en temps voulu, tout au moins ceux qui avaient été prévus. Il se mit à la disposition de tous, resta constamment sur la brèche et fut en somme un des premiers artisans du succès. Quant à son œuvre architecturale, en dehors de la critique déjà faite sur les dimensions du terrain, et dont la responsabilité revient à ceux qui conçurent le schéma primitif, elle présentait dans l'ensemble une excellente proportion et dans les détails une richesse de lignes et de formes dénotant une imagination créatrice et un goût équilibré.

Le Grand Palais, avec ses colonnades et ses ouvertures d'heureuse proportion, fermées par des menuiseries riches et robustes dans les traditions du vieil art français, constituait une imposante toile de fond sur laquelle les deux galeries en aile raccordaient leur courbe recoupée par les clochetons, les dômes et les minarets des pavillons principaux.

Les toits du Palais central seuls pourraient donner quelque prise à la critique : leur forme lourde était celle qu'avait adoptée l'architecte de Paris, M. André, et qu'on retrouve dans son œuvre principale, le Muséum du Jardin des Plantes. Mais M. Bussy étant son ancien élève, ce souvenir posthume n'a pu que nous rappeler les critiques irrévérencieuses dont nous accablions à l'école, en 1883, les toits du vénérable M. André, en les désignant sous le nom de « comble des combles ».

Les photographies des parties essentielles des diverses constructions montreront comment l'architecte sut se tirer économiquement des difficultés nombreuses dues tant au terrain lui-même qu'aux conditions dans lesquelles le travail dût être exécuté.

Il fut très bien secondé, du reste, par l'entrepreneur général, M. Henri Blazeix, et par l'entrepreneur de charpente et de menuiserie, M. Viterbo, dont j'aurai occasion de reparler, à propos de l'industrie du meuble au Tonkin, due entièrement à son initiative particulière.

La tâche fut pénible, surtout dans les débuts. Le terrain affecté à l'Exposition, comme tous ceux de ce quartier et de Hanoï en général, était composé d'anciens marais par lesquels serpentaient des *arroyos* vaseux. Dans ces conditions, les fondations, et principalement celles du Grand Palais, durent être établies après fonçage de pilotis sur un bouclier en béton armé. Les dépenses furent élevées et le travail difficile.

Il était, en effet, nécessaire de faire œuvre durable, le bâtiment central devant être conservé et servir de musée pour l'école d'Extrême-Orient. Là encore, suivant l'exemple de Paris, les organisateurs avaient fait, croyons-nous, fausse route. Un bâtiment d'exposition devrait être, à notre avis, une construction légère, susceptible de recevoir cette décoration de plâtre mosaïquée et peinturlurée qui lui donne un air de fête, radieux et engageant à l'extérieur; à l'intérieur, la distribution et l'éclairage doivent pouvoir assurer l'entrée et la sortie facile des flots de visiteurs appelés à s'y presser certains jours. L'expérience faite à Paris en 1900 est concluante. Tous les artistes que nous avons entendus regrettent le Palais de l'Industrie.

Un musée dans lequel, en dehors des étrangers et des flâneurs, quelques amateurs ou professionnels viennent s'instruire et étudier toute l'année, n'est pas un bâtiment d'exposition où doivent, pendant quelques semaines, défiler des masses humaines.

D'autre part, le délai restreint dans lequel sont exécutés les travaux d'exposition a toujours pour conséquences le manque d'études dans les débuts et l'absence de surveillance dans la partie finale. Les deux conditions essentielles de l'architecture sont ainsi négligées et l'imperfection dans la forme comme dans la construction en résulte. Ceci se passe quel que soit le talent de l'architecte, et mon camarade du Grand Palais à Paris, comme mon confrère de Hanoï, seraient de mon avis. Aussi je me garderai bien de citer des exemples de cette imperfection relevés dans l'un comme dans l'autre cas.

Il y eut aussi, pour les exposants des galeries annexes, une source d'ennuis qui pouvait être facilement évitée. Ces galeries, établies sur plan circulaire, devaient recevoir primitivement une couverture en zinc, ainsi que les pavillons principaux. Adjugées en novembre 1901, elles furent rapidement construites, mais les crédits commençaient à baisser : on songeait aux économies et, dans une réunion du comité de l'Exposition, la question fut agitée de remplacer le zinc par une couverture moins chère.

L'architecte, comme c'était son devoir, signala les dangers de ce changement eu égard à la faible économie réalisée (80.000 francs environ). Il n'eut pas gain de cause et dut couvrir les galeries en tuiles plates façon Marseille, et les pavillons en tuiles d'amiante ou en carton goudronné. Hélas ! quinze jours avant l'ouverture, une suite de pluies torrentielles couvrait le plancher des galeries d'une boue épaisse formée des plâtres du plafond, et il devait en être ainsi à chaque orage.

Le pavillon de Madagascar fut particulièrement éprouvé et, à plusieurs reprises, nous dûmes faire protéger nos collections. Le meuble exposé par l'école professionnelle avait été fortement endommagé; il fut réparé, d'ailleurs, par les soins du commissariat de l'Exposition.

Développement des surfaces bâties. — L'ensemble des surfaces couvertes, en exceptant bien entendu les paillottes de construction légère qui abritaient les attractions diverses, constituait un total d'environ 15.000 mètres carrés, ainsi répartis, ces chiffres étant approximatifs, bien entendu :

Grand Palais	2.400	mètres carrés
Beaux-Arts	660	—
Galerie des machines et annexes	2.000	—
Chine et Japon	2.500	—
Alimentation	950	—
Tonkin	400	—
Indo-Chine	2.200	—
Colonies françaises	820	—
Colonies étrangères	1.100	—
Exposition métropolitaine	2.240	—
Soit	15.270	mètres carrés en surface horizontale.

Il convient de remarquer, en passant, le faible espace laissé aux colonies françaises, dont la majeure partie était occupée par Madagascar, qui restait à l'étroit. Si les collections envoyées par les autres colonies, la Réunion et la Nouvelle-Calédonie en particulier, avaient été exposées convenablement, l'espace qui leur était réservé eut été totalement insuffisant.

Quant au chiffre global des dépenses effectuées pour la construction, il ne peut être que très approximatif, les comptes n'ayant pas été liquidés au moment de notre départ de Hanoï. Il atteindra certainement 2 millions de francs sans dépasser probablement de beaucoup cette somme, ce qui donnerait un prix de revient de 130 francs environ par mètre carré de surface couverte, si le Grand Palais, avec ses travaux de fondation, de menuiserie et de décoration, n'absorbait presque le tiers de la dépense totale. De ce fait, le prix de revient au mètre carré des galeries annexes doit se rapprocher sensiblement de 100 francs

Le Palais central était bâti en briques du pays, couvertes d'un enduit au mortier de chaux; l'ossature en fer; la couverture en ardoise et zinc; la charpente et la menuiserie en bois du pays sec et de belle qualité. La ferronnerie et la quincaillerie sont venues de France ainsi que les staffs, dont plusieurs, brisés en cours de route, ont cependant été réparés ou même reconstitués très habilement par les ouvriers annamites. Les galeries fermées étaient en pans de bois et torchis, couvertes en tuiles plates et en amiante; afin d'éviter les fondations, la charpente, en bois ordinaire du pays ainsi que les menuiseries, était reliée sous les planchers et formait un assemblage complet dont toutes les parties étaient solidaires entre elles. Malgré cela, plusieurs affaissements se sont produits dans ce terrain marécageux et ont amené quelques déversements et dislocations, d'ailleurs légers. Les galeries ouvertes avec une face persiennée, étaient entièrement en bois et couvertes de tuiles d'amiante.

Il semble inutile dans cet exposé d'insister davantage sur les matériaux et la main-d'œuvre, qui seront plus amplement étudiés dans les notes sur le Tonkin constituant la deuxième partie du présent rapport.

Toutefois, les chiffres ci-dessus, les plans et les photographies permettent de se rendre compte de l'effort considérable qui fut réalisé à Hanoï dans un délai de 22 mois. La déduction qui s'impose à cet examen est celle des ressources qu'offre la population indigène laborieuse, industrieuse et perfectible. Nous avons vu à l'œuvre les équipes de terrassiers, de maçons, de briquetiers, de ferblantiers et de peintres qui ont concouru à ce puissant résultat; leurs procédés de travail diffèrent fort peu de celui des Hova et leurs instruments sont aussi rudimentaires. Les enduits de mortier de chaux sont, cependant, exécutés par eux avec plus de perfection; ils les moulurent et les décorent habilement. Comme à Tananarive, les femmes sont employées au transport des matériaux ; elles se servent pour cela d'une lame de bambou aux extrémités de laquelle sont suspendues deux corbeilles plates. L'appareil constitue une sorte de balance en équilibre sur l'épaule ; il est usité partout en Chine et permet de porter de lourds fardeaux.

Eclairage de l'Exposition. — En 1901, également, dès que la construction fut en cours, une convention était passée avec la Compagnie d'éclairage électrique de Hanoï ; l'insuffisance de l'énergie électrique pouvant être fournie obligea le service technique de l'Exposition, dirigé par un ingénieur des travaux publics, M. Dussaix, à installer des générateurs, des moteurs et des dynamos, qui servirent à alimenter également les machines des exposants.

Il y avait, réparties dans la superficie de l'Exposition : 178 lampes à arc et 1.500 lampes à incandescence de 16 bougies.

Les machines étaient : une Richemond, de 130 chevaux, faisant tourner 2 dynamos à 110 volts chaque; une Bruslé, de 150 chevaux, faisant tourner 2 dynamos à 110 volts chaque. Le courant était réglé jusqu'à concurrence de 110 kilogrammes-watt Le voltage fourni par l'usine était environ de 240. Le nombre de lampes eut été, d'ailleurs, insuffisant, si les fêtes de nuit qu'on se proposait de donner avaient eu lieu et, en temps ordinaire même, le voltage fut impuissant à assurer l'éclairage total. Cette installation était, cependant, fort bien faite et marcha convenablement pendant toute la durée de l'Exposition.

Tel fut l'ensemble des services et leur organisation. Quant au prix de revient général, nous l'ignorons encore : la note parue dans le rapport de M. Doumer donnait, pour la dépense effectuée au 1er janvier 1902, un chiffre de 513.000 piastres, soit au cours d'alors 1.250.000 francs.

Bien que la somme totale soit encore inconnue, elle semble devoir s'élever à 5.000.000 de francs.

Ouverture et fonctionnement de l'Exposition. — L'Exposition fut ouverte solennellement le 16 novembre. Ce nouveau délai de 15 jours était dû aux orages de novembre, qui avaient fait dans les bâtiments et les jardins de grands dégâts, et aussi aux retards apportés dans l'expédition des caisses, par suite de l'encombrement à Haïphong. Il avait été décidé que l'entrée serait gratuite, tant pour les Européens que pour les indigènes. La foule se pressa les premiers jours dans les galeries, puis peu à peu celles-ci devinrent désertes, excepté quand un convoi de paysans y débarquait, amenés du fond de quelque province par un fonctionnaire. On eut parfaitement raison d'organiser pour les indigènes ces voyages gratuits; rien ne pouvait leur donner un meilleur enseignement et l'impression dans la population tonkinoise fut, j'en suis convaincu, très profonde. Malheureusement, ni l'Annam, ni le Laos, pas plus que la Cochinchine et le Cambodge ne purent être initiés et l'influence de l'Exposition sur les indigènes fut essentiellement limitée au delta du Fleuve-Rouge, en dehors de quelques individus privilégiés. Il en fut ainsi des Européens de l'Indo-Chine, fonctionnaires ou colons. Les premiers surtout ne purent quitter leurs postes.

Enfin, les visiteurs furent rares ; j'ai exposé déjà plus haut la cause essentielle de cette abstention. Toutefois, une réclame bien comprise, faite, non en France, mais dans les points de transit comme Colombo, Singapour, Hong-Kong, Shangaï, aurait peut-être détourné de leur route quelques voyageurs. Malheureusement, j'ai eu occasion de constater dans mes périgrinations, qu'en dehors des affiches apposées dans les consulats, le public n'était nullement averti ni incité à venir visiter Hanoï. C'est avec les grands hôtels et les paquebots étrangers que cette question devait être traitée ; c'est là, et sur les murs des quais, que les affiches devaient être apposées et des affiches autres que celles qui furent faites. Au lieu d'adresser le lecteur aux consulats, il fallait lui donner ces renseignements pratiques dont on est si avide aujourd'hui, l'assurer qu'il pourrait s'installer confortablement et dans des conditions fixes, l'attirer enfin par l'annonce des distractions qui lui étaient réservées.

Puisque l'Indo-Chine voulait de la publicité dans un but évidemment commercial et pratique, c'est par une réclame commerciale qu'elle devait provoquer la venue des visiteurs.

Quand on connut l'Exposition de Hanoï à l'étranger, elle fermait ses portes. La preuve m'en a été donnée par le capitaine du steamer anglais qui fait le service de Canton à Macao. Le 15 février, ce brave homme, auquel les échos de Hanoï venaient de parvenir, m'avoua qu'il avait demandé un congé et allait se mettre en route ; je le désolai en lui disant que l'Exposition fermait le lendemain. Et cependant la Colonie sacrifia une grosse somme pour assurer, par la *Gironde*, un service régulier avec Hong-Kong. Mais si la Compagnie des Messageries Maritimes fit quelque réclame (ce que nous ignorons, n'en ayant pas trouvé de trace à Hong-Kong), le nombre de ses bateaux et des passagers étrangers qui les prirent resta malheureusement insignifiant. En tout cas, le fait existe : Hanoï n'eut pas de visiteurs venant de l'extérieur en dehors des délégués officiels.

Il en résulta un malaise général et un désappointement parmi les commerçants. Les hôteliers avaient engagé des dépenses ; des particuliers avaient loué ou fait construire des maisons ; de gros approvisionnements avaient été constitués par plusieurs maisons de commerce. Dans l'escompte un peu hâtif de la venue d'hôtes nombreux, les prix des immeubles, des marchandises et des denrées avaient augmenté dans des proportions déraisonnables.

Le service de l'Exposition lui-même partageait ces prévisions optimistes en retenant de tous côtés des logements. Les maisons louées habituellement à 40 ou 50 piastres par mois étaient obtenues difficilement à 100 piastres ; les meubles étaient majorés de 50 0/0. Les indigènes eux-mêmes, obéissant au mouvement général, se montraient exigeants, soit pour la vente de leurs produits, soit pour la rétribution de leurs services. Enfin, les conditions de l'existence à Hanoï se firent telles que l'administration supérieure dut prendre un arrêté accordant une indemnité spéciale aux fonctionnaires dont les traitements étaient inférieurs à 5.000 francs.

Novembre se passa : l'arrivée des membres du jury, au nombre d'une trentaine, ne suffit point à ramener la confiance, pas plus que celle des orientalistes, au nombre d'une douzaine, ou des représentants de la presse, comptant une vingtaine de journalistes.

Les maisons et les chambres restèrent inoccupées, mais, comme toujours en pareil cas, le prix des denrées ne varia guère : il se maintint aux taux précédemment atteints, phénomène observé, du reste, à Paris après chaque exposition. Toutefois, en France, cette hausse a pour point de départ un apport d'argent ; de plus, elle reste localisée dans les quartiers du Champ de Mars et du Trocadéro et s'étend peu aux centres éloignés. A Hanoï, tout le monde supporta les conséquences de ce renchérissement, sans qu'une augmentation de recettes dans le haut ou le petit commerce en soit la cause.

Si ce résultat fut mauvais au point de vue économique, il n'en est pas moins frappant comme témoignage de vitalité. L'Indo-Chine fit à elle seule les frais considérables de son exposition et la colonie française en reçut le contre-coup, s'en plaignit, mais en somme ne fut pas réellement atteinte. Aucune maison de commerce ne souffrit dans son fonctionnement, aucun hôtel ne ferma ses portes et, cependant, seuls les entrepreneurs gagnèrent de l'argent. L'expérience eut pu être dangereuse.

Aussi, nous a-t-il semblé nécessaire de disséquer cette expérience, d'en étudier les détails pour préciser à la fois et les difficultés rencontrées et les efforts déployés, pour mettre à jour aussi et avant tout l'enseignement qui s'en dégage.

Le succès a-t-il été en fonctions directes de ces deux facteurs ? Non, assurément, l'Indo-Chine n'a tiré de cette dépense d'argent et d'énergie ni les résultats matériels ni les résultats pratiques qu'elle aurait voulus. Notre conclusion immédiate est donc que le moyen employé était défectueux en lui-même.

Pour qu'une colonie se fasse connaître et apprécier, c'est sur un champ d'action plus vaste que son propre territoire qu'elle doit porter ses produits et les preuves de sa vitalité ; la dépense est assurément moindre et le résultat autrement important.

Que des concours ou des expositions partielles soient organisés dans la colonie elle-même afin de frapper les indigènes et de les inciter au progrès, rien de mieux. Mais l'idée d'une exposition coloniale aux colonies doit être abandonnée ; c'est une tentative dispendieuse et stérile, que l'Indo-Chine seule, riche de ressources, de bras et d'activités, pouvait oser.

Etude de l'Exposition par la visite des galeries. — Etude comparative des produits exposés

MADAGASCAR

Par le pavillon de Madagascar nous commencerons notre visite, en A du plan ci-joint.

Le rapport déjà publié dans le *Journal Officiel* et le plan détaillé qui l'accompagnait donnent une idée exacte de ce que nos collections présentaient comme ensemble. Il nous paraît donc inutile de revenir sur ces détails, estimant d'ailleurs que notre tâche, après les éloges qui nous ont été décernés, est la critique méthodique des erreurs commises, afin de nous en épargner le retour. Or, il est indiscutable que le reproche qui nous a été fait d'une présentation par trop officielle était mérité. Certes, il est intéressant pour le visiteur de trouver groupés dans une même catégorie, à portée d'un regard d'ensemble, des produits similaires, mais l'initiative individuelle avec ce procédé disparait dans l'effet total.

Nous estimons donc qu'en conservant le classement adopté, et tout en présentant des collections d'ensemble, il y aura lieu, dans une autre occasion, de constituer des expositions particulières distinctes et juxtaposées, comprenant tous les produits exploités ou fabriqués par nos colons européens ou par nos indigènes.

Une seconde critique nous a été faite par le jury : Les collections de bois et de produits de forêts, en dehors de l'herbier présenté en collaboration par MM. Jully et Baron, n'étaient pas assez scientifiques, c'est-à-dire offraient une documentation incomplète. Pour qu'une exposition forestière ou agricole soit réellement appréciée des spécialistes, et ils étaient nombreux dans le jury métropolitain, il est indispensable que chaque produit soit accompagné des documents suivants :

1° Photographie de l'arbre ou de la plante sur pied, dans son habitat;
2° Produit de cette plante à l'état brut, bois, graine, fibre, gomme, etc. ;
3° Le même produit sous la forme marchande ;
4° Fiche portant le nom scientifique, le nom indigène, le total de la dernière récolte, le chiffre d'exportation, s'il y en a, le prix de vente au lieu de production.

Aucune exposition n'a été présentée avec cette documentation complète, et c'est cependant la seule forme qui permette l'étude réelle des produits. Or, il ne faut pas perdre de vue que les expositions tendent à devenir, de plus en plus, des champs d'études comparatives pour les spécialistes. Si ceux-ci sont peu nombreux, il importe de leur donner satisfaction : la présentation d'ensemble, c'est-à-dire l'étalage, avec son imprévu où l'imagination peut se donner libre carrière, doit séduire le public, mais il est indispensable d'accentuer la coordination et la documentation, qui font la valeur réelle d'une collection. Ce principe avait été adopté par notre direction de l'agriculture, mais les documents étaient encore trop incomplets pour nous permettre d'y faire figurer tous les détails voulus.

Enseignement. — L'exposition du service de l'enseignement présentait un ensemble très satisfaisant ; il y aura lieu, toutefois, d'écarter pour l'avenir ces copies de chromos et dessins lavés et relavés sur lesquels les élèves passent un temps considérable et qui prouvent seulement leur patience et non leur savoir. L'institution Taberd, de Saïgon, a été victime de cette funeste tendance trop fréquente dans l'enseignement donné par les missions. Cet établissement avait présenté des pastels et des aquarelles devant lesquelles les membres du jury de la classe 2 ont demandé à leurs collègues de la classe 6 une réduction de récompenses pour l'institution Taberd, motivée sur l'infériorité de son enseignement du dessin.

Heureusement, dans l'exposition de Madagascar les erreurs de ce genre disparaissaient sous les productions réellement professionnelles des élèves, mais il y avait encore beaucoup trop de ces manifestations d'un enseignement suranné, âprement critiqué et à juste titre aujourd'hui.

Imprimerie Officielle. — Rien à critiquer sur la présentation : les travaux divers d'édition et de reliure, en prouvant les efforts constants de tout son personnel, lui ont valu un Grand Prix mérité. Nous aurions désiré cependant, en sus des travaux exposés, quelques graphiques sur le développement professionnel de ses ouvriers indigènes.

Service géographique. — Le service géographique de l'état-major était convenablement représenté par ses cartes et ses photographies : il manquait toutefois quelques planches d'études, destinées à montrer le mode de travail adopté sur le terrain et à compléter la documentation. Ces études auraient heureusement appuyé la carte du travail géodésique effectué par les brigades topographiques ; les spécialistes en cartographie ont une tendance au scepticisme au devant de laquelle il est toujours préférable de s'avancer pour l'écarter résolument.

Service de santé. — Le service de santé n'avait pas encore donné assez de preuves de son organisation étudiée et laborieuse ; de plus, l'album constitue une présentation défectueuse. Bien peu nombreux sont ceux qui s'assoient devant une table et feuillettent consciencieusement les livres exposés ; nous n'avons pas vu vingt visiteurs le faire, et l'album des formations sanitaires est resté presque constamment fermé.

Ce sont les ensembles de photographies, les cartes et les graphiques qui, parlant aux yeux du public, l'attirent et le retiennent.

Au point de vue médical également, il y avait lieu de regretter l'absence de documents spéciaux sur les maladies les plus fréquentes à Madagascar. La comparaison qu'ont pu faire les visiteurs entre notre service de santé et l'Indo-Chine a été évidemment toute favorable au premier, le second n'ayant pas coordonné son organisation, mais l'erreur commise cette fois ne le sera pas une seconde, et dans la prochaine exposition coloniale nous aurons à lutter évidemment et à travailler davantage nos collections.

La documentation présentée par Madagascar a frappé tout le monde. Nous pouvons être [illegible] que l'exemple sera suivi ; il faut donc faire beaucoup mieux et y songer dès maintenant.

Les mêmes observations s'appliquent au service topographique et à celui des postes et télégraphes.

Industrie locale. — Quant aux collections des étoffes destinées à caractériser l'importation et l'exportation, de même que l'exposition des produits de l'industrie locale, leur présentation laissait à désirer. Pour éviter les détériorations de l'humidité, nous avions dû enfermer les étoffes dans deux vitrines, où leur nombre produisait un entassement forcé, préjudiciable aux recherches.

Il est regrettable du reste, que cette partie de l'exposition n'ait pas été constituée par nos commerçants eux-mêmes, ce qui s'est fait pour le Tonkin. Les maisons d'importation, comme nous aurons occasion de le voir plus loin, avaient exposé leurs produits courants : quelques-unes mêmes, comme la Compagnie française de l'Extrême-Orient, avaient fait bâtir des pavillons spéciaux où prenaient place toutes les marques représentées par elles.

Echantillonnage commercial. — C'est assurément, pourvu qu'elle ne soit pas encombrante, la meilleure solution, que celle des étalages particuliers : elle n'empêche pas d'ailleurs de constituer un compendium officiel, un guide des marques préférées, méthodiquement classées, pour lequel il y aura lieu de trouver une présentation nouvelle et originale.

Graphiques. — Le peu de place dont nous disposions dans le pavillon de Hanoï, défaut qui nous a forcé à reléguer certains documents à 5 mètres de hauteur, nous a empêché aussi de tirer tout le parti convenable des graphiques établis par le 3e bureau ; mais le principe était excellent et il y a lieu de conserver ces graphiques en les améliorant par des teintes plus vives. La direction de l'agriculture d'Indo-Chine en avait exécuté de très intéressants, comme nous le verrons plus loin.

Cartes politiques, administratives et économiques. — Les trois cartes qui occupaient le centre de notre exposition ont beaucoup retenu l'attention des visiteurs : le seul reproche qui pouvait leur être fait était la surcharge. En gardant le même système d'indication, cinq cartes pourraient être établies sur le même modèle au lieu de trois : l'une politique et ethnographique, avec tous les renseignements sur la densité de la population, les races, les limites des provinces, etc. ; la seconde comprenant les voies de communications terrestres et fluviales, postales et télégraphiques ; la troisième, les ressources agricoles, forestières et minières ; la quatrième, les centres commerciaux, l'importation et l'exportation, et, enfin, la cinquième, la colonisation, c'est-à-dire les Européens et Asiatiques habitant l'île, avec les concessions.

Service des mines. — Le service des mines, avec sa collection restreinte cependant, fut remarqué ; elle définissait bien le caractère minéral de l'île : toutefois, en présence du travail considérable fourni par M. Monod à la direction de l'agriculture d'Indo-Chine pour la documentation géologique, il y a lieu de penser à augmenter cette collection en la coordonnant ; peut-être est-il possible de constituer, dès maintenant, au musée de l'Académie Malgache, d'accord avec M. le chef du service des mines, une collection complète de minéralogie et de géologie pour laquelle MM. Baron, Sibree et Standing nous prêteraient un concours éclairé.

Nous devons constater que si, au point de vue minier proprement dit, Madagascar était représenté à Hanoï dans de bonnes conditions, il n'en était pas de même, en effet, au point de vue géologique.

Travaux publics. — Les documents présentés par le service des travaux publics étaient complets au point de vue chemin de fer, mais ne présentaient pas pour les routes une synthèse de l'effort général qui a été fait dans tout Madagascar. Ce point de vue eut été d'autant plus intéressant que, dans l'Indo-Chine et le Tonkin principalement, les routes sont peu nombreuses. En étudiant la voie Yen-Bay-Laokay, nous pourrons nous rendre compte que l'état des routes est actuellement inférieur à ce qu'il était jadis, sauf dans la province de Tuyen-Quang. Tout l'effort a été concentré sur Hanoï et les environs :

Les anciennes routes militaires à piste étroite et non empierrées sont aujourd'hui presque impraticables. Il y aurait donc un grand intérêt pour nous à prouver que sur plusieurs points de l'île nous avons de bonnes routes établies dans les conditions requises pour le roulage et l'entretien.

Ecole professionnelle. — L'exposition de l'école professionnelle, bien groupée et fournie, avait été installée dans d'excellentes conditions. Malheureusement, le meuble et les cadres qui l'accompagnaient n'étaient pas exécutés de manière à résister aux aléas des transbordements et surtout à l'état hygrométrique du climat tonkinois. Comme en 1900, le meuble ne présentait plus à sa sortie des caisses qu'un aspect informe. Les collages avaient lâché et les cadres des vitrines, recouverts de plusieurs douzaines de plaquettes d'ébène, restaient entièrement à nu.

Il est indispensable que tout meuble destiné à une exposition, c'est-à-dire à des transports avec changement de climat, soit monté sans placages, en plein et avec le minimum de collages nécessaire.

Les cuirs également s'étaient piqués, tant à cause de la qualité du dégras employé que par défectuosité d'emballage.

Ethnographie. — Quant à la section ethnographique et historique, elle était réduite à l'état d'esquisse. Bien que cette branche scientifique soit encore à l'état embryonnaire, les travaux déjà accomplis sur la matière permettent l'établissement d'une bonne carte ethnographique qui pourrait être faite et publiée par les soins de l'Académie Malgache.

En tout cas, cette lacune a été signalée par le jury de la classe I, qui s'est montré plein de bienveillance en nous accordant une médaille d'argent ; notre exposition manifestait des intentions, mais pas encore d'exécution.

Telles sont, rapidement résumées, les critiques qui ont été ou qui auraient pu être faites à nos collections. L'ensemble était évidemment plus complet que beaucoup d'autres et la présentation générale très soignée ; c'est ce qui nous a valu d'occuper dans ce concours une excellente place.

COLONIES FRANÇAISES

De notre pavillon, une porte monumentale où se balançait l'ancien drapeau de la reine et encadrée par les deux grands vases d'argent du musée historique, donnait accès dans une galerie de dix mètres sur dix-huit où étaient entassés les produits des colonies françaises : Algérie, Tunisie, la Réunion, Nouvelle-Calédonie, Indes françaises et Djibouti. Si chacune de celles-ci avait eu un représentant direct et autorisé, le commissariat de l'Exposition eut certainement été obligé d'assurer un autre local plus vaste et mieux disposé pour le groupement des collections.

N'est-il pas invraisemblable, en effet, que, sur 15.000 mètres de surface horizontale, 800 mètres à peine, dont 400 absorbés par Madagascar, aient été réservés aux colonies françaises dans une exposition coloniale ?

Ce fait étrange est dû uniquement au manque de classement primitif.

TUNISIE

La Tunisie avait essayé de racheter la pauvreté de son envoi par une charpente en forme de dôme qui prenait une encoignure de la salle. Dans ce pavillon intérieur, des échantillons d'olives et d'huile d'olives avec indication du prix de vente (1 fr. 80 le litre), quelques bouteilles de vin de Carthage, des petits sacs de blé, d'avoine, d'orge, de fénuque et de sorgho caractérisaient bien faiblement les produits du sol. Des étoffes brochées d'argent doré, des ceintures en soie, des tapis en très petit nombre représentaient l'industrie du pays, ainsi que des cordes et des étoffes d'agave. Quelques blocs de phosphatite tribasique provenant de Jafsa, à 58, 60 et 63 0/0, constituaient les échantillons du sous-sol. Enfin, une collection d'éponges signalait les produits de la pêche ; or, dans les objets provenant du cercle de Tulear, figuraient deux échantillons d'éponges qui nous avaient été envoyés en 1901 : nous les avions emportés à Hanoï surtout dans l'espoir d'une comparaison possible : elle nous a été facile avec les éponges tunisiennes.

Celles-ci comprenaient 5 catégories :

1° Eponge d'algue, de 19 à 20 fr. 50 le kilogramme ;

2° Eponge de rocher (1re catégorie), 20 francs le kilogramme ;

3° Eponge de rocher (2e catégorie), 19 à 21 francs le kilogramme ;

4° Eponge de Zemocca, 17 francs le kilogramme ;

5° Eponge golfe de Gabès Tragana, 12 à 14 fr. 50 le kilogramme.

Les échantillons de Tulear étaient de deux sortes, l'une correspondant à la 4e catégorie et l'autre à la 5e. Il semble que ces produits soient utilisables et qu'il y aurait intérêt à rechercher, d'abord leur provenance exacte non encore indiquée, et ensuite l'importance de la production.

La publication faite en 1900 par la Résidence Générale de Tunis donne à la page 400 du volume I tous les renseignements nécessaires sur la pêche et l'industrie des éponges. A une époque où l'on se préoccupe de faire de la spongiculture, il y aurait peut-être intérêt à rechercher les gisements naturels, même à Madagascar.

Les publications faites en 1900 et celles de l'école coloniale étaient jointes aux objets ci-dessus avec un plan à petite échelle de cet établissement et une carte du réseau postal et télégraphique. Le tout constituait une bien timide participation, quand on songe surtout à la magnifique exposition que la Régence avait organisée à Paris en 1900.

ALGÉRIE

Immédiatement après la Tunisie venait l'Algérie, représentée par des collections de liège bâtard, mince et épais, des bouchons et objets fabriqués de toutes sortes, des gerbes d'orge, des séries de bouteilles de vins rouges dont les prix varient de 15 à 20 francs l'hectolitre, des vins blancs cotés 25 francs, des eaux-de-vie, cognacs et marcs, des vins mousseux, des farines et des semoules, des tabacs, cigares et cigarettes.

Sur ce dernier produit nous ouvrons une parenthèse pour faire remarquer l'extension considérable prise dans nos colonies par l'exportation du tabac algérien. La marque du « Globe » est presque uniquement consommée à Hanoï et dans tout le Tonkin. Le bon marché de ce tabac assure à l'Algérie un débouché considérable en Indo-Chine, débouché qui s'étendra peut-être à la Chine du Sud, et nuit actuellement à l'industrie locale. Les produits de celle-ci, que nous retrouverons à l'exposition particulière du Tonkin, sont peu appréciés : le tabac du Tonkin, sans doute à cause de l'humidité excessive, semble dépourvu d'arome.

Contre les cigares et les cigarettes, des bouteilles d'eau minérale de Beni-Aaroun, dans le département de Constantine, commune d'El-Milia, eaux chlorurées salines. Pourquoi cette source de préférence aux 200 autres qui existent et sont fréquentées par les indigènes en Algérie ? Pour la même raison sans doute qui avait amené dans le pavillon de Madagascar des bouteilles de la source de Ramainandro présentées par M. Dandrieu.

En vue d'une exportation possible, nous avons remis les échantillons de celle-ci à MM. Blanc et Serra, pharmaciens à Hanoï, avec lesquels M. Dandrieu pourra correspondre. Si cette exportation reste problématique, Madagascar ne se sera pas du moins laissé distancer, même sous ce rapport.

Des flacons d'huile d'olives nous rappellent ensuite la Tunisie ; puis une collection de simples, soigneusement et consciencieusement présentée, nous fait songer à l'intérêt que présenterait l'établissement d'une collection complète équivalente pour la flore de Madagascar. La pharmacopée des indigènes, tant dans l'intérieur que sur les côtes de la Grande Ile, est, en effet, très abondante. Depuis 250 ans, tous les auteurs qui ont écrit sur Madagascar ont signalé l'emploi fait par les Malgaches, comme médicaments, de végétaux récoltés dans le pays. En 1900, nous avions demandé au service de santé de nous établir cette collection, tout au moins pour l'Imerina : elle n'a pas été faite. Ne trouverons-nous donc pas, parmi nos docteurs civils ou militaires, quelqu'un qui se laisse tenter par l'intérêt réel de ce travail dont les difficultés, nous le savons, sont nombreuses. L'Indo-Chine, nous le verrons dans le pavillon de l'agriculture, s'est mise résolument à la tâche, le Siam et la Birmanie ont commencé à s'en occuper, l'Algérie a fait dresser par M. Battandier, professeur à l'école de médecine et de pharmacie d'Alger, un catalogue des plantes médicinales spontanées ou cultivées. Madagascar sur ce point resterait donc en arrière.

L'école professionnelle d'Alger avait envoyé à Hanoï deux échantillons de son travail, un tapis de laine de 1m. × 1m. 62, pesant 3 kil. 500, d'une valeur de 160 francs, et un haïk de soie et bourrette de soie de 5m. 25 × 1m. 50 à 30 francs. C'est peu pour juger de la valeur d'un enseignement, il semble qu'il soit limité à la conservation des industries locales et de l'art national.

Une collection complète de laines, que n'accompagnait malheureusement aucun renseignement commercial, indiquait seulement les diverses provenances : Biskra, Batna, Laghouat, Bou-Saada, Djilfa, Boghar, Meheria, Aïn-Sefra, Sidi-Aïssa, Tebessa, Khenchelé ; puis, juxtaposé, un étalage de pâtes alimentaires et des échantillons de matériaux de construction et de minerais, voisinant avec les publications diverses éditées en 1900.

C'est bien ce caractère de désordre et de mauvaise présentation ressortant même sur la photographie d'ensemble ci-jointe qui nuisait à l'exposition algérienne. Elle contenait tous les éléments d'une exposition agricole et industrielle très intéressante ; malheureusement, elle n'était pas coordonnée.

LA RÉUNION

Ce défaut était encore plus accentué chez les deux voisines, la Réunion et la Nouvelle-Calédonie. Dans la première les fibres d'aloès juxtaposées aux gousses de vanille, aux sacs de café non ouverts, pointu Leroy, rond Bourbon, marron, Colson, des feuilles de tabac à côté de pâtes de fruits, des vins d'ananas entre des échantillons de bois, un plan relief de l'île à petite échelle avec des albums de photograhies, présentaient un aspect disparate, un désordre dans lequel les membres du jury cherchaient vainement les produits qui leur étaient signalés.

Le délégué effectif de la Réunion, M. Vivien, n'étant arrivé qu'en décembre, son exposition, quoique abondamment documentée, n'a pu être coordonnée et présentée.

NOUVELLE-CALÉDONIE

Quant à celle de la Nouvelle-Calédonie, elle resta jusqu'au dernier jour dans les caisses d'emballage (Voir la photographie d'ensemble, coin de droite). Une belle collection de minerais, parmi lesquels émergaient du nickel, de l'amiante, du chrome et du cobalt, est restée en vrac jusqu'à la fermeture : sur une étagère, dans des sacs ou des bouteilles, du caoutchouc, des biches de mer, des cafés, du coprah, du bois de santal, des huiles d'arachides et de bancoulier, de l'essence niaouli *(Melaleuca viridiflora)* sans étiquettes et dans un état de conservation déplorable.

Cependant un très intéressant album de photographies présentait les résultats de l'élevage, déjà signalés dans la monographie publiée par cette île en 1900. En 1877, la colonie possédait 80.000 têtes de bétail, fruit d'une importation constante depuis 1850. Après l'insurrection de 1878, l'élevage souffrit énormément pour descendre en 1886 à un résultat infime et décourageant. La création de l'usine de conserves Ouaco lui donna un regain de vitalité, en abattant le bétail sauvage qui s'était atrophié.

Depuis lors, la production s'est sans cesse améliorée et les sujets que présentent ces photographies sont, en effet, de premier ordre.

Il en est de même de la race chevaline ; le prix moyen d'un cheval est actuellement de 400 à 600 francs. La race ovine compte environ 25.000 représentants. La race porcine réussit ; la volaille, tout en présentant de beaux spécimens, laisse à désirer.

Des concours agricoles, que plusieurs photographies reproduisent dans cet album, sont tenus annuellement à Nouméa. En somme, il semble que la Nouvelle-Calédonie, bien que ne pouvant être considérée comme un pays naturel d'élevage, est arrivée cependant à de beaux résultats, acquis, il est vrai, aux prix d'efforts sérieux et constants.

INDES FRANÇAISES

A l'extrémité du pavillon des colonies, l'Inde française occupait la muraille avec l'étalage de ses cotonnades et de ses peaux maroquinées, mégissées et tannées. Dans la visite que nous avons faite à Pondichéry et l'étude de l'industrie cotonnière qui en a été la conséquence, nous aurons occasion de signaler l'état peu florissant de cette industrie, qui ne se maintiendra que par un accord avec la métropole. Nous nous contenterons, dans cet exposé, de signaler les produits et leurs prix, pour y revenir ultérieurement :

Percale, 24 yards	7 fr.	40
Serge écru, 40 yards	15	00
Toile écrue III, 40 yards	10	20
Ecrue EEE, 40 yards	12	60
— FFF, 40 —	11	70
Guinée lourde J. J., 18 yards	8	00
— —	9	35
— —	7	00
Serviettes de table bleu indigo, 12 yards	4	15

A côté de ces étoffes, Pondichéry exposait des huiles d'illipé, de coco, de sésame, de ricin, de margosa et d'arachides. Cotons et huiles sont, en effet, actuellement les deux seules sources de production de notre vieille colonie, devenue une enclave enserrée entre les frontières anglaises, et tributaire de sa voisine même pour la monnaie, nos pièces n'ayant pas cours dans la cité de Dupleix.

DJIBOUTI

En pendant à ces étoffes, figurait à l'autre bout de la salle la panoplie de Djibouti avec quelques beaux bocaux de café du Harrar, qui ont obtenu la plus haute récompense, des échantillons de senné et de gomme, des blocs de sel marin. Plusieurs photographies de Djibouti, du chemin de fer, ligne et matériel, ainsi que du Harrar complétaient cet ensemble modeste, mais dont la présentation avait été faite pour le maximum de mise en valeur.

En comparant cette exposition de Djibouti avec celles que nous venons de passer en revue, on peut en déduire tout le parti qu'on aurait pu tirer des autres collections. Un peu plus de méthode et plus de souci dans le groupement, avec une galerie deux fois plus grande, auraient assuré le succès de cette salle des colonies françaises et laissé dans l'esprit des visiteurs des données positives sur les produits de nos possessions, au lieu du chaos qu'elle évoquait, contre-sens de la réalité.

EXPOSITION MÉTROPOLITAINE

En quittant la galerie coloniale B pour entrer dans le pavillon C, nous abordons l'exposition métropolitaine. Bien que sur la façade figurent des indications de classe, nous allons de suite constater que ces indications sont purement ornementales. Aucun catalogue n'ayant été établi, aucun répertoire n'ayant été publié, il nous a semblé utile de conserver une trace des expositions particulières ayant figuré à Hanoï comme souvenir de l'expansion coloniale française en 1902. Il nous paraît, de plus, que ce catalogue descriptif peut être de quelque utilité pour nos commerçants de Madagascar en quête de renseignements.

La nomenclature que nous en faisons sera forcément un peu longue et aride, mais un jour viendra où son utilité sera certainement constatée: dès maintenant elle servira à appuyer les idées que nous avons exprimées plus haut sur l'exposition métropolitaine.

Le pavillon C était occupé en majeure partie par des produits de céramique et de verrerie, tuileries de Marseille, céramiques de Canteleu, faïences en relief de Lœbnitz, pavillon de photocéramique, glaces de Saint-Gobain, Société des lunetiers de Paris et les cristaux Harant. Comme en 1900, Saint-Gobain avait exposé un escalier en marches lumineuses, d'une application problématique, surtout à Hanoï.

A côté de ce groupement technique prenaient place, on ne sait pourquoi, les tableaux indiquant le fonctionnement de l'école professionnelle de la Chambre syndicale du papier, les lits et fauteuils mécaniques de Dupont pour les blessés, les malles en fer-blanc de Couza, les appareils de bains Le Garrec, les bouteilles d'eau de Vichy provenant de la source particulière des Fées, les cuirs Chollet avec les dessins de l'usine fonctionnant à l'électricité, les chaussures Roussillon, le matériel de campement et de voyage de Camille, la vaisselle Hache, perfectionnement de la terre de fer.

La galerie D, qui suivait, était un peu mieux ordonnée, tout au moins dans la première partie, comprenant la photographie, typographie et librairie. Le Photo-Club avait envoyé une intéressante collection d'épreuves et d'agrandissements. La maison Mercier présentait des plaques spéciales pour les écarts d'exposition si fréquents avec l'éclairage variable des colonies; les fabricants Reeb, Jougla, Guilleminot, des plaques et des papiers sensibles. Les produits Guilleminot jouissent d'une grande faveur à Hanoï.

MM. Bellieni, Richard, Turrillon, exposaient leurs divers appareils, tandis que les frères Demaria, de Paris, avaient ingénieusement construit un appareil en bois de teck, avec soufflets de toile, monté et assemblé spécialement pour les colonies. Notons cette préoccupation que nous rencontrons bien rarement.

Les libraires s'étaient groupés en une seule vitrine, à l'écart de laquelle s'étaient tenus cependant la librairie photographique Mendel et les maisons Delagrave, Hollier, Larousse, Simonis Empis, Le Vasseur, Picard et Kahn, ainsi que la Société française d'éditions d'art.

Des rouleaux et cylindres de cuir pour la lithographie, les produits de l'autocopiste et les phonographes Pathé.

Un second groupe comprenait dans la même galerie et à la suite les expositions des luthiers Ulmann, Chartier et Weintgarnerr, celles des papetiers Outhenin, Prioux, Charvin, Laroche-Joubert, Sirven, les crayons et gommes Baignol et Fayou, les porte-plume et œillets métalliques de Bac, les papiers et cartons de Vaucqueret, les papiers peints Leroy, les cartonnages Pinel, les cartes à jouer Grimaud et la collection de coutellerie de luxe Thinet. Outre que cette dernière exposition n'était guère à sa place en semblable voisinage, le choix des objets exposés prouvait une ignorance complète du commerce colonial.

Heureusement, une très large vitrine, contenant une fort belle exposition de cocons de vers à soie organisée par MM. Ferrand et Guintran, de Cogolin (Var), attirait près de là l'attention des visiteurs: ces cocons de première qualité contrastaient singulièrement avec ceux de Nam-Dinh, que nous verrons un peu plus loin, et qui sont déjà en progrès.

Chapeaux de paille. — Juxtaposée à celle-ci, la vitrine de la chapellerie Berthin, avec ses chapeaux à divers états de fabrication et sa collection instructive de différentes pailles de loulou et de chouchoute, retenait également les regards. On sait que notre voisine la Réunion fait un commerce assez important de cette dernière paille.

Les chapeaux fabriqués en Imerina, s'ils étaient établis sur un modèle plus conforme à la mode actuelle, trouveraient un débouché assuré en France. Ce fait nous avait déjà été signalé à l'Exposition de 1900 par plusieurs chapeliers de Paris ; il nous a été confirmé par la comparaison des produits que nous avions emportés avec ceux provenant de Shangaï ou de Manille; la question mériterait une étude sérieuse, en ce moment surtout où la mode des simili-panama s'est considérablement étendue et généralisée.

La chapellerie pour dames de A. Benoiston, à Paris, nous suggère la même idée: pourquoi ne pas donner ces formes comme modèles de fabrication à nos Hova.

A côté de ces deux vitrines intéressantes, une exposition de fils et ficelles de chanvre, puis des couvertures de laine et piquées, un superbe étalage de la collectivité de l'industrie des fleurs et plumes, dont nous cherchons vainement l'utilité pratique, aucun renseignement n'étant fourni par l'exposant sur la provenance de ses matières premières.

L'exposition des perleurs-brodeurs précède la montre étincelante des couturiers Bellan, Béquet, Reichenbach, Marescot, Barrès : devant ces toilettes outrageusement luxueuses, les Annamites passent étonnés, mais non intéressés, pour aller se concentrer autour de l'étalage de Du Serre, contenant des jouets de tous prix et de toutes sortes à l'usage des enfants ; les yeux écarquillés, ils échangent des remarques et des lazzis qui nous échappent, hélas !

Les dentelles mécaniques de la maison Henon, pas plus que les tulles et dentelles de la Chambre syndicale de Calais, ne captivent leur attention. Devant ces manifestations de notre industrie dont ils n'apprécient pas l'utilité, ils passent indifférents comme devant les vitrines de parfums des maisons Prot, Legrand, Planat, Piver, Lubin, Gellé, Delettrez et Vaissier.

La pénétrante odeur qui se dégage de ces multiples flacons ne paraît pas chatouiller agréablement leur peu délicat appareil olfactif, habitué sans doute à d'autres senteurs.

L'étalage savamment combiné, suivant la formule habituelle des rosaces et des étoiles, des pinceaux Leloir et des plumeaux Baudry semble les laisser rêveurs. Ils prennent sans doute ces figures pour des essais de dessin géométrique.

Les deux expositions voisines, celle des écailles Letouche et Jeannot, et celle des os, ivoire et nacre de Dupont les frapperaient davantage si la progression des étapes suivies par la matière naturelle telle qu'ils la connaissent était méthodiquement indiquée. Mais ce groupement brutal d'objets de grand luxe non artistiques ne dit rien à leur imagination. Les exposants se sont peu souciés d'ailleurs de cette préoccupation, pas plus que de celle de nous renseigner sur la provenance et les prix d'achat des matières premières.

Dans un pays comme l'Indo-Chine, où l'écaille, l'os, l'ivoire et la nacre sont des produits abondants et de première qualité, c'est le côté pratique auquel nos fabricants auraient dû s'attacher, car je doute que les articles exposés par eux à Hanoï soient de vente courante dans nos colonies.

D'un usage plus fréquent sont les meubles et sièges pliants de Maxime Clair. Voilà un fabricant qui s'est sincèrement occupé de l'exportation et ses caisses bien combinées contenant le maximum de chaises et de tables peuvent rendre service à nos installations coloniales.

Nous arrivons dans le pavillon E, à l'intersection de la galerie et du portique conduisant à l'exposition des machines. Ce pavillon est entièrement consacré à l'ameublement, les tissus imprimés de Besselièvre, de Rouen, à côté des velours imprimés de Parison, les panneaux d'imitation de Bruges exécutés par Chanée et les simili-tapisseries de la maison Leclercq, de Tourcoing, occupent la plus grande place. Ce genre de décoration est très en vogue à Hanoï et la maison Godard en importe des stocks assez importants chaque année : le faible prix des tentures explique probablement leur succès.

Les meubles métalliques de la collectivité Fontaine frères et Vaillant nous intéressent davantage, ainsi que les sommiers coloniaux de Lévy, ce simple treillis métallique à tendeurs, si pratique dans les pays chauds.

Galerie des machines. — De là, par un portique de 20 mètres, nous gagnons la galerie des machines F. Entre les pavillons E et F, sur le côté droit de la galerie qui les relie, un magasin couvert fut édifié à la hâte, après l'ouverture de l'Exposition, pour recevoir des automobiles et surtout les produits des collectivités ouvrières. La Société des Etablissements Panhard et Levassor, l'usine de MM. de Dion et Bouton, la Compagnie générale des cycles et automobiles Rocher étaient représentées par diverses machines. Une série de petits moteurs destinés à la navigation avaient été envoyés par la Société anonyme des Propulseurs automobiles, 58, avenue de Neuilly. Cet ingénieux appareil, qui peut s'adapter à des canots déjà construits, est appelé à rendre de grands services pour la navigation fluviale. Quant aux voitures automobiles, elles n'ont encore reçu aucune application pratique au Tonkin. Certes, ils nous a été donné d'en voir circuler quelques-unes dans Hanoï et autour de la ville, mais l'absence de routes carrossables ailleurs en rend l'emploi impossible.

C'est en Cochinchine seulement, entre Saïgon et Bien-Hoa, qu'un service régulier quotidien existe avec une voiture par jour dans les deux sens.

Les principales collectivités ouvrières, représentées par M. Thuillier, délégué à Hanoï, étaient : l'Association ouvrière des charpentiers de Paris, dirigée par M. Favaron ; la Chambre consultative des associations ouvrières de production de France, 98, boulevard de Sébastopol, à Paris, avec sa banque coopérative ; l'Association des ouvriers en limes de Paris ; l'Union fraternelle des employés de commerce et d'industrie de Lyon ; l'Union des serruriers de Paris ; la Société générale des ferblantiers réunis de Paris ; l'Association de la sellerie lyonnaise ; les Maçons de Paris ; l'Union, compagnie d'assurances contre l'incendie, qui depuis 1837 jusqu'en 1900 a versé à son personnel, sous forme de participation aux bénéfices, une somme de 2.465.552 francs, a créé une caisse de pensions et de secours, a favorisé par un abaissement de primes les assurances sur la vie à ses employés, et fondé en leur faveur une caisse de prévoyance avec des livrets individuels. Venaient ensuite : la Mutuelle de France et des Colonies de Lyon ; la Caisse des retraites de la maison Picon et Cie, de Marseille ; l'Association ouvrière de l'imprimerie de la rue J.-B.-A. Godin ; celle des tabletiers en nacre de Nîmes ; l'Association des ouvriers lanterniers ; celle des fondeurs de cuivre de Paris ; la Société des ouvriers en chaussures de Lyon, qui s'est transformée en Société de production et de consommation ; la Société des ouvriers en photographie de Paris ; l'Association des ouvriers peintres de Paris, dite « La Mutuelle » ; l'Association des ouvriers en colliers anglais de Paris, celle des ouvriers ornemanistes sur métaux.

Le délégué de ces diverses sociétés, M. Thuillier, secondé par son collègue, M. Letourneau, a fait une active campagne au Tonkin en faveur de la création de sociétés similaires parmi les producteurs indigènes. Bien qu'au premier abord une initiative de ce genre semble grosse de dangers, il est indiscutable que, limitée à certaines fabrications, elle est susceptible d'encourager l'industrie locale. Nous savons tous, en effet, que, livré à lui-même, l'indigène, tant par son esprit routinier que par le manque de capitaux, est incapable de produire en avance sur la demande. C'est ce qui fait qu'au Tonkin, comme à Madagascar, nous ne pouvons nous procurer des objets de fabrication locale qu'en les commandant longtemps à l'avance.

Il est à remarquer, d'ailleurs, que les élèves de notre école professionnelle sortis des ateliers de tannerie, de poterie et de tissage se sont jusqu'à présent rarement établis : ces métiers demandent, en effet, une certaine avance de fonds, tant pour l'achat des matières premières que du matériel nécessaire, dépense de première mise que le Malgache seul ne peut faire. C'est dans cet ordre d'idées sans doute que M. le Gouverneur Général de l'Indo-Chine, par un arrêté du mois du juin dernier, a nommé une commission, composée d'un inspecteur des services civils, un conseiller à la Cour d'appel, trois administrateurs et un lettré annamite « à l'effet d'examiner la possibilité d'autoriser la création au Tonkin de sociétés coopératives indigènes et la réglementation qui devrait être appliquée à ces sociétés ».

Nous ne doutons pas qu'une étude de ce genre ne puisse être faite à Madagascar ; ce serait, en somme, la transformation rationnelle des anciennes corporations, créées jadis dans un but de gouvernement, en sociétés de production, avec les avantages économiques et moraux assurant l'existence et des secours aux indigènes, but que poursuivait déjà en 1894 une association de bourjanes, créée par eux spontanément et qui garantissait, en cas de maladie ou d'accident, un léger secours matériel à ses membres.

C'est évidemment notre devoir de marcher dans cette voie, sans perdre de vue l'intérêt de nos colons, c'est-à-dire dans les limites du champ industriel réservé aux productions indigènes.

Devant l'entrée du pavillon F fonctionnait une pompe centrifuge Farcot du modèle de celles employées à l'usine de Khatatbeh (Egypte), où 5 pompes semblables alimentent le canal d'irrigation. Chacune d'elles donne 550.000 litres à la minute avec un rendement de 80 0/0. Cette question intéresse l'Indo-Chine, où le problème de l'irrigation semble devoir entrer dans une phase d'exécution prochaine, longtemps retardée par une concession qui n'a pas encore donné de résultat. Elle intéresse également Tananarive, qui attend toujours aussi sa distribution d'eau potable, dans les mêmes conditions.

Près de là, une exposition de caoutchouc pour timbres et bicyclettes ; la société « L'Eclairage électrique », avec un moteur-labour ; la fabrique de câbles Geoffroy et Delon, la Société française des téléphones, la Compagnie générale d'électricité, la Société industrielle des téléphones, la maison Muller sont représentées, ainsi que la Société des tréfileries du Havre, par des appareils et des tableaux indiquant les travaux exécutés par elles. La maison Bauche, de Reims, a envoyé divers modèles de coffres-forts, le constructeur Piat des réductions de ses appareils et des dessins, la Société des ferronneries du Midi un ensemble de ses produits.

Nous avons atteint le pavillon G, où semblent avoir été groupées les machines agricoles : deux décortiqueurs et un trieur-aspirateur pour le riz ont été envoyés par le constructeur Billioud. Ces machines nous avaient déjà frappé à l'Exposition de 1900 : elles semblent pratiques, d'un rendement assez important sous un petit volume et d'un prix abordable ; ces deux machines pèsent en poids brut 420 kilogrammes et leur prix est de 800 francs. A proximité, les charrues Bajac, l'exposition de Vidal-Beaumé et des batteuses à blé ! Quelles notions le fabricant de ces batteuses pouvait-il donc avoir sur l'Indo-Chine ?

Un autre décortiqueur, fabriqué par Mora, est d'un intérêt plus immédiat; il semble cependant à première vue moins bien conditionné que celui de Billioud; l'appareil pour le vannage et le triage manquait.

La maison Noël avait envoyé plusieurs modèles de pompes; quelques couveuses artificielles; des bornes-fontaines se trouvaient égarées dans cette section près d'une pyramide de petites boites et de flacons contenant du mastic Lhomme pour le greffage des arbres fruitiers.

Des douilles de cartouches et des culots de diverses formes nous annoncent la Société française des munitions, à côté d'un râtelier où la maison Verney-Carron expose de superbes Hammerless. Avec ceux-ci voisinent des fourneaux de cuisine, un matériel de tuilerie-briqueterie exposé par Boulet, le matériel d'entrepreneur de la maison Muller.

Une exposition très complète des freins Lipkowski nous ramène dans le pavillon F et nous nous arrêtons rêveur devant un étalage de compteurs et de matériel d'usine à gaz. Il fait piètre figure à vrai dire dans ce pays où l'électricité s'est installée en reine, les lignites de Yen-Bay et de Trai-Hut n'ayant jusqu'à ce jour donné aucun gaz d'éclairage. Mais voici qui intéresse davantage notre curiosité coloniale. Les ateliers maritimes de Haïphong ont réuni quelques pièces métallurgiques soignées et d'une excellente exécution. Une chaudière de 18 chevaux pour canot porte-torpilles, une chaudière de 75 chevaux pour remorqueur, une hélice de belle venue, un volant et un canot élégant quoique robuste nous prouvent ce que peuvent faire des Annamites bien dirigés. Ces ateliers sont conduits par un adjudant principal aidé de 3 surveillants chefs d'atelier et comptent 350 indigènes, dont 40 apprentis. Voilà du bon enseignement professionnel et nous sommes heureux d'en féliciter le commandant Delarue, aimable capitaine de vaisseau, qui a passé la majeure partie de sa vie en Indo-Chine après être venu jadis sur les côtes de Madagascar.

La Société française des distilleries de l'Indo-Chine nous initie à son installation, tout en présentant les moteurs fournis par la maison Piguet et Cie de Lyon, et les appareils à colonne de Egrot et Grangé.

Etablissement séricicole de Nam-Dinh. — Nous voici au centre de la galerie où, avec juste raison, a été installée l'exposition de l'établissement séricicole de Nam-Dinh. Le directeur actuel de cet essai officiel est M. Ernest Dadre. L'établissement est caractérisé dans le rapport de M. Doumer par cette phrase : « L'administration a installé un embryon de magnanerie et de filature modèle à Nam-Dinh. » Dans son exposition, M. Dadre nous montre le rudimentaire appareil employé par les Annamites pour le dévidage du cocon : il ressemble de bien près à celui des Hova. A côté fonctionne, avec des ouvriers indigènes, une bassine à feu à l'européenne, puis un grand appareil Berthaud, de Lyon, actionné par la vapeur. Cette gradation méthodique est bien comprise, bien présentée et rend palpable les résultats. Un projet complet d'installation pour 104 bassines nous renseigne sur les intentions ultérieures de M. Dadre, « quand il aura les crédits suffisants. » La transformation de cet essai officiel en industrie privée va permettre à M. Dadre de donner suite à ses idées. Nous avons appris, en effet, que l'établissement séricicole de Nam-Dinh, par suite d'un accord intervenu entre la société fondée par son directeur et le gouvernement de l'Indo-Chine, devient, à la date du 1er septembre 1903, établissement particulier subventionné pour l'enseignement professionnel. C'est une heureuse application de l'initiative particulière encouragée à la fois et pour la production et pour l'instruction pratique. (Voir l'acte aux pièces annexées dans le *Courrier de Haïphong* du jeudi 2 juillet 1902.)

Sous vitrine, voici les produits comparés des divers centres séricicoles : cocons de France obtenus au Tonkin, cocons jaunes de la race polyvoltine du Tonkin, longs, pointus, assez mous; les cocons blancs du Quan-Tong, ceux de Che-Kiang et les beaux cocons ronds et fermes de Wusich (Kiang-Su). Des échantillons de soie annamite et de soie grège blanche de Shangaï complètent la collection.

Bien que des essais de croisements avec des races plus vigoureuses que la polyvoltine du Tonkin aient été tentés, l'établissement semble se cantonner dans une sélection méthodique de la race indigène, et il y a évidemment dans les produits exposés une amélioration pratique réelle. Celle-ci ressort également des grèges présentées et du prix obtenu par elles au marché de Lyon, sensiblement double de celui atteint par la soie filée de l'indigène.

Toutefois, nous aurons occasion de constater malheureusement, au cours de notre voyage, que l'industrie séricicole est peu développée au Tonkin et que les brodeurs de Hanoï, par exemple, font trop souvent venir leur soie de Canton. Le seul centre sérieux de sériciculture indigène est Quin-Hon, dans l'Annam, dont nous serons amenés à reparler plus loin. Une hivernatrice pour graines de vers à soie nous prouve que le climat rigoureux de décembre, janvier et février exige des moyens artificiels pour assurer l'élevage régulier.

Le pavillon H, qui s'ouvre au centre de la galerie F, renferme les machines et appareils destinés à assurer l'éclairage électrique de l'Exposition ; nous en avons déjà signalé le principe et le fonctionnement. Plusieurs de ces machines constituent, avec des tableaux appendus à la muraille, l'exposition de la maison Dayde et Pillé, de Creil, qui a construit le pont Doumer sur le Fleuve-Rouge, après avoir exécuté la gare du Midi, à Bordeaux, le pont Mirabeau, sur la Seine, l'appontement de Grand-Bassam, celui de Pauillac, etc. De très intéressants moteurs pour canots sont présentés par Chaligny. L'un d'eux, d'une force de 20 chevaux avec un diamètre de 104 et 184 millimètres pour les pistons, donne 375 tours et pèse 190 kilogrammes; il correspond à une chaudière de 4 m. 40 de surface de chauffe pesant 613 kilogrammes, ce qui donne pour la machine complète 800 kilogrammes. Plusieurs de ces machines fonctionnent sur les rivières indo-chinoises.

Viennent à la suite des machines locomobiles et automobiles d'Albaret, Le Blanc, Aubert, lourdes machines routières du type de celles employées par les propriétaires sucriers dans l'île Maurice ; les courroies Scellos, des étuves à désinfection, lessiveuses, essoreuses, présentées par F. Dehaitre, des presses Voirin, les machines-outils Lomont, Chouanard. L'exposition sous forme de tableaux et dessins du constructeur Duval Pihet, développant les charpentes en fer du pont-aqueduc d'Argenteuil, du Palais des Arts Libéraux en 1889, du Grand Palais des Champs-Elysées de 1900 (façade du Cours-la-Reine) et le projet du pont sur la rivière de Cu-Dé (ligne de chemin de fer de Tourane à Hué (Annam) dont nous reparlerons en le visitant sur place termine cette galerie où le classement était commandé par la distribution de la force motrice.

Costumes. — La revue des machines étant terminée, nous revenons sur nos pas jusque dans le pavillon E, dans la galerie I, continuant l'exposition métropolitaine. Les riches étalages vont se poursuivre sous nos yeux, mais bien rares seront les renseignements qui nous permettront l'étude ou même l'appréciation des produits exposés : ce sont des devantures de magasins dont nous allons parcourir le défilé, avec cette seule différence qu'aucun prix de vente n'est indiqué.

Sauf cette lacune, le visiteur pourrait se croire sous les galeries de la rue de Rivoli. Voici donc la collectivité de la Chaussure française, les habits noirs et les complets de collégiens de la Belle Jardinière, les costumes d'enfants de Kalm, les vêtements de Gorse, à Lyon, Luneau, à Lille, Halimbourg Akar, à Paris, les vestons et gilets de chasse Dheilly, les gilets et jaquettes jersey Bertout et Got, la lingerie pour dames de Caillet, les corsets Le Prince, d'irréprochables complets soirée de la Samaritaine, les lainages de Bernheim frères, les mannequins pour couturières de Stockmann, les buscs de corset Libron, les talentueuses toilettes de Mme Léoty, les élégants costumes de Blais et Mousseron et ceux de Storch. Cette seule nomenclature nous souffle des airs de boulevard et il faut les exclamations chantantes des Annamites pour nous rappeler à la réalité.

Nous sommes devant l'exposition collective des fabricants de bonneterie de Troyes ; on comprend le souci avec lequel les exposants ont groupé les tricots et les caleçons. C'est que la bonneterie est un de nos forts articles d'exportation. Sur le rivage de Dakar comme en plein territoire Galla, à Tananarive comme à Laokay, j'ai partout retrouvé le bon tricot, et même souvent l'honnête bonnet de coton qui faisait aussi bonne figure sur la large face noire de l'Africain que sur la maigre face jaune de l'Asiatique. Aussi, nous nous arrêtons complaisamment devant les vitrines troyennes de Desgrez, Jeoffroy, Damoiseau et Huot, Mauchauffée, Raguet fils et Vignes : ces derniers se sont fait aussi une spécialité de chemisettes très fines d'une légèreté appréciable sous le poids du climat cochinchinois et cambodgien : leur marque « Troyes-Saïgon » est appréciée ; donc il suffit de chercher et de vouloir pour faire l'article colonial ; en voilà une démonstration victorieuse. Notons-la pour la Société de géographie commerciale.

La maison Bonbon clôt la série des bonneteries troyennes.

Après l'exposition de la Société des corderies d'Angers, nous abordons la lingerie avec Fleury-Martel, Guérin et Cie, Simonnot-Godard, puis les laines et soies de Simonnet, à Reims, pour faire une plus longue station devant la Société des usines de la ramie française à Entraigues (Vaucluse). Cette question nous intéresse d'autant plus qu'en 1900 un congrès spécial pour la ramie fut tenu à Paris. Cette industrie semble en réel progrès, si l'on peut en juger par les divers échantillons de tricots, dentelles, toiles et linges de table, passementerie, cordages exposés à Hanoï. La ramie est décortiquée par la machine A. Favier et blanchie par ses procédés. Les fibres sont belles et les étoffes soyeuses. La fabrication entrerait-elle décidément dans une voie pratique ?

Presque voisine est l'exposition de la maison Saint frères, à Paris, qui groupe les produits du lin, du jute et de l'abacca en nous soumettant les matières premières, les fibres qui en sont extraites, des étoffes d'ameublement, des tapis, des toiles à voile et des cordages. Ces deux expositions sont également intéressantes pour les coloniaux. En ce qui concerne l'abacca, nous aurons occasion de traiter cette question en étudiant les Philippines ; elle commence d'ailleurs à préoccuper nos colons du Tonkin et j'ai eu occasion d'en voir des plantations sur le Fleuve-Rouge. Quant au jute et à la ramie, ces deux plantes semblent retenir l'attention des industries européennes, qui songent à en généraliser la culture en Indo-Chine. La ramie est actuellement cultivée surtout dans le Bas-Laos et le jute au Tonkin.

Il y aurait certainement intérêt pour Madagascar à ne pas se laisser distancer dans ces essais, d'autant plus que nous avons déjà signalé en 1900 une ramie indigène qui nous avait été fournie par M. l'administrateur Bénévent et qui pousse spontanément dans le Nord-Ouest.

A une époque où les textiles coloniaux prennent une extension considérable et garantissent aux pays producteurs un important tonnage, Madagascar doit se mettre sur les rangs pour l'abacca, la ramie et le jute avec ses plantations côtières, pour l'aloès dans ses terrains de l'intérieur. Les Philippines pour les premiers, l'île Maurice pour le second, nous fourniront des renseignements complémentaires.

Près de ces produits bien coloniaux, nous trouvons la Société anonyme des tissus de laine des Vosges, les rubans imprimés de Brach et Blum et la grande vitrine des fils d'Alfred Motte, de Roubaix.

Mais un nouveau produit nous attire, c'est l'amiante Asbestos, dont nous avions entretenu les représentants à Paris en 1900. Des fils, des cordes, des tresses, des tissus pour produits chimiques et pour ameublements, des matelas d'isolement, nous prouvent que de grands progrès ont été réalisés aussi de ce côté. Or, les échantillons d'amiante sont nombreux à Madagascar : il s'agit d'en trouver dont les fibres soient de dimensions convenables. L'office de cette société, dirigé par M. Chedville, 21, quai de Valmy, à Paris, fournira aux intéressés les renseignements qui ne figuraient pas à l'exposition sur la matière première.

Nous passons ensuite devant les étalages de Motte Bossut fils, filateur, qui nous présente des velvets de coton imitant parfaitement le velours ; de Wibaux Florin, à Roubaix ; de Henri Ternynck et fils, de Lemaitre et Cie, à Rouen ; d'Esnault-Peltrie, à Amiens, et nous sommes retenus un moment devant la vitrine de la blanchisserie et teinturerie de Thaon, près d'Epinal (Vosges), où figurent différentes marques de toiles sur lesquelles nous lisons avec plaisir Madagascar, Tamatave, Majunga, Tananarive, Saïgon, Hanoï, Haïphong, Saint-Denis-Réunion, Martinique. Allons ! les colonies de l'Océan Indien sont en bonne posture dans le commerce métropolitain.

L'exposition voisine du Syndicat normand des indiennes nous donne d'ailleurs des renseignements encore plus précis par le tableau suivant :

	1898	1899
Madagascar	1.003 balles	1.102 balles
Indo Chine	2.421 —	2.349 —

La maison Ancel-Seitz, des Vosges, continue la série, puis viennent la fabrique de guipures David, Adhémar et Maigret, et le Syndicat cotonnier de l'Est, employant exclusivement le coton Louisiane, coton Jumel, avec 35.000 métiers à tisser et 1.500.000 broches. Les filatures et ateliers de tissage de Pondichéry ramèneront cette question sous notre plume ainsi que la filature Meiffre Cousins à Hanoï. Voici les filatures de Saulxures-sur-Moselotte (Vosges) et les fabriques de velours de Cosserat, à Amiens, qui terminent la galerie. Nous pénétrons dans le pavillon J, où sont groupées toutes les marques représentées par l'Alliance commerciale française de Hanoï et le Syndicat indo-chinois.

Ici plus de classement du tout : un pêle-mêle de produits bien connus d'ailleurs dont la plupart, hélas ! appartiennent à la catégorie trop abondante de l'*alimentation*. Enumérons donc : la bière Velten, l'huile d'olives Casse, le champagne Montebello, les vins de Bourgogne Bouchard de Beaune, les vins de Bordeaux Petit Laroche, la brasserie de Tantonville, l'orfèvrerie Christofle, les amidons Rémy, les savons Palun (Avignon) lavant à l'eau douce et à l'eau de mer, les bandages Bassetti-Loret, les couleurs Rambaud, les chaussures Fagart, les pianos Boisselot, de Marseille, de la porcelaine dite aluminite allant sur le feu, les instruments de musique de Thibouville-Lamy, des veaux mégis de Marchand, à Paris.

Dans l'autre moitié du pavillon, l'exposition de Lemieu, batteur d'or, à sa place dans ce pays de laques et de dorures, un tableau avec graphiques sur le fonctionnement de la crèche de La Bastide, la représentation de la plâtrière H. Crépin, à Meriel, les étalages de Henry, matériel de campement ; des horloges de Lepaute, des balances de précision de Collot, des papiers peints de L. Mey, des selles et harnachements de Laclaverie, à Bordeaux, des peaux et des fourrures de Junques. Des graphiques appendus à la muraille nous expliquent le fonctionnement de l'école spéciale de travaux publics de la rue du Sommerard ; au milieu de la galerie un trieur spécial pour l'agriculture construit par Emile Marot, à Niort, et, près de la porte, une collection intéressante de rotins exposés par la maison Van Oye et Cie, à Halluin (Nord), qui nous indique une consommation de 3.000.000 de kilogrammes par an.

Les commerçants qui ont organisé cette salle ont commis une faute, à notre avis du moins, en ne laissant pas ces objets à leurs places respectives dans les galeries. Une affiche sur chacun d'eux indiquant la représentation à Hanoï aurait renseigné le visiteur qui, dans l'incohérence du groupement présenté, a dû, comme nous sans doute, négliger des produits intéressants.

Produits alimentaires. — Du pavillon J nous pénétrons par un portique dans la galerie KL, qui contient exclusivement les produits alimentaires. Nous devons constater, non sans honte, que leur nombre est considérable, aussi élevé d'ailleurs que celui des cafés et débitants de conserves dans toutes nos villes coloniales. Voici les fers-blancs d'Amieux, de Prevet, de Petit-Jean, la Société des productions réunies de Roquefort, les vins et conserves d'Artaud frères, à Marseille, les pâtes alimentaires de

Bertrand et Cie, à Lyon, les conserves Bayle fils, à Bordeaux, la Société brestoise de conserves, la Société des beurres de Boulogne-sur-Seine, les beurres de Bretel frères, à Valognes, ceux de Porteu, à Rennes. Les produits de l'amidonnerie et rizerie Marquette, à Lille, ceux de la raffinerie de sucre de Saint-Louis ; les biscuits Olibet, Guillout, Georges, les potages Maggi, les produits de l'épicerie Potin et Cie font suite.

Une superbe collection de fruits et légumes en carton, avec une suite de graines bien présentées sous des lentilles de verre fixées au mur, nous rappelle la maison Vilmorin-Andrieux, très coloniale celle-là et dont le fils, botaniste distingué, poursuit en ce moment au Tonkin un voyage d'études au cours duquel il recueille les graines et les plants de toutes les espèces indigènes lui semblant susceptibles d'une utilisation. Nos collections de Madagascar l'ont intéressé et nous espérons lui avoir prouvé que de ce côté il y aurait aussi à faire chez nous.

Nous notons ensuite en passant la vitrine du fabricant de couleurs végétales Fichot-Flandrin, à Paris, et songeons aux nombreux principes colorants utilisés jadis par les Hova et que peuvent fournir nos végétaux malgaches ; puis nous lisons le tableau affiché par la maison Tassy et de Roux, à Marseille, au-dessus de flacons d'huile de coco de fort belle apparence :

Amandes de cocos de provenances ci-dessous : Pacifique, Nouvelle-Calédonie, Java, Cochinchine Manille, Madagascar, Dahomey, Saïgon, Ceylan, Zanzibar.

		en kilogrammes	en francs
Exportation en 1901	Totale	6.586.100	2.964.000
	Spéciale à la maison	5.445.600	2.460.000

Aucun renseignement complémentaire ne nous permettant de contrôler ou de détailler ces chiffres, qui peuvent intéresser nos planteurs, nous passons aux conserves Bouton, de Périgueux, et Louit frères, puis à la vitrine du chocolat Menier, qui nous apprend qu'il fait venir son cacao de Nicaragua. Des bouteilles de Dubonnet, Picon, Get frères, Cusenier défilent devant nous avec leurs formes étranges et leurs couleurs multiples ; puis c'est la collectivité des vins de différents crus, bières et cidres, les grands vins de Bourgogne de Guichard Potheret et fils, et enfin l'alcool de menthe de Ricqlès, trônant avec un colossal flacon sur ces bataillons de récipients divers.

Suivent maintenant des vernis, dont un spécial pour chapeaux de paille. Notons l'adresse pour notre industrie future : Levasseur, 22, boulevard des Filles-du-Calvaire ; puis les couleurs et les produits pharmaceutiques, les cires et les bougies, les essences et les parfums. Nous stationnons quelques instants devant la vitrine de la maison Pillet et Denfert, de la rue Saint-Merri, à Paris, car les essences, commençant à jouer un rôle dans les cultures de notre voisine la Réunion, pourraient bien un jour intéresser aussi notre colonie malgache.

Dans la vitrine figurent les produits les plus usités par cette industrie : clous de girofle, camomille, bois de santal, bois de cèdre, graines de coriandre, menthe de Paris, fleurs de thym, noix de muscade, bois de cannelle, anis de Russie, graines de cumin, graines de céleri. Peu nombreux sont les produits coloniaux dans cette nomenclature. Pourquoi ? Sans doute parce que l'Indo-Chine, en dehors de la cannelle, n'a rien envoyé en France jusqu'à ce jour.

Des parfums, nous passons aux colles et gélatines, colles spéciales pour l'apprêt des tissus, dont la maison Dorrel, à Bagnolet, s'est fait une spécialité.

Près de là, la vitrine de l'usine Taillandier, à Argenteuil, nous expose les différents sels de quinine employés actuellement : lactate, chlorhydrate, bromhydrate, valérianate et bi-sulfate, que la Société du traitement des quinquinas complète dans une vitrine voisine par le glycérophospate et le chlorhydrosulfate.

Brusquement, l'utilisation de la théorie Pasteur : la destruction des rongeurs par les microbes ; ceux-ci sont renfermés dans de petits tubes de verre et fixés sur gélose ; il suffit de les lâcher pour obtenir un résultat foudroyant. Bien que l'inventeur M. Danyz, garantisse l'innocuité du virus sur l'espèce humaine, les acheteurs ne sont pas nombreux.

La maison Campagne, de Paris, nous présente toutes les espèces de quinquinas en tuyaux utilisés par la droguerie et provenant de Ceylan, de Java et des Indes.

Enfin, la galerie se termine par des fourneaux de cuisine, des chauffe-bains au pétrole, des lanternes et fanaux dont les maisons Guichard, Ch. Blanc, Briffault ont envoyé de nombreux et brillants spécimens.

EXPOSITION DE LA CHINE

Nous avons terminé la revue rapide des produits alimentaires et de leurs dérivés. Nous abordons maintenant avec la Chine l'industrie artistique.

Le pavillon M, simple galerie persiennée et garnie de chaque côté d'une rangée d'établis, est consacré au travail de l'émail cloisonné, placé sous le patronage de l'Institution industrielle de Pékin, dont le directeur, jeune Chinois intelligent, fils du tao-taï de Pékin, s'est mis à notre disposition pour nous donner toutes les explications désirables sur cette industrie, comme sur les magnifiques collections de son établissement exposées dans la salle voisine N.

Cloisonnés. — L'art du cloisonnage remonterait en Chine à 1450 : le nom chinois « Ching Tai Lan », qui désigne ce produit, serait celui du septième empereur de la dynastie des Ming. Si, malgré son ancienneté, le cloisonné chinois n'atteint pas actuellement le fini ou plutôt la variété de teintes de son concurrent japonais, c'est que le Chinois en est toujours resté à la barbarie primitive de ses couleurs ; il fabrique pour lui et non pour l'étranger : il en est ainsi de ses étoffes, de ses laques, comme nous pourrons le constater à Canton.

Mais ce serait une erreur de contester le progrès énorme accompli depuis 600 ans dans cette industrie comme dans les autres : il suffit pour s'en convaincre de comparer les anciens produits avec les nouveaux.

Aussi délicate que la cloison japonaise est celle qu'emploie actuellement le Chinois ; aussi fins sont ses émaux. Les jaunes, les bleus, les rouges et les verts dominent et produisent une gamme étrange, aussi extraordinaire pour notre œil européen que la gamme musicale, l'est pour notre oreille. Mais les procédés sont parfaits et le résultat, absolument et exclusivement chinois, indique une évolution complète.

Dans le pavillon M, ce sont des Chinois qui travaillent ; dans le pavillon T, situé en face, ce sont des Japonais. C'est une heureuse idée d'avoir juxtaposé ces industries similaires, et en allant de l'une à l'autre nous pouvons nous convaincre que la seule différence réside dans le but cherché par ces artistes. Les premiers travaillent pour eux, les seconds pour l'étranger.

Sorti du marteau du chaudronnier, qui lui a donné la forme voulue, le vase de cuivre rouge passe entre les mains de jeunes enfants, qui préparent sur une planchette les minces rubans de cuivre destinés à constituer les cloisons en suivant le dessin colorié qu'ils ont sous les yeux et qui est reproduit avec une pointe sur le vase lui-même.

Chaque cloison, à l'aide d'une fine pince, est appliquée par sa tranche préalablement enduite d'une certaine colle à la place qui lui est réservée sur l'objet. Si complètes qu'aient été mes investigations, je n'ai pu me procurer la composition de cette colle, appelée pai-chi, qui serait faite avec la racine d'une plante de la famille des orchidées. L'adhérence de la cloison au vase est immédiate et, particularité étrange, elle se prolonge même pendant la cuisson. De petites entretoises d'une substance réfractaire nommée sha-tiao viennent cependant, de place en place, maintenir l'écartement des cloisons entre elles. Le tout est saupoudré d'un mélange d'argent, de cuivre et de borax.

Le vase ainsi préparé est placé dans un manchon de fer posé au milieu d'une cage en fil de fer remplie de morceaux de charbon sur lequel des aides entretiennent l'incandescence au moyen de simples éventails. La poudre d'argent, cuivre et borax entre en fusion et s'introduit dans les soudures qu'elle scelle définitivement en un quart d'heure. Le vase étant sorti et refroidi, on enlève les entretoises de sha-tiao et on lave l'objet avec une brosse trempée dans une décoction d'abricots secs. Le vase, revenu à l'atelier, passe alors entre les mains des artistes décorateurs qui ont devant eux une série de soucoupes où les émaux liquides sont préparés. Ces émaux viennent de Po-Shan-hsien (province du Shang-Tung), il m'a semblé que la matière naturelle d'agrégation était de l'azotate de potasse en cristaux mélangé à un calcaire gréseux fort semblable au sable de Fontainebleau ; des sels de fer, cuivre ou plomb donnent la coloration voulue.

Le mélange broyé au pilon est allongé avec l'eau de riz: le peintre doit agiter sans cesse la solution pour en maintenir l'homogénéité ; une sorte de petite cuillère plate à long manche lui sert pour l'application. Opération délicate, car il ne doit introduire entre les cloisons que la quantité strictement nécessaire pour éviter les bavures ; quand cette opération est terminée et que toutes les couleurs sont appliquées, le vase retourne au fourneau décrit ci-dessus : la cuisson dure environ dix minutes, puis il est retiré, examiné soigneusement, débarrassé des bavures et des couleurs ratées, poli avec une lime d'acier.

Les couleurs défectueuses sont remplacées par de nouvelles, et une seconde cuisson vient compléter la première. Après celle-ci, le vase, monté sur une sorte de tour horizontal, reçoit un rapide mouvement de rotation tandis qu'un grès très fin, maintenu contre sa surface par l'ouvrier, lui donne son poli et sa forme définitive.

Pour les pièces de choix, deux, trois et même quatre autres cuissons sont reconnues nécessaires. Après chacune d'elles, l'objet est poli avec du charbon de bois de tilleul. Le travail de coloration étant définitivement terminé, le vase est placé dans un bain galvanoplastique d'argent ou d'or qui recouvre les parties de cuivre restées à nu.

Il est facile de comprendre la minutie de ces diverses opérations, les difficultés que présentent : 1° l'application du cloisonnage ; 2° celle des couleurs ; 3° la durée du temps de cuisson ; 4° le nettoyage et le polissage. Ce sont des heures et des journées de travail attentif que la moindre pièce exige : la plus légère erreur fait une tache, la moindre négligence oblige à recommencer toute l'opération. Que de mains différentes ont manié cet objet avant qu'il n'atteigne la perfection voulue ; et, cependant, il conserve son unité de conception vers laquelle tous ses ouvriers ont tendu leur attention, depuis le bambin de 8 ans qui découpe les cloisons jusqu'au vieillard expérimenté qui polit sur le tour.

Aussi, en sortant de l'atelier, c'est avec une profonde admiration que nous nous arrêtons devant les pièces rares exposées dans le pavillon N : Deux éléphants avec leurs supports, des grands vases avec une infinie variété de dessin où les hommes, les fleurs et les animaux se déroulent en théories contournées ; de minces coupes à fruits sur lesquelles on n'oserait rien mettre, des objets rituels pour les sacrifices étranges et mystérieux, des plats, des assiettes et des bols de toutes formes, des vases à fleurs dont l'ornementation se détache vigoureuse sur un fond noir, d'autres se terminant par des têtes d'animaux ; des étuis à cigarettes, des cadres, des pipes au long tuyau recourbé, à la base desquelles l'eau parfumée sommeille sous le petit fourneau destiné à contenir une pincée de tabac blond ; des théières, des boucles de ceinture, des couteaux, des boites à poudre de riz ! Et sur tous ces objets aux destinations multiples, l'émail docile, emprisonné entre les fines cloisons, a rempli exactement le vide qui lui était réservé et traduit fidèlement à la place voulue la pensée de l'artiste qui les avait conçus.

Ce sont des existences humaines consacrées à ces ornementations, mais l'espèce humaine pousse sur ce sol chinois avec une telle force d'expansion que la vie et les jours ne sont rien : les prix de ces merveilles le prouvent : quarante francs représentent à peu près une année d'existence ?

Porcelaines anciennes. — Toujours guidé par notre aimable compagnon, nous continuons à parcourir les collections de pièces anciennes. Voici les vases précieux en vieille porcelaine de la dynastie des Ming, avec des dragons, des fleurs et des oiseaux : le plus ancien remonte à 1405, le plus récent à 1573. L'un d'eux, avec ses courges blanches sur fond bleu, est du plus pur modern-style ; un autre, sur lequel se détache vigoureuse la cigogne, emblème de longévité, dresse fièrement deux anses élégantes.

Ici, une cruche jaune clair sur laquelle serpente un dragon bleu : elle date de 1426 ; là, un vase vert olive avec des dessins en relief nerveux et purs de forme. Des collections de monnaies anciennes et modernes, des figurines en bronze représentant des prêtres ou des dieux, des modèles en pierre stéatite, des pagodes et édifices anciens.

Cette pierre, dite de savon, est extraite de la montagne Shen, près Fou-Tchéou ; la facilité avec laquelle elle se travaille en permet l'emploi à bon marché. Les Chinois fabriquent avec elle des statuettes, des vases et des cachets : elle est très joliment nuancée, du rouge au noir : les 60 kilogrammes valent à Fou-Tchéou environ 80 francs, suivant la finesse du grain et de la nuance.

De nombreuses pièces de jade complètent les collections du pavillon N, consacré à l'art ancien ; ce sont des cachets et des parures, des boites, des porte-pinceaux, des vases, des plateaux, des bols, des cendriers, des animaux réels ou fantastiques, des bouteilles, des bagues, des ornements étranges avec des dragons et des lézards, remontant pour la plupart à la dynastie des Hans.

EXPOSITION DE SHANGAI

Nous passons de là dans la galerie O, où, dans un premier compartiment, nous trouvons réunis les produits de Shangaï. Cette partie de l'exposition chinoise a été organisée par l'attaché commercial délégué par l'Indo-Chine à Shangaï, c'est ce qui explique sa situation isolée. M. Maury a voulu présenter en bloc tout le commerce de la ville dont il s'occupe : l'idée était bonne et a réussi.

Sans qu'il y ait de ma part aucun esprit de critique (on ne saurait en faire au délégué de la Chine, M. Percebois, qui, sous la haute direction de M. Piry, le commissaire général des douanes, a organisé, installé l'exposition chinoise et publié un fort intéressant catalogue, auquel nous faisons de fréquents emprunts) ; je crois que ce morcellement de la Chine par province eut contribué à rendre plus saisissantes les différences essentielles existant entre le Sud et le Nord de l'Empire du Milieu.

Les membres du jury, certes, n'ont eu qu'à se louer du classement scrupuleusement conforme à celui du catalogue, mais les chercheurs auraient préféré un groupement synthétique plus conforme à la vérité. En tout cas, dans cette section, les étiquettes pourvues de renseignements complets ne manquent pas : chaque objet a la sienne, ce qui facilite singulièrement notre tâche.

Nous voici devant l'exposition de la maison G. Paturel, s'occupant spécialement du commerce de la soie : les prix oscillent avec un énorme écart de 600 francs à 3.500 francs le picul de 60 kilogrammes, soit de 10 francs à 55 francs environ le kilogramme suivant la qualité.

La soie provenant de la vallée du Yang-Tsé est vendue soit en cocons, soit en balles de 200 paquets. L'achat se fait au poids, la marchandise devant subir un séchage préalable de 8 jours. Les déchets se vendent à raison de 130 à 150 francs les 60 kilogrammes.

Pour constituer une collection semblable à celle qui est exposée, il faudrait compter une dépense de 1.200 francs : M. Maury se chargerait, le cas échéant, d'en composer une pour la Colonie, comprenant cocons et soie grège.

La maison Olivier nous présente des chapeaux de paille et un intéressant groupement des fibres connues, suivant leurs préparations faites dans trois buts différents sous trois noms distincts :

Tiens, par balle de 240 pièces de 60 yards, valant de 72 à 240 francs.

Cloches, par balle de 600 chapeaux valant, de 24 francs à 160 francs.

Nattes, par rouleaux de 40 yards, à raison de 12 francs l'un.

Toutes ces pailles proviennent de Ning-Po. Elles sont assez grossières, mais très souples. A nouveau, je regrette que notre industrie malgache n'entre pas dans la lice : nous faisons beaucoup mieux, sinon aussi bon marché.

Près de là, les produits d'une usine de bicarbonate de soude, puis un bel étalage de soies de porc qui donne lieu à un important commerce. Voici encore une denrée qui pourrait être exploitée dans l'Imerina ; il se faisait jadis à Tamatave une petite exportation de ce produit ; il y aurait certainement à la développer.

La grande fabrique de papiers « The Shangaï Pulp and Paper C° » nous expose de beaux échantillons ; en faisant une visite à l'industrie naissante de M. Schneider, à Hanoï, nous aurons occasion de nous étendre plus longuement sur cette fabrication, dont les débouchés en Extrême-Orient ne semblent malheureusement pas encore assurés, les indigènes annamites et chinois arrivant à fabriquer des papiers ordinaires à un prix minime. Nous verrons que la question se réduit aujourd'hui au problème de l'expédition en Europe de la pâte à papier sous une forme comprimée, mais dont la fermentation est à craindre dans un délai vraisemblablement trop court, vu la longueur du trajet.

Près de là, dans une large vitrine, de belles dentelles exécutées par les orphelinats de Shangaï, des guipures et des broderies délicates : un fort élégant chemin de table et un service à thé qui font envie à bien des visiteurs ; un peu plus loin des broderies spéciales dites à pointe bouclée de la vallée du Yang-Tsé, puis l'exposition de la fabrique de cotonnades « The international cotton Manufactory, » réunissant des étoffes ordinaires imprimées à la chaux où le bleu domine dans les teintes et qui sont vendues aux Chinois à raison de 1 franc la pièce de 8 mètres en petite largeur : décidément, nous sommes dans le pays du bon marché. Toutefois, l'étalage voisin, avec ses soies multicolores, nous rassure : voilà des prix plus élevés.

La plupart de ces étoffes de soie sont faites par les Chinois, qui commencent à travailler au métier Jacquard. La transition pour eux a dû être bien insensible car nous verrons, en flânant dans les rues de Canton, chez des tisseurs de soie, fonctionner des métiers absolument semblables au Jacquard, mais où le carton est remplacé par un apprenti juché à la partie supérieure de l'appareil et qui fait manœuvrer alternativement les fils. Nous serions donc tentés de croire que Jacquard a dû perfectionner le métier chinois et nous livrons cette hypothèse aux chercheurs qui concluront peut-être que le métier chinois est semblable au nôtre avant le perfectionnement Jacquard.

Toujours est-il que ces étoffes sont belles, bien tissées et bien teintes. L'échantillon ci-joint a été coupé dans une pièce destinée à faire un manteau pour l'empereur de Chine : le prix en est de 18 dollars le yard, soit, environ, 36 francs. Une robe de mandarin ordinaire vaut 104 francs.

Une très intéressante collection de chaussures, depuis la sandale des coolies jusqu'aux minuscules gaines destinées à abriter les moignons déformés *des petits pieds*, en passant par les bottes des soldats, nous initie à l'intimité chinoise ; puis nous abordons les thés, thé noir de Hankéou, thé vert de Ning-Po. L'exportation de ces denrées se fait principalement sur les Etats-Unis. Il en sort annuellement plus de 4.800 tonnes. Nous reviendrons sur ces thés en examinant ceux des autres parties de la Chine.

Groupés, eux aussi, les négociants en porcelaines et en faïences de Shangaï nous présentent de magnifiques étalages de plats et d'assiettes dont les prix varient de 12 à 30 francs. Nous remarquons un paravent original à quatre panneaux de céramique coté 320 francs, puis des potiches dont les prix oscillent de 7 à 36 francs. Il doit y avoir une casse d'au moins 100 0/0 dans ceux qui nous parviennent en France, si je m'en rapporte aux prix qu'atteignent les mêmes objets à Paris. M. Fou-Tchang, gros négociant de Shangaï, nous fait les honneurs de son étalage où les tasses, les assiettes, les bols, les crachoirs et les bouddhas de porcelaine ordinaire se succèdent dans les formes les plus variées et les couleurs les plus éclatantes ; ses prix sont raisonnables et des panneaux de 6 et 8 francs ont un aspect des plus engageants.

Les broderies aux tons criards le sont moins : il est indispensable que le temps éteigne ces teintes trop vives. C'est la raison pour laquelle les vieilles broderies chinoises sont si appréciées de nos parisiennes : les couleurs, sous l'action des années, y ont pris des nuances dégradées qui en rendent la gamme plus perceptible à nos yeux d'Occidentaux.

Commerçants chinois de Fou-Tchéou. — Des marchands de Shangaï nous passons à ceux de Fou-Tchéou, groupés dans le pavillon Q. Ce pavillon constitue une véritable salle de vente. Afin d'éviter que les collections ne se dépareillent par la hâte de quelque acheteur pressé, le commissaire de la Chine a groupé autant que possible dans la galerie O les objets recueillis par le gouvernement chinois en laissant dans le pavillon Q les objets de vente courante. Nous trouvons donc là tout un assortiment de laques, figurines en bois sculpté, en racines contournées dans lesquels l'artiste a trouvé des personnages multiples à pied ou à cheval groupés autour d'un bouddha ; des meubles incrustés d'os, un peu lourds de forme et mièvres de dessin, des masques de théâtre, des peintures, etc., à des prix très abordables.

Deux lits chinois complets, enclos dans leur entourage de panneaux incrustés dans lesquels des lucarnes de verre ou de soie coloriée laissent pénétrer une lumière diffuse, avec leurs verroteries et leurs effilés multicolores sont affichés l'un 1.400 francs, l'autre 1.800 francs. Des lanternes de verre filé étendent près de là leurs branches graciles, puis des produits plus ordinaires, des étoffes, des tapis et des nattes. Nombreux sont les visiteurs et les objets s'enlèvent avec une rapidité telle que 15 jours avant la fermeture il ne reste plus rien, malgré les défenses du début.

Cette rapide incursion faite dans les marchands, reprenons notre visite de la galerie O et, pour en étudier les détails, suivons le classement adopté dans le catalogue, en admirant, toutefois, d'un coup d'œil d'ensemble les belles vitrines en bois sculpté aux toitures retroussées reproduisant des réductions de pagodes où sont groupés tous les objets précieux d'orfèvrerie, argenterie et bijouterie (Voir photographies).

Peintures chinoises. — Voici des fresques sur papier ou sur soie, spécialité de Canton, représentant des scènes de la vie chinoise. Quelques-uns de ces dessins atteignent des prix élevés : ils sont exécutés avec un souci exagéré du détail, mais la composition est souvent intéressante. Toutes ces peintures sont faites à l'aquarelle et le papier dit *de riz* est la moelle déroulée et étendue de l'*Aralia papyrifera*.

Des figurines en terre aux gestes naïfs et vrais nous représentent les personnages de la rue à Tien-Tsin, soit isolés, soit par groupes. Voici des prêtres lamas, un maître d'école et ses élèves, un barbier ambulant, des bonzes, un soldat, des acteurs et artistes, des artisans divers, un groupe de boxeurs, un raccommodeur de porcelaine, un sergent de ville, un porteur d'eau, etc., etc., images vivantes et gaies, mais d'une fragilité qui exclut toute possibilité de transport : des bras, des jambes et des têtes amoncelés dans un coin de la table en témoignent.

Des modèles, habilement établis à l'échelle au dixième, nous donnent une idée nette du restaurant chinois, de la maison d'un riche négociant, d'une boutique, d'une chaumière, d'un yamen de préfet, que des cours successives rendent inaccessible au simple particulier.

Les bronzes sont, en général, ordinaires et il semble que sous ce rapport il y ait décadence. Une superbe défense d'éléphant nous renseigne en revanche heureusement sur l'imagination féconde et la patience de l'artiste qui a été chercher dans l'ivoire l'enchevêtrement des formes et des paysages pour faire un ensemble étonnant de mouvement et de vie. Cette défense est exposée par M. L. Albert, de Canton, c'est un superbe morceau.

Nous passons à l'art de l'imprimerie, des spécimens de planches et un matériel complet, accusant le caractère rudimentaire du procédé employé, qui se réduit à une gravure sur bois, nous font apprécier davantage le travail de ces éditions à bon marché qui, sous deux plaquettes de bois de santal, réunissent 7 ou 8 fascicules ornés de planches. Les caractères sont fins et nets, les planches fourmillent de détails empruntés à la vie chinoise, mais sur lesquels de temps en temps se signale une machine due aux *diables étrangers*, chemin de fer, voiture, etc. C'est un roman que nous avons entre les mains, indéchiffrable, hélas ! pour notre ignorance. Le 6e fascicule contient des planches représentant les occupations diverses d'une princesse chinoise. Quelle justesse de mouvements dans les multiples attitudes ! Cet art est loin d'être inférieur à celui des Japonais.

Les progrès sont peut-être récents, mais ils sont énormes et nous pourrons le constater de nouveau à Canton.

Publications des douanes impériales chinoises. — Près de ces impressions indigènes figurent les publications des douanes chinoises. Le commissaire consulté nous répond que sir Robert Hart, directeur général des douanes impériales, se fera un plaisir de les envoyer au gouvernement de notre Colonie. Elles comprennent 10 volumes des rapports annuels de 1892 à 1901, le rapport décennal de 1882 à 1891 ; celui de 1901 en cours de publication et des opuscules isolés sur le thé (1 volume), l'opium indigène (2 volumes), le jute indigène (1 volume), le compendium des médicaments chinois, la soie, etc. Il y a dans cet ensemble de documents recueillis et condensés par des hommes de valeur, initiés au pays par de longs séjours, une source de renseignements dont notre Colonie pourrait profiter.

Pour les collectionneurs, voici tous les instruments employés dans un orchestre chinois, des violons à deux et quatre cordes, des luths à 20 cordes, la série des tambours et des trompettes, etc., dont la totalité arrive à produire cette musique aigrelette à la mesure étrange, aux accords dépassant la perceptibilité de notre oreille, que la voix des chanteurs suit sur un ton perçant, cette musique qui laissa Saint-Saëns rêveur lors de son passage à Cholon et dont il reproduisit l'exotisme dans le motif d'un de ses ballets.

Le modèle d'un théâtre avec son orchestre, tel qu'il existe dans les clubs des corporations, complète la collection des instruments. Le temple, le théâtre et le jeu sont les trois centres de réunion indispensables à la vie chinoise : dans l'un ou dans l'autre ils viennent passer deux ou trois heures par jour ou par nuit. Assis devant la scène sur leurs fauteuils, les jambes allongées, grignotant des graines de pastèques ou des fruits confits, ils oublient le dur labeur de leur commerce ou vont risquer devant la table du bacouan le gain de la journée.

Ces trois édifices : pagode, théâtre, maison de jeu, sont les diagnostics de l'émigration chinoise. Partout où ils se sentent solidement établis, ils les installent. Autour de ce groupe de bâtiments viennent s'installer les divers commerçants et les maisons particulières s'édifient. Macao, Hong-Kong, Haïphong, Cholon, Pnom-Penh, Bangkok et Singapour sont luxueusement pourvues de ces distractions : aussi le Chinois y pullule, y vit et y travaille.

Modèles de machines agricoles. — C'est dans le deuxième groupe : agriculture commerce, industrie, mines et métallurgie, que l'exposition de la Chine est particulièrement captivante pour les coloniaux. Il est indéniable, en effet, que les Chinois possèdent une machinerie agricole, rudimentaire c'est vrai, mais parfaitement appropriée à leurs cultures. Or, dans des pays où le prix de la main-d'œuvre se rapproche sensiblement de ceux payés en Chine, où l'esprit de routine d'une part et l'état de la fortune de l'autre ne permettent pas de songer à provoquer l'introduction par l'indigène de machines coûteuses et compliquées, où la quantité de production enfin, en dehors des gros centres, ne permet pas non plus à l'Européen d'établir des usines dont l'installation et le fonctionnement exigent de gros capitaux, dans tous ces pays similaires, la machinerie chinoise peut constituer une amélioration sensible des procédés locaux à la portée de l'esprit et du capital indigène.

Madagascar nous semble absolument désigné pour profiter sous ce rapport de l'expérience chinoise et bien des procédés utilisés en Chine constitueraient par leur importation dans la Grande Ile une amélioration notable, c'est-à-dire une augmentation de production. Il nous a donc paru intéressant d'étudier tous les modèles très soigneusement établis par le commissariat général des douanes impériales qui figuraient à Hanoï et de demander si, le cas échéant, le commissariat consentirait à nous faire établir une collection complète et à l'adresser à notre Colonie : la réponse fut aimablement affirmative.

Ces modèles au 1/10e ou au 1/20e, suivant le cas, comprennent : 1° Tous les instruments aratoires des diverses provinces, Shangaï, Ning-Po, Fou-Tchéou, Kioung-Tchéou ; ce sont des charrues, des herses, des houes, des bèches, des faucilles, des fléaux, etc. ; 2° Toutes les machines élévatoires destinées à assurer l'irrigation des rizières et cultures, même pendant la période sèche : noria, pompe élévatrice actionnée par un bœuf, pompe à eau à palettes, roues élévatrices en bambous, etc. ; 3° Toutes les machines de décortication ou égrenage, moulin à riz, pilon, mortiers divers, écosseuse actionnée par un bœuf, batteuse avec tamis, moulin pour écosser les féverolles, moulin à farine, machine à égrener le coton, batteuse de coton, moulin à huile de sésame, vans et tamis, etc. ; 4° Modèle d'une fabrique de cordes de bambous (applicable à l'hafotra de Madagascar), modèles de métiers à tisser, métiers spéciaux pour la ramie, etc.

Toutes ces machines et métiers sont construits dans des conditions de simplicité et de bon marché qui en assurent non seulement la fabrication, mais la réparation faciles pour l'indigène. La noria, par exemple, est entièrement construite en bambou ; pas un clou, pas une bande de fer n'entre dans la construction ; un homme placé sur une plate-forme met l'appareil en mouvement.

Nous aurons occasion, dans notre voyage au Cambodge, d'étudier la voiture cambodgienne à bœufs établie sur les mêmes principes. Robuste quoique légère, facilement réparable puisque toutes les parties sont en bois, passant par tous les chemins, nous sommes convaincus que c'est la seule voiture pouvant être pendant longtemps encore à la portée du Malgache en dehors des grands centres. Tout l'ensemble figurant à l'exposition de la Chine à Hanoï est une mine abondante où nous pouvons puiser non seulement pour le présent, mais aussi pour l'avenir.

Huiles. — Voici maintenant les produits obtenus à l'aide de ces machines : des tourteaux de différentes graines et ceux du coton. La Chine, comme Madagascar, est très riche en plantes oléagineuses : l'espèce Dolichos soja, cultivée en grand dans la Mongolie, les provinces du Schang-King et du Shantoung, fournit une huile estimée. Un parallèle entre la machinerie à vapeur qui fonctionne à Niou-Tchouan et à Soatow et les procédés indigènes employés à Tchéfou et dans l'intérieur permettent de se rendre compte du fait que nous avancions plus haut.

De 146 kilos de graines, la machine extrait 13 kilog. 290 d'huile, alors que le moulin indigène permet d'en extraire 12 kilog. 200. Avec la machine, le prix du traitement des 146 kilogrammes est de 0 fr. 55 ; avec la méthode indigène, il est de 0 fr. 68. Il y a donc évidemment augmentation de rendement et diminution de prix de revient avec les usines à vapeur. Mais, celles-ci ne pouvant être installées que sur les côtes et dans les grands centres, les difficultés et les frais de transport compensent dans l'intérieur la différence et les moulins à huile chinois continuent à y fonctionner.

L'arachide, le sésame, le coton, le chanvre, la noix, le ricin, le camellia oleifera, le lophantus rugosus, le brassica sinensis, le canarium album, fournissent des huiles destinées à des usages divers, depuis la table jusqu'à la peinture sur verre.

Sucres et conserves. — Près des huiles nous trouvons les sucres, fabriqués toujours par l'indigène. Deux cylindres de bois dur entre lesquels la canne est poussée par des roues dentées mises en mouvement par un ou plusieurs buffles, constituent le moulin.

Le jus recueilli est bouilli dans de vastes chaudrons jusqu'à la consistance de la mélasse. On l'écume pendant l'opération, puis on le verse dans des vases de terre coniques ou cylindriques percés de trous à la partie inférieure, en ne remplissant que les 4/5 du vase, qu'on bouche avec de la terre glaise. On laisse ce vase en plein air pendant trente ou quarante jours : La partie supérieure forme le sucre blanc, la partie moyenne le sucre vert, la partie inférieure le sucre brun, les suintements par les trous inférieurs donnent un sucre noir.

L'apparence est évidemment médiocre, mais la qualité du produit peut être appréciée dans les conserves de fruits que les Chinois commencent à fabriquer en grande quantité et qu'on trouve couramment dans le Cambodge et le Siam.

Ils fabriquent du reste toutes sortes de conserves : viande, poisson, gibier, volaille, légumes et fruits, ainsi qu'en témoigne l'étalage de MM. Cheong Kwong Yuen, Kwong Me Hong et Cie et Kee Heong Chai, négociants de Canton.

Pailles.— Nous retrouvons près de là les tresses de paille déjà vues à l'exposition de Shangaï ; c'est la province de Chefoo qui expose les 27 échantillons dont chacun porte un nom commercial différent et dont les prix varient de 49 francs à 276 francs par balle, donnant un prix moyen de 107 francs la balle composée de 240 rouleaux, dont la longueur est, pour les tresses dites Mottled, de 120 yards et de 30 seulement pour les pailles de fantaisie. La paille employée est celle du froment : le travail *se fait dans les cases* sur échantillons fournis par les négociants. La moyenne de l'exportation est de 2.204.902 kilogrammes.

Thés. — Nous abordons maintenant les thés. Le thé de Chine est classé en thé noir et thé vert, suivant la préparation : deux espèces d'arbustes concourent à donner l'un ou l'autre produit. La première récolte, la meilleure, a lieu en avril. Les noms donnés aux divers thés sont ceux, en dialecte cantonnais, des régions d'origine.

Le thé peut être présenté soit en feuilles, soit en tablettes, soit en briques. Tout le monde connait l'aspect et la préparation des feuilles. Les tablettes, elles, sont faites avec le résidu du tamisage repassé dans un tamis plus fin qui donne deux catégories.

Ces débris, placés dans des moules à l'état sec, sont comprimés à la presse hydraulique puis enveloppés de papier d'argent et expédiés dans des caisses garnies de feuilles de plomb. Elles sont exportées presque toutes en Russie, où elles assurent la consommation de l'armée et de la marine. La production annuelle est de 500.000 kilogrammes en moyenne. Le prix varie de 72 à 100 francs les 100 kilogrammes.

Les briques de thé noir sont faites avec les débris et poussières restant, agglomérés non à sec comme les tablettes, mais avec de la vapeur d'eau. Elles sont consommées en Sibérie : le poids moyen d'une brique est de 1 kilogramme et le prix varie de 0 fr. 35 à 0 fr. 40. L'exportation est de 6.000.000 de kilogrammes environ.

Les briques de thé vert sont faites avec les feuilles vieilles et coriaces ; il y en a deux qualités. La seconde est très inférieure, chaque brique pèse 4 livres et vaut environ 9 sous de notre monnaie. Ces briques de thé vert sont exportées en Sibérie centrale, Turkestan et Mongolie, où elles sont employées par les tribus nomades comme monnaie d'échange.

Les quelques détails indispensables pour la compréhension des produits exposés nous étant obligeamment fournis, nous passons à l'examen des diverses expositions. Voici la collection des thés de MM. Molchanoff, Petchanoff et Cie, de Hankéou, nous présentant des briques de thé noir, des briques de thé vert, des tablettes de thé, un échantillon de thé Keemun autrefois préparé spécialement en thé vert, mais qui donne aujourd'hui les deux préparations. Production : 2.100.000 kilogrammes. Prix du kilogramme : 3 francs.

Thé Ning-Chow fin et aromatisé, très estimé. Production : 3.660.000 kilogrammes. Prix du kilogramme : 3 fr. 50.

Thé Ouanfa ; croit sur les hauteurs. Production : 5.940.000 kilogrammes. Prix du kilogramme : 1 fr. 90. Thé Ouanfa de seconde qualité à 1 fr. 25 le kilogramme.

Thé Tai-san-ping, faible quoique aromatique, à 0 fr. 80 le kilogramme.

Thé Nip-ka-Sée, sans arôme mais assez fort, à 0 fr. 60 le kilogramme. Puis une collection des thés de la province de Fou-Tchéou : Oulong, Cangou, Pékoé, Lapsang, Souchong et Pékoé-Souchong.

Vient ensuite la collection de la Trading Company, comprenant des thés ordinaires : Wun-Kai, Yanglowtoong, Tow-Yung-Ouanfa, Nip-ha-sce, Keemun, Ning-Chow, Cheong-Saw-Kai, variant de 0 fr. 70 à 2 fr. 90, soit en tablettes, soit en briques.

L'exposition voisine de MM. Tokmakoff, Molotkof et Cie, à Hankéou, n'est intéressante que par la juxtaposition des premières et deuxièmes récoltes dans les mêmes espèces ; la qualité des thés exportés est en général ordinaire, sinon médiocre ; les procédés d'emballage sont bien présentés.

Le gouvernement chinois expose pour Hankéou un modèle de brique de thé de fabrication indigène, du type établi pour la monnaie.

La maison Dodwell et Cie, de Fou-Tchéou, présente l'échantillon de thé Ping-Chouei Impérial N° 1 et Hyson, dont l'exportation sur les Etats-Unis atteint annuellement 4.800.000 kilogrammes.

Telles sont les principales expositions de thé de la section chinoise. Les chiffres de production et de prix nous serviront de comparaison avec Formose et l'Annam ultérieurement. Les prix sont établis au taux de la piastre en janvier 1903, soit 2 francs.

Riz. — Après ces trois produits principaux viennent : le riz, représenté par quatre qualités de Hankéou, quatre également de Shangaï, quatre de Canton. Cette partie de l'exposition chinoise avait été, volontairement sans doute, laissée de côté. Les échantillons, ni en nombre ni en qualité, ne correspondaient pas à la production réelle. C'est l'enquête sur place en Chine qui nous permettra de nous en convaincre.

Opium. — L'opium figurait avec un échantillon du Yunnan, coté 24 francs le kilogramme, un échantillon de Setchouan, coté 19 fr. 30 le kilogramme, et l'échantillon de l'opium indigène de Toung-An, province de Fou-Kien, coté 18 francs.

C'est le centre le plus productif de la Chine méridionale : la production y atteignait, en 1900, 467.040 kilogrammes. A dessein encore, l'exposition de l'opium était laissée dans l'ombre.

Tabacs.— Juxtaposés aux opiums, nous trouvons les tabacs, avec les prix suivants : tabacs en feuilles, 0 fr. 50 le kilogramme, prix moyen pour quatre qualités. Tabac préparé, 0 fr. 60, prix moyen pour cinq qualités. Tabac à priser.

Le tabac chinois, d'une apparence et d'un arôme spéciaux, est découpé en fines bandes comme le tabac de Bourbon ; il est mélangé avec un peu d'arsenic, une légère solution d'opium et de l'eau de chaux. Sa couleur est jaune clair : on en fait une grande consommation, principalement à Canton.

Un modèle de coupe-tabac, sorte de rabot, est exposé également.

Divers produits rentrent encore dans cette classe, telle que fleurs de lys séchées servant d'assaisonnement, champignons comestibles d'arbres et de terre, graines de nénuphar séchées, raisins égrénés poussant sur les frontières du Houpé et du Hounan, fleurs de safran employées pour teindre les étoffes en rouge, chanvre coté 30 francs les 100 kilogrammes, racines de curcuma, noix de galles de Chine, rhubarbe, miel et cire, fromage de fèves, sagou, galanga, etc. Ceux qui ont vu ou goûté la cuisine chinoise peuvent évaluer le nombre de pages qui serait nécessaire pour énumérer tous les produits reconnus aptes par eux à l'alimentation.

Boissons fermentées. — Nous passerons donc à la classe 10, contenant les boissons fermentées et les spiritueux. Le bouddhisme chinois, implanté sur le confucianisme, le taoïsme et les superstitions ancestrales, est devenu une religion de pratique facile et tolérante ; aussi les boissons, qu'elles soient fermentées simplement ou distillées, sont-elles en honneur. Le sorgho, le millet et l'orge servent à les fabriquer.

Avec le millet, on fait le « vin jaune » ; avec le sorgho, un alcool très fort appelé « Shamshu », employé dans les provinces du Nord ; celui des régions méridionales est fabriqué avec du riz, c'est le choum-choum du Tonkin. Voici effectivement, provenant de Tien-Tsin, des échantillons de vins de sorgho ; de Hankéou, trois qualités de vin de riz ordinaire, et six autres aromatisées, médicinales ou ayant « plusieurs années de fût » ; de Canton, trois qualités de vin de riz « Shamshu » rouge et blanc et onze qualités aromatisées à la prune, au citron, à la poire, à la rose, à l'orange, à la banan e, etc. Hâtons-nous d'ajouter qu'en dépit de ces parfums pleins de promesses, la liqueur reste avec sa rudesse et sa force un produit qui ne plaît pas plus à nos gosiers occidentaux que la musique à nos oreilles ou la couleur à nos yeux.

M. Bard, l'ex-président du conseil municipal français de Shangaï, auteur du livre intéressant *Les Chinois chez eux*, a bien raison de dire que les Chinois vivent, sentent et pensent au contraire de nous. Les exemples qu'il en donne, tirés de la civilité puérile et honnête, sont aussi concluants que ceux indiqués ci-dessus. En Chine, il est impoli de se découvrir en entrant dans une maison, indécent de demander à l'hôte des nouvelles de sa famille, inconvenant de boire la tasse de thé qui vous est servie. Cette simple constatation n'enlève rien du reste aux qualités réelles de ce peuple actif et industrieux, constatation faite surtout à l'époque où nous avons renoncé à brûler les gens qui ne pensent plus comme nous.

Soie. — Tout en devisant avec nos guides, sur les calottes desquels brillent les boutons les plus variés, nous atteignons l'exposition des soies. Les petites notions déjà acquises devant l'exposition de la filature modèle de Nam-Dinh vont nous profiter. Comme Madagascar, la Chine a deux catégories de vers producteurs. L'énorme quantité de soie produite annuellement est donnée par le ver à soie du mûrier, « Sericaria mori ». La soie dite « pongée » est fournie par le ver du chêne « Attacus pernyi », et enfin l'ailanthe « Attacus cynthia vera » donne un fil également utilisé pour la fabrication d'une soie pongée de qualité inférieure.

L'élevage du ver à soie de mûrier remonterait à l'année 780 avant J.-C. En tout cas, la sériciculture a toujours été regardée, traitée et encouragée par les empereurs comme une industrie nationale.

Le gouvernement chinois nous envoie de Tchefou des cocons percés et non percés ; de Shangaï (district de Soochow), des cocons simples, des cocons doubles et des cocons percés, du déchet de soie portant le nom de courlis, des déchets de catégories diverses, des cocons blazes et c'est tout.

Comme pour le riz, constatons ce point faible de l'exposition chinoise, c'est encore un produit de concurrence avec l'Indo-Chine, et sans l'exposition spéciale de Shangaï nous serions imparfaitement renseignés.

Dans la même classe figurent des cornes de buffle employées à la fabrication d'objets divers, des plumes de héron gris et des plumes de marabout usitées dans la confection des éventails, du musc du Yunnan et du Thibet, produit de l'antilope dite « Moschifera » ; de l'albumine d'œufs de poule et de cane. Nous retrouverons ce même produit au Tonkin et nous avons eu occasion de nous entretenir avec le représentant d'une grosse maison allemande fabriquant l'albumine. Il y a de ce côté encore quelque chose à étudier pour la production de l'Imerina : le seul point sur lequel désirait être fixé mon interlocuteur était la quantité d'œufs sur laquelle il pourrait compter annuellement. C'est la base de calcul nécessaire pour estimer si une affaire de ce genre est faisable à Madagascar.

Ceux qu'elle tenterait trouveront tous les renseignements complémentaires à la chambre de commerce de Hanoï.

Dans la classe 12 également figurent les engins de pêche usités. Nous serons amenés, dans le pavillon de la Cochinchine, à étudier de plus près cette industrie de la pêche par l'examen des produits exposés et les revenus qui en résultent. Le poisson forme, en effet, la base de la nourriture chinoise : dans les ruelles de Canton, deux boutiques sur cinq contiennent un vivier, tandis qu'à tous les étalages se balancent des poissons secs de toutes formes ; sur toutes les devantures figurent des condiments et des sauces à base de poisson fermenté. C'est ce qui explique l'importance considérable du commerce actuel de l'Indo-Chine, et du Cambodge plus spécialement, avec la Chine.

En dehors, en effet, des poissons pêchés dans les estuaires du Fleuve-Rouge, de la rivière de Tourane, du Donnaï et du Mékong, il y a une source inépuisable qui, chaque année, du mois de mars au mois de mai, découvre ses trésors : c'est, au Nord de Pnom-Penh, le Tonlé-sap et le grand lac dont il est le déversoir en saison sèche et le canal d'alimentation dans les crues.

Ayant eu la bonne fortune de me trouver en avril dans ces parages, j'ai pu me rendre compte de l'énorme quantité de poissons pêchés par les indigènes et séchés par eux sur des claies en bordure du fleuve.

Des chaloupes chinoises font tous les jours un service régulier entre Pnom-Penh et Kompong-Chnang, remontant les sampans vides et les redescendant chargés à pleins bords de balles de poisson sec. Les Messageries fluviales en transportent des chargements à Cholon et tout est dirigé ensuite sur les ports chinois. Si l'on songe à la quantité produite par les rivières de la Chine elle-même, ce dont Macao pourra nous donner une idée, il est effrayant de penser à la masse incalculable qui s'engouffre annellement dans le « Ventre de la Chine. » Ning-Po est un des centres les plus importants de l'industrie du poisson frais. Le plus estimé provient de l'archipel des Chusan qui, avec le « fishermen group », constitue la station de pêche des milliers de jonques du Tché-Kiang et du Foukien. La simple pieuvre figure dans le seul port de Ning-po comme entrée pour une moyenne annuelle de 5.000.000 de kilogrammes. Etant donné que Madagascar expédie déjà annuellement une centaine de tonnes de trépangs ou holothuries en Chine, ne pourrions-nous pas trouver parmi les espèces abondantes dans nos eaux de nouveaux produits susceptibles d'être consommés par ce peuple essentiellement ichthyophage.

Vernis, laques et divers. — Avec la classe 13, nous sommes en présence des végétaux, produits spontanés des forêts, dont les graines sont utilisées pour l'industrie. Quelques forêts de chênes existent encore dans les provinces du Nord. Le pin se trouve partout, les peupliers sont cantonnés au Nord du Yang-Tsé. Quant aux arbres indigènes, la classification des produits qu'ils fournissent en donne la nomenclature : Ce sont : 1° les vernis. L'*Elæococa vernicia* figure en tête ; il est abondant dans toute la vallée du Yang-tse-Kiang et ses graines fournissent à chaud une huile épaisse, très siccative, employée dans les vernis de l'ébénisterie. Le traitement à froid donne un produit utilisé pour l'éclairage principalement. Puis les fruits du *Jatropha curcas*, donnant une huile analogue à la précédente et l'*Alcurites triloba*, dont l'habitat est le Sud de la Chine. Ces trois arbres appartiennent à la famille des Euphorbiacées, à laquelle appartiendrait également l'arbre nommé « Mou-tse-chou » *Stillingia sebifera* (?) qui produit le suif végétal blanc par le traitement de ses graines concassées. Les fruits du *Rhus succedanea* donnent aussi une cire végétale, tandis qu'un insecte vivant sur ce même arbre produit une cire animale.

2° Les laques, obtenues par incisions sur les espèces suivantes : *Rhus alata*, *Rhus semi-alata*, *Rhus succedanea*, *Rhus vernicifua*, *Rhus venenata* ;

3° Les résines, employées surtout en médecine et fournies par le *Pinus Sinensis*, *Cunninghamia Sinensis*, *Thuya Orientalis*, *Cupressus funebris*, etc. Et, enfin, les plantes tinctoriales, parmi lesquelles le *Polygonum tinctorium*, donnant la couleur bleue; l'*Isatis tinctoria*, servant au même usage dans la vallée du Yang-Tsé. Au Chekkiang, c'est le *Ruellia* et dans les provinces méridionales l'*Indigofera tinctoria*. Le jaune est fourni dans le Nord par les boutons du *Sophora japonica*, au centre par l'écorce du *Pterocarpus flavus*, au Sud par le *Curcuma longa*, ainsi que par la racine de rhubarbe *Rheum palmatum*. La teinte rouge, généralement très belle, est donnée par le *Carthamus tinctorius* et la racine de garance *Rubia munjista*. Le violet, par les graines de l'*Helianthus annuus*. Le noir est obtenu par les fruits du *Quercus castanex folia* mélangé au sulfate de fer.

C'est sur le produit du *Stillingia sebifera* (?), dit suif végétal, que nous tenons surtout à attirer l'attention en rappelant que nous avons dans la forêt de Madagascar des essences produisant aussi un suif végétal (*Menadraharaha*, forêt d'Analamazaotra).

Or, ce suif fait actuellement l'objet d'un commerce important entre la Chine et l'Europe, où il est employé dans la fabrication du savon et des bougies. Son bon marché le fait préférer au suif animal et son emploi s'étendrait davantage s'il n'était pas considéré comme vénéneux. Mais celui de Madagascar ne possède point cette dernière propriété. 100 kilogrammes de graines de *Stillingia* valent environ 20 francs et donnent un rendement, avec les sous-produits, dont le chiffre peut être évalué à 10 francs restant net pour les frais de fabrication et les bénéfices par 100 kilogrammes, soit 100 francs par tonne.

Quant aux bois utilisés dans la construction, la bimbeloterie ou l'ébénisterie, le gouvernement chinois nous en expose une collection recueillie à Fou-Tchéou, centre de ce commerce. Elle comprend 30 espèces différentes dont plusieurs manquent d'identification et portent seulement des noms indigènes. Parmi les espèces connues employées, notons le banyan bâtard, le catalpa, le genévrier sauvage, le saule, le noisetier sauvage, le laïtchi, le camphrier.

Divers objets en rotin: oreillers, divans, paniers, dessous de plats, plateaux, tabourets, malles de voyage ; plusieurs produits en bambous : chaises longues, fauteuils, tables, chaises, boîtes et paniers de toutes sortes, mesures de capacités et petits meubles d'ornement complètent l'ensemble des produits des forêts. Que de ressources encore inexploitées et même inconnues ne recèle pas aussi notre forêt malgache ? Quand on voit le parti que l'industrie chinoise tire de tous ces produits naturels du sol, il est facile de juger de l'étendue du chemin qui nous reste à parcourir.

Meubles.—Avec la classe 15, nous retombons dans les produits ornementaux, où la fantaisie des Célestes pourrait se donner libre carrière. Mais, pour les meubles proprement dits, le courant est d'ordinaire assez médiocre. Conçus d'après des types uniformes, leurs tables, chaises, bureaux, consoles, offrent peu de variété, sont lourds, disgracieux et d'une fabrication souvent même très imparfaite. Les meubles de luxe seuls, commandés par de riches négociants ou mandarins, suivant leur caprice particulier, offrent les qualités habituelles des produits fabriqués par cette race. Les bois employés dans ce cas appartenant tous à des essences dures, sont de première qualité. Les sculptures en sont toujours fines et fouillées, tandis que les incrustations restent en général lourdes et gauches, bien différentes des incrustations annamites, si légères qu'elles en deviennent parfois mièvres.

Nous préférons de beaucoup les meubles laqués, généralement simples de formes et d'une ornementation originale et sobre. Ning-Po se spécialise dans les meubles ordinaires et incrustés : Fou-Tchéou se signale surtout par ses laques. Des lits, des armoires, des étagères, des tables, des chaises, des chiffonniers et des bureaux constituent la première exposition, tandis que la seconde se limite dans des tables à thé, des vide-poches, des tables dites gigognes, des chevalets et de petites bibliothèques.

Objets laqués. — Pour ces meubles la laque employée est extraite principalement de variétés de sumac provenant du Se-Tchouan et du Kiang-Si, valant environ 120 francs les 100 kilos. Ce produit est mélangé à de l'huile d'arachides, du fiel de porc et du vinaigre. La pâte homogène ainsi obtenue est appliquée par couches successives de cinq à quinze. Sur ce fond, les décorations tracées à la craie à l'aide d'un transparent sont produites par des laques de couleurs différentes. A Fou-Tchéou également, une laque spéciale, aussi belle que les plus belles laques japonaises, reste le monopole d'une famille qui en garde le procédé.

Tapis et nattes. — Canton nous présente tous les genres de meubles et sous des formes plus soignées : le système de décoration utilisant un fond noir rehaussé de marbres blancs ou colorés est également plus séduisant. Dans la même classe, la Chine expose des tapis de poils de chameau provenant du Chili, à haute laine et très solides, des tapis de poils de vache provenant du Sheng-Kiug, et des tapis légers de laines teintes ou de feutres imprimés, fabriqués dans les provinces du centre. Les provinces du Sud se contentent de nattes. Le centre de fabrication de ces dernières est Canton. Elles sont faites en roseau, dont la majeure partie provient des bords de la rivière des Perles. Elles sont blanches ou teintes de couleurs variées du rouge au noir ; leur largeur est de deux mètres environ. Il y a lieu, toutefois, de noter que beaucoup de ces nattes proviennent du Tonkin et sont de fabrication annamite. Pour l'exportation, elles sont réunies bout à bout, de manière à former un rouleau d'une quarantaine de mètres.

Enfin, un dernier article complète cette classe du mobilier : Ce sont les écrans et tableaux dont M. A.-R. Marty, le directeur des Messageries Fluviales du Tonkin, expose une fort belle collection. Quatre écrans de satin blanc et neuf tableaux de même couleur avec des dessins en relief d'animaux divers plus ou moins étranges, des tableaux de satin rouge avec broderies de caractères en or, un superbe paravent à douze feuilles avec des panneaux de bois sculptés à jour se détachant sur fond de satin rouge, et deux écrans sur satin cramoisi.

Céramique ordinaire. — Nous voici maintenant devant les produits de la classe 16 : *Céramique, Cristallerie, Verrerie*. Nous avons déjà vu les beaux spécimens de l'art ancien chinois à l'exposition de l'Institution industrielle de Pékin. C'est donc uniquement de la porcelaine moderne courante dont nous avons à nous occuper ici.

Le centre principal de fabrication est à King-Teh-Chêu, province du Kiang-Si, possédant depuis huit siècles la manufacture impériale et dont la marque est le dragon à cinq griffes. La porcelaine fine, décorée et exportée par Canton, vient sous la forme blanche de la manufacture ci-dessus. Amoy s'est fait une spécialité de la porcelaine commune : Soatow également. Du reste, quand nous étudierons la fabrique de Cay May, installée à Cholon, nous pourrons constater combien sont rudimentaires les procédés employés par les industriels chinois actuellement. Il semble que la manufacture de King-Teh-Chêu ait seule conservé, avec le respect des modèles anciens, les procédés perfectionnés exigeant plus de travail et de soin. Cette fabrique compte encore 120 fours et 160.000 ouvriers. Si considérables que puissent paraître ces chiffres, ils sont loin de la situation de la même manufacture il y a 150 ans seulement. Les éléments employés sont toujours les mêmes : le paï-tun-tzù, quartz blanc dur et fusible, et le kaolin provenant du Kiang-Si. La production de la manufacture peut être évaluée à un chiffre annuel de 9 ou 10 millions de francs : elle a produit jusqu'à 15 millions.

Pour sa part contributive à l'Exposition de Hanoï, elle a envoyé 7.000 pièces comprenant des vases, des plateaux, des boîtes, des bols, des tasses et soucoupes, des pots à fleurs de toutes formes et de toutes nuances sous le nom de Tu-Tien-Shun et 1.040 pièces, comprenant en plus des écrans, sous le nom de Lee-Kwong-Kee.

Shangaï, de son côté, présente une collection de 160 pièces.

Fou-Tchéou expose un service de table assez grossier, un beau brûle-parfums de la fabrique de Te-Koua, des bols et assiettes de poterie vernissée de Ming-Tchin et d'autres de Kou-Tien.

Amoy se contente d'échantillons de briques, tuiles et carreaux de pavage ; Soatow envoie 96 pièces diverses en poterie grossière genre Cay-May et un intéressant modèle de manufacture de porcelaine ordinaire.

Canton expose deux collections de porcelaines, l'une sous le nom de Tak-Loong, l'autre sous celui de Po-Hing, avec des figurines de terre cuite.

Pak-Khoi, enfin, présente des terres cuites vernissées et polies très grossières,

La verrerie, bien que très ancienne, s'est peu développée : le verre est fabriqué sous forme de lingots à Poshan-Hien au Shan'hung, puis expédié à Pékin et à Canton. Dans cette dernière ville et à Shangaï, la fabrication semble cependant progresser, comme en témoignent les collections d'ornements divers imitant le jade, des verres de lampes, des abat-jour et surtout des verres de lampes à opium.

Fils, tissus et vêtements. — Passant à la classe 17 : fils, tissus et vêtements, nous trouvons en première ligne la soie manufacturée. Si l'exposition de la soie en cocons avait été, intentionnellement sans doute, négligée, celle de la soie tissée occupe, en revanche, dans la galerie chinoise, une très large place.

En première ligne figure l'Institution industrielle de Pékin, avec des pièces de satin violet, bleu, vert, jaune, rose et rouge. La province de Niû-Tchouang envoie un tissu de soie grège; celle de Tchefou 13 pièces de soie pongée du Chantoung provenant, comme nous l'avons vu, du ver à soie du chêne. Une filature à moteur fonctionne à Tchéfou et produit annuellement 550 balles : tout le reste de la production est fourni par les procédés indigènes.

La province de Han-Kéou expose de belles pièces de soie simple et brochée, des rubans de soie, des pièces de soie pongée et de satin. La province de Changaï (exposition officielle) nous présente des chapeaux de mandarins, des calottes de soie et satin, des coiffures de femmes, des habits de soie pour hommes, femmes et enfants, des pièces brodées de soie et de satin, des mouchoirs de soie et, enfin, des pièces de soie unie et brochée, des pièces de satin uni et broché d'or et d'argent, des tissus de soie mélangée d'or et diversement nuancée, des soies pongées, des gazes de soie, des couvre-pieds en soie et des velours de soie de couleurs variées. Très belle et très intéressante collection nous initiant à la double fabrication, ordinaire et de luxe, la première permettant à tout Chinois de s'habiller avec cette étoffe précieuse chaude en hiver, la seconde donnant satisfaction à tous les caprices des riches du pays et aux demandes de l'étranger.

Certes, il serait tentant d'étudier l'infinie variété de ces costumes, dont les éléments sont si simples, depuis les souliers jusqu'à la coiffure, mais réservons ces documents pour notre voyage de Canton, dans le cadre pittoresque duquel ils pourront prendre place à côté des renseignements économiques.

La maison Sui-li, de Shangaï, à côté des collections du gouvernement chinois, expose une suite de satins, crêpons, pongées, gazes et soies diverses, que complètent plus de 1.000 pièces comprenant tous les objets usuels : châles, rideaux, tapis de tables, mouchoirs, rubans, ceintures, etc.

La province de Hang-Tchéou s'est cantonnée dans des soies d'éventails. Celle de Wen-Tchéou a envoyé des pièces de couleurs variées, des rubans et des foulards. La maison A.-R. Marty, de Canton, des pièces de dessins divers provenant de Hang-Tchéou.

Pour son exposition officielle de Canton, le gouvernement, à côté de pièces de soie, crêpes de soie pongée, gaze et satin, de tissus mélangés soie et coton, présente une infinie variété de costumes, d'objets divers en soie brodée, de drapeaux de soie, de tapis de table en satin brodé, de panneaux d'écran, de nappes en soie pongée que complètent pour la même ville les expositions particulières de Vo-Chon, On-Loong, Han-Chéong-Taï, Wassiamull-Assomull, comprenant toutes les catégories déjà décrites. Quelle belle collection on pourrait faire en prélevant dans chacune de ces expositions les pièces principales, les meilleures, tant au point de vue de la matière première que de la fabrication.

Avant de dire adieu à tous ces chatoyants étalages, nous devons noter cependant l'infériorité générale des panneaux ou tableaux brodés qui sont exposés, comparés à ceux que produisent ou plutôt peuvent produire les Annamites. Dans les broderies chinoises nous retrouvons le même défaut déjà signalé pour les cloisonnés et les poteries, la brutalité des tons juxtaposés sans artifice. Avec un art admirable, l'Annamite ménage ses transitions par des nuances. Nous pourrons l'observer prochainement dans le Grand Palais.

Le coton. — Passons maintenant à la seconde catégorie des tissus : les cotonnades. Introduit à une date relativement récente, pour la Chine du moins, le coton a pris un développement considérable. Les premières plantations semblent avoir eu Shangaï pour centre; aujourd'hui, toutes les provinces en cultivent et l'exploitent. Celle de Kiang-sou semble pourtant distancer les autres; quant à la province de Canton, elle en importe encore de grosses quantités, provenant de l'Inde et de la Cochinchine pour satisfaire à sa consommation considérable. Les produits sont très divers et de qualités différentes. Huit échantillons de fil, 2 pièces de rubans, 11 tapis, 8 pièces de cotonnades imprimées, 1 blanche, 2 échantillons de coton brut, une cotonnade huilée caractérisent la fabrication de Hankéou, qui ne saurait être comparée à sa voisine Shangaï.

Celle-ci expose, en effet, 54 pièces de tissus de coton, toile écrue, serviettes « Nankin », toile à sac, 2 pièces de shirting de la filature Hua Sheng Cheong, 21 échantillons de rubans et cordonnets, des bas et surtout une collection soignée de coton avec graines, de coton égrené, de coton préparé à la main, de fuseaux et écheveaux de fils de coton blanc et jaune, échantillons de la filature E. Wo, avec instruments divers pour peigner les fils, pour lustrer les tissus et un modèle de métier à tisser.

Tout cet ensemble corrobore la très intéressante description faite par M. Raquez, dans son *Voyage au pays des Pagodes*, de la grande usine : « International cotton manufactory C° Limited » employant 3.000 ouvriers. Il nous fait comprendre surtout que, bien qu'exploitée par des Européens, cette industrie est devenue nationale en Chine.

La province de Ning-Po envoie divers échantillons et deux types de machines employées pour égrener le coton suivant l'ancien et le nouveau procédé.

La filature de Hang-Tchéou nous donne ses prix avec 4 échantillons de fils variant de 1 franc à 1 fr. 20 le kilog.

Chanvre, jute et ramie. — Chanvre, jute et ramie figurent ensuite sous forme de plusieurs produits fabriqués : Neuf échantillons de tissus de ramie viennent de Hankéou, ainsi que des fibres de ramie blanchie au soufre et peignée. Des écheveaux de fil sortant des filatures de S. E. Tchang Tche-Tong figurent à côté.

La province de Kiou Kiang expose 3 paquets de fil de ramie et 42 pièces de tissus de qualités et de couleurs variées. Shangaï figure avec 3 pièces. Souatow nous expose les procédés employés pour la fabrication de la toile de ramie, 6 pièces de fine et de grossière, 6 mouchoirs, 5 nappes à thé, 2 chemins de table, 3 coussins. M. A. Marty, de Canton, présente un assortiment complet de robes, nappes, serviettes et mouchoirs en tissus de toile de ramie brodée. Deux superbes robes en ramie blanche, avec des broderies de fleurs en bleu ou en blanc, 1 tapis de table brodé, des mouchoirs et des serviettes sont envoyés par la maison Vo-Chon, de Canton. La maison On-Loong expose 3 corsages et 8 tapis de table. La province de Pakkhoi envoie un modèle de métier à tisser la toile de ramie.

Comme on peut s'en rendre compte par ce rapide exposé, l'industrie de la ramie est en voie de prendre une extension considérable en Chine, que justifie la finesse du tissu comparable à une belle batiste. C'est ce qui nous explique d'une part les tentatives faites au Tonkin pour le développement de cette plante, et de l'autre l'exposition très soignée de la Société de la ramie, tenant à placer sous les yeux des visiteurs la preuve des résultats qu'on peut atteindre. Indiscutablement, il y a là un textile de premier ordre qui doit nous préoccuper nous aussi à Madagascar.

Les autres textiles exposés sont de peu d'importance, à en juger par les objets qui les représentent.

Cuirs et fourrures. — La classe 18 réunit les cuirs, peaux et fourrures. Cette classe n'a pas, et nous le regrettons, le développement que les pelleteries employées ou exportées par la Chine justifierait. On sait, en effet, que les grands marchés de Nowchang et de Tien-Tsin enregistrent chaque année un fort mouvement de fourrures, parmi lesquelles celles du tigre de Mongolie, de l'ours du Thibet, des panthères de Mandchourie, des renards, des loups et des chiens sauvages entrent pour une forte part. La loutre, la martre, la belette et le putois, avec des espèces spéciales ; la martre zibeline, l'hermine, le renard blanc et bleu, le petit gris s'y trouvent en grande quantité. Aussi, sommes-nous étonné de ne voir à Hanoï que des peaux de tigre et de panthère envoyées par Long-Tchéou, quelques échantillons de peaux de vache et de peaux d'âne de Hankéou et divers morceaux de cuirs de Pakkhoé. Ce côté de l'exposition chinoise est tout à fait inférieur. Une seule rue de Canton nous montrera des variétés infinies de pelisses et de gilets fourrés, dont quelques-unes fort belles et à des prix abordables. Quant aux souliers et malles en cuir exposés, ils sont, en général, de qualité médiocre. Les cuirs de Chine, comme ceux des Annamites, sont mal tannés et aucune préparation de corroirie ne vient les assouplir.

Bimbeloterie. — La classe 19, comprenant la parfumerie et la bimbeloterie, nous offre, en revanche, un assortiment complet de bibelots qui résume les bazars de Canton ou plutôt les échoppes diverses dans lesquelles se concentre la petite industrie de cette ville, qui n'est pas cependant le côté minime de son exportation. L'ivoire, le santal, l'écaille sont les matières premières employées, puis viennent les laques à dessins d'or sur fond noir qui détrônent aujourd'hui les laques de Pékin, dont les anciens spécimens très appréciés sont devenus introuvables. Fou-Tchéou, avec ses laques coloriées ou à fond vermillon, concurrencie ses deux rivales.

Dans cet ensemble de choses, trop nombreuses pour être examinées en détail, nous notons des nécessaires de Pékin contenant l'étui à éventail, 2 porte-montre, 2 poches à noix d'arec et bétel, 1 blague à tabac, 1 étui à lunettes ; divers objets de Hankéou en papier détrempé, comprimé et laqué ; ces objets d'une grande légèreté ont toute l'apparence des bois laqués, mais leur valeur est faible, la plupart étant, en effet, exécutés dans des moules.

De Fou-Tchéou nous remarquons de beaux vases et des boites en laques de première qualité, d'une unité de nuances parfaite ; des cadres, des appliques et des plateaux de seconde qualité, mais encore agréables à l'œil. Il est juste de dire qu'une grande différence de prix existe entre les deux et que le même objet, coté 40 francs dans la 1re catégorie, est vendu 18 francs dans la seconde. En passant, ne négligeons pas les ornements en noyaux d'olives sculptés provenant d'Amoy. Quelle idée extraordinaire et quelle patience pour la mettre en œuvre !

Voici les ivoires sculptés de Canton : Une ville de France a également la spécialité de ces sortes d'objets, c'est Dieppe, qui, la première sans doute, en a vu l'application en Extrême-Orient. Mais quelle différence entre les lignes droites et froides, les surfaces unies des ivoires de Dieppe et les dessins parfois contournés, mais pleins de mouvements, les sculptures fouillées en plusieurs plans des ivoires de Canton. De belles corbeilles en argent, ivoire et os, des éventails de mêmes matières, des écrans et des cadres, des figurines de toutes tailles, des jeux d'échecs, des nécessaires de toilette et des jeux de brosses remplissent les vitrines, avec de nombreux spécimens de ces boules concentriques évidées les unes dans les autres, puis sculptées ou plutôt dentelées. Les jours ménagés dans la première servent à dégager la seconde et ainsi de suite, jusqu'à ce que la dernière soit absolument libre. A noter qu'une seule boule de grosseur moyenne en renferme 17, et que le tout se vend une quinzaine de francs.

Non, décidément, le temps n'est rien pour ces gens-là, et avec le temps et de l'imagination on fait des œuvres artistiques. Mais ne nous attardons pas et courons aux renseignements économiques, en notant toutefois les services à thé, les bols et les coupes très élégantes fabriqués en noix de coco et argent par les insulaires de Haïnan : c'est original et même pratique.

Bijouterie. — La classe 20, orfèvrerie, bijouterie, horlogerie, coutellerie, ne nous retiendra pas longtemps, bien qu'elle aussi contienne de belles choses qui enrichiraient une ou même plusieurs collections. Beaucoup de bijoux en argent et en cuivre émaillés nous prouvent qu'en dehors du cloisonné les Chinois ont d'autres procédés d'application des émaux sur métal, sans compter le faux-émail obtenu avec les fines plumes bleues et violettes de deux variétés de martins-pêcheurs (*Alcedo hispida*, *Alcedo Bengalensis*). Ces plumes imperceptibles sont collées sur le métal et recouvertes d'un mince vernis. Fou-Tchéou et Ning-Po ont la spécialité de ces bijoux, qui se vendent de 2 à 10 francs. De longues épingles à cheveux ainsi ornées sont fort appréciées des Cantonnaises. La coiffure complète comprend une sorte de couronne en argent ciselé, un croissant, 2 grandes épingles de côté avec fleurs et papillons, 2 grandes épingles de chignon avec des oiseaux, 2 petits croissants pour le sommet de la tête, un grande broche pour le milieu de la tête, une plus petite et diverses épingles, le tout rehaussé de cette sorte d'émail. On peut se rendre compte de l'effet produit par ces chatoyants bijoux, qui brillent dans les cheveux noirs de la femme Chinoise, au visage émaillé lui-même. Les plus riches idoles hindoues sont moins étincelantes que la tête d'une jeune Cantonnaise ainsi parée.

En disant un dernier adieu à toute cette argenterie multicolore et aux élégantes vitrines qui la contiennent, nous nous dirigeons vers les produits chimiques et pharmaceutiques (classe 21). Voilà un titre bien scientifique pour la collection des remèdes empiriques qui composent la pharmacopée chinoise. Rappelons cependant ce que nous avons dit déjà au sujet de la collection de simples d'Algérie. Il serait à souhaiter que dans toutes nos colonies ce catalogue des remèdes indigènes soit établi.

Pharmacopée chinoise. — Comme produits chimiques, les Célestes connaissent et fabriquent le calomel ou protochlorure, le bichlorure, le sulfure et l'azotate de mercure, le carbonate de potasse, le chlorure de sodium, l'alun, le sulfate de fer et le sulfate de cuivre.

L'énumération des procédés, rudimentaires d'ailleurs, employés pour l'extraction ou la fabrication de ces différents sels sortirait du cadre de cette étude. Il nous semble plus utile de noter les plantes employées ou tout au moins quelques-unes, car le nombre des simples est considérable. Les principales sont donc :

Adenophora,	racine	pectoral.
Angelica,	id.	contre la lèpre.
Arabia edulis,	id.	contre la fièvre puerpérale.
Aralia papyrifera,	moëlle	pansement des blessures.
Arisoenia,	racine	employé comme émétique.
Artemisia moxa,	feuilles	stomachique.
Atractylodes rubra,	racine	contre les rhumatismes.
Auclusa tinctoria,	id.	contre la petite vérole pour l'éruption.
Berberis lycum,	fruit	pour maladie des yeux.
id.	écorce	employé comme quinine.
Buplerium octoradiatum,	racine	pour les diarrhées.
Caprifolium Chinense,	fleurs	contre l'hydropisie.
Coptis tecta,	rhizomes	contre la dyspepsie.

Cordyceps Chinensis,	champignons	pour la phtisie.
Croton tiglium,	graines	maux de dents et affections de la gorge.
Dendobrium nabile,	plante	tonique.
Discorea sativa,	bulbe	contre l'enflure.
Dolichos trilobus,	racines	tonique.
Evanimus Japonicus,	écorce	contre la spermatorrhée et les transpirations.
Flatycodon grandiflorum,	racines	astringent.
Gendarussa,	id.	pour la jaunisse.
Indigo (Esp. spéciale),		tumeurs ou enflures.
Liquidambar,	écorce	fièvres.
Magnolia hypoleuca,	id.	laxatif.
Melanthum Cochinchinense,	tubercules	contre l'anémie
Mustarda alba,		stomachique.
Plantago major,	graines	diurétique.
Puppalia geniculata,	racines	ostalgies syphilitiques.
Sephora tomentosa,	id.	diurétique et pectoral.
Uncaria Gambir,	plante	contre les fièvres.
Urtica tuberosa,	tubercules	contre la paralysie.
Uvularia grandiflora,	bulbes	hémorrhagie.
Valeriana,	rhizomes	pour la goutte.
Zanthoxylon piperitum,	graines	tonique.

Toute cette pharmacopée est bien connue de nos compatriotes indo-chinois et plusieurs y ont eu recours : on ne saurait être difficile dans la brousse. Quelques-uns ont même confessé un soulagement. Pourquoi pas ? L'évêque de Canton prétend bien avoir été guéri par un médecin chinois (Raquez, déjà cité page 13). Toujours est-il que les chercheurs pourront faire des comparaisons entre la liste des médicaments chinois publiée par la pharmacie Kwong-Chi-Koon, de Canton, et notre formulaire.

Encre.—Nous continuons nos investigations par l'encre de Chine, exposée dans la même classe sous forme de bâtons et même de bouddhas. Ce produit, dont il se fait une consommation et une exportation importantes, mérite un moment d'arrêt. La meilleure encre est fabriquée à Hœi-Tchéou-fou, dans la province de Ngan-hoei, avec la fumée produite par combustion en four clos de branches de pin. A Hankéou et à Shangaï, on obtient des encres de seconde qualité avec de la graisse de porc ou des huiles végétales. La poudre ainsi recueillie sur les parois du four est mélangée en parties égales à une colle composée d'eau de riz et de gélatine provenant de la cuisson des cornes, de cerf de préférence. Pour les produits inférieurs, la simple colle de poisson est utilisée. Le mélange est parfumé avec de l'ambre, du musc et du camphre, puis pressé dans des moules en bois.

Après l'encre de Chine, les couleurs : en premier lieu, le vermillon et le bleu, dit de Prusse, fabriqués à Canton. Le vermillon est obtenu en sublimant le mélange de deux livres de soufre à une livre de mercure ; le bleu de Prusse par les procédés que les Hollandais apprirent aux Chinois. Puis viennent le minium, la céruse fabriquée au Kouang-Toung ; nous avons déjà vu dans les étoffes quelles étaient les couleurs végétales employées.

Papier. — Avec la classe 22 nous retrouvons le papier, dont l'industrie, vieille de 2.000 ans en Chine, est restée cependant enfermée dans les limites primitives. Différentes matières sont employées dans cette fabrication : le chanvre, la paille de riz ou de froment, le bambou, le cocon de ver à soie, l'écorce du mûrier blanc, etc.

C'est la province du Kiangsi qui vient en tête comme productrice. Le bambou et l'écorce du Ch'ù (*Broussonetia papyrifera*) sorte de mûrier, y sont presque exclusivement employés. Les fabriques sont à la limite de cette province et de celle du Chekkiang.

La tige de la plante ayant trempé dans l'eau pendant plusieurs jours, on en détache l'écorce qui est bouillie pour en extraire la fibre. Celle-ci, mélangée à de la chaux, est réduite en pâte par le pilonnage, puis abandonnée à la fermentation ; bouillie à nouveau et repilonnée au bout d'un mois, débarrassée de la chaux par le lavage, la pâte est blanchie par une exposition au soleil. Elle passe ensuite au pilon et est encore amalgamée d'eau chaude additionnée de cendres des noix de l'arbre à l'huile (ou-toung). Ce mélange, soigneusement battu jusqu'à ce qu'il prenne une consistance sirupeuse, est déposé dans un réservoir où l'ouvrier trempe son tamis et le retire assez lentement avec un léger mouvement d'oscillation ; l'eau s'écoule, la pâte reste. Le tamis étant placé près d'un fourneau, le séchage se fait très rapidement. Avant qu'il soit complet, la feuille reçoit un badigeon de colle de riz puis est facilement détachée.

On remarquera qu'avec ce procédé rudimentaire un seul côté de la feuille est uni et préparé, d'où la mode en Chine d'utiliser seulement le recto des feuilles de papier.

Huit qualités de papier ainsi préparé figurent à l'exposition de Hankéou avec des papiers d'emballage simples, colorés et huilés.

Fou-Tchéou a envoyé 12 échantillons, Soa-tow un modèle de manufacture, Pakkhoi quelques beaux échantillons de première qualité, mais inférieurs encore à la collection présentée par Canton, comprenant : papiers à lettres et enveloppes portant des dessins en impression monochrome, cartes de visite, papiers de tenture à fonds blancs sur lesquels se détachent des ornements blancs et brillants obtenus par l'application de planches en relief saupoudrées de céruse ou de poudre de stéatite, cahiers, livres, etc.

Tous ces produits sont d'ailleurs de consommation locale et aucun ne donne lieu, que nous sachions, à une exportation quelconque.

Mines. — La classe 23, réservée aux mines et carrières, nous intéresse donc davantage, puisque c'est pour ce sous-sol mystérieux que dans certaines parties de la Chine les nations européennes sont actuellement en compétition. La première place revient à la houille, qui se trouve en abondance comme houille grasse et anthracite dans les provinces du Nord. On évalue à 87.000 milles carrés la superficie des terrains carbonifères du Chihli, du Shami, du Shantong et du Hou-nan.

L'exploitation, limitée jusqu'à ce jour à un grattage de la couche superficielle, donne un faible rendement et une matière de qualité inférieure.

Les charbons des provinces du Hou-nan, Houpé et Ngan-hoei sont de qualité supérieure. Ceux des environs de Canton, très durs, donnent une fumée épaisse et des résidus de cendres abondants. Le fer existe presque partout : il est fréquent dans le Shansi, le Setchouan, le Hou-nan, le Shantong et le Chehkiang. Ses principaux minerais sont : fer micacé, hématite, limonite et oxyde magnétique. Le plomb sous forme de galène se présente dans le Cheh-Kiang, le Fokien, le Setchouan et le Shantong.

L'étain existe dans la Mongolie, le Yunnan et le Setchouan. Nous verrons d'ailleurs que des mines en sont exploitées au Tonkin et que des gisements ont été signalés vers Laokay.

Le cuivre est abondant dans le Fokien, le Setchouan, le Yunnan, le Shansi : ses principaux minerais sont le sulfure et le carbonate.

Le zinc se rencontre dans le Kouei-tchéou et le Yunnan. Le mercure sous forme de cinabre est exploité dans le Shensi par des procédés primitifs. Il existe dans le Setchouan, le Kouang-toung, le Kouang-si, le Kouei-tchéou, le Hou-nan et le Shantong.

L'arsenic abondant à Kouang-sin-fou (Kiang-si), est exploité. L'or, à l'état d'alluvion dans les sables du Yang-tsé-kiang des rivières du Shantong et du Sheng-king, de la rivière Nim-au-Se-Tchouan, n'a pas donné lieu jusqu'à ce jour, dans ces régions, à un trafic important : l'île de Haïnan, la province de Kouan-toung, le Yunnan posséderaient aussi ce métal, qu'on trouverait également dans les vallées du Thibet. Mais c'est surtout de la Mandchourie que vient la majeure partie de l'or exploité. Il arrive en feuilles ou en barres pesant environ 10 onces et est très pur.

L'argent semble plus abondant ; on le trouve dans presque toutes les provinces du Sud sous forme de galènes argentifères. il en vient aussi du nord de la grande muraille. Quant aux pierres précieuses, le jade ayant été la plus recherchée, il n'a pas été fait jusqu'à ce jour une exploitation sérieuse des autres. Les saphirs du Nord, les lapis-lazuli de Haïnan, les agates de Mongolie sont cependant connues. Il existerait du diamant à Yi-Tchéou-fou. Ces quelques données préliminaires établies, voyons les produits exposés.

Tien-tsin figure avec des échantillons de houille de la mine de Kaiping d'assez belle qualité. La maison Vrard et Cie, qui a installé à Hankéo une usine à vapeur pour l'enrichissement des minerais, c'est-à-dire le nettoyage et l'enlèvement des débris et matières étrangères, expose des minerais d'antimoine provenant de Din-houa et de Monali-Ping (Hou-nan), du minerai de cuivre de Koué-Chéou-Fou (Se-Tchouan), 4 échantillons de minerais de zinc et 5 de minerais de plomb provenant de Chouei-Ko-Chan (Hou-nan) et 1 échantillon de houille ordinaire de Tan-san-ouang (Hou-pé). Han-Kéou est actuellement le grand centre métallurgique du Sud chinois. Aussi, l'usine de Han-Yang (Han-Yang Iron and steels Works), fondée par le vice-roi Tchang-Tché-t'ong et vendue en 1896 au gouvernement chinois, est-elle largement représentée. Pour tous les détails relatifs à cette usine, on les trouvera abondants et précis dans le livre déjà cité de M. Raquez (*Voyage au pays des Pagodes*, page 253).

Il nous suffit de dire que l'usine de Han-Yang consomme environ 60.000 tonnes de minerai de fer par an, du type des deux échantillons de Tayé (Houpé) qui nous sont présentés. C'est là que s'approvisionnent aussi les Japonais.

Deux autres échantillons provenant de Hing-Koué-Tchéou contiennent 20 0/0 de manganèse. L'usine en consomme également 60.000 tonnes; enfin, le minerai de Ping-Kiang, dans le Hou-nan. Voici la houille de Ma-an-Chan (Houpé) dont la production est consommée entièrement par l'usine, celle de Ping-Kiang (Hou-nan) dont une partie seulement est utilisée à Han-Yang pour la production du coke.

Viennent ensuite la pierre à chaux du district de Tayé, de l'anthracite de Hoyung et de Kouéi-Tchéou (Houpé), de la houille de Kouang-Yu, de Tchang-ming-hsien, de Ta-houa-tang dans le Hou-nan, une autre de Pang-tchang-hsien (Ngan-hoei) ; comme roches ou minerais, de l'arsenic rouge de Lang-Sin (Hou-nan), de l'arsenic blanc, de l'alun blanc, de l'alun vert, du sulfure d'arsenic, du borax, du sulfate de cuivre (?) et du gypse fibreux.

La Société Anglo-Française du Kouéi-Tchéou expose, sous le nom de M. Henry Brelich, une boîte renfermant des minerais de mercure enrichis et classés; cinabre et stibuite de Ta-tong, de Sia-kao-Tong et de Ouan-tchin-chan ; de la province de Fo-kien nous sont arrivés de la houille, du minerai de fer de Kou-tien, et divers échantillons de stéatite. Canton figure seulement avec de la plombagine, de la houille du Kouang-si, de l'amiante, du mica et de l'antimoine. Une collection plus complète a été envoyée par M. Fitzalan Howard, ingénieur des mines, comprenant des minerais de Sam-Cha (Kouang-si) : galène, galène argentifère, zinc, cuivre, silicate de plomb, argent arsenical, pyrites de fer, pyrites de cuivre, etc. Les résultats déjà obtenus dans le traitement de ces divers minerais sont présentés dans la classe 24: 1° par les usines de Han-yang, sous la forme de trois échantillons de fonte, un modèle de fonte pour le Bessemer et un modèle de rail éclissé. Ces rails sont destinés au chemin de fer Hankéou-Pékin; 2° par une série d'instruments de fabrication indigène que présente la province de Shanghaï : instruments de pédicure et de barbier, coutellerie, haches et hachoirs, des paires de ciseaux, des fers à repasser, des vases à fleurs, des crachoirs, des cuvettes et des chaufferettes en cuivre blanc, 17 pièces diverses en cuivre rouge et des cadenas. La même classe comprenant les carrières, Fou-Tchéou nous envoie un attirail de carrier comprenant un gros marteau, un ciseau à froid, une paire de pinces, cinq marteaux de grandeurs différentes, douze ciseaux à froid, un levier, une mesure de longueur, une règle et une équerre. Les procédés d'extraction du granit employés dans cette province sont assez perfectionnés : les blocs sont détachés à l'aide de coins de chêne bien sec placés dans une série de trous faits au ciseau dans le sens du clivage. Ces coins étant abondamment arrosés, le bois gonfle et détache la pierre; ils se servent aussi de la poudre.

Amoy présente des échantillons d'argent en feuilles et des outils. Soatow une belle collection d'objets en étain de forme élégante, dont quelques-uns rehaussés de cuivre ou de dorures. Les étains simples sont cependant préférables; quelques buires et récipients divers se distinguent par leur galbe.

Canton, enfin, comme dans la plupart des autres classes, est remarquable tant par le nombre que par la qualité des produits fabriqués. Ce sont des bouilloires, des fourneaux, des lampes, des cuvettes, des bols en cuivre, une série bien intéressante de tous les outillages usités dans les différents corps de métier, bien présentée sur des panoplies : sculpteur sur ivoire, orfèvre, horloger, sculpteur sur écaille, maçon, fabricant de balances, d'instruments de musique, graveur, serrurier, tailleur de marbre, sculpteur de bois dur, fabricant de pipes à opium, etc. Toutes ces panoplies seraient à joindre aux modèles divers dont nous avons déjà parlé : ce serait une collection du plus haut intérêt pour l'école professionnelle de Tananarive.

A côté figure la série des petits outils employés dans la vie usuelle par les Chinois, qui en composent un spécialement pour chaque travail. La dite série comprend même une pincette pour plumer les canards. On peut en déduire la quantité de couteaux qui y figurent, depuis le couteau pour couper les chandelles jusqu'au couteau à papier.

Il est impossible de se rendre compte de cette vie industrieuse de Canton, sans avoir vécu quelques jours dans ce milieu d'une activité affairée, et, malgré tout l'amoncellement des objets envoyés à l'exposition de Hanoï, la réalité est encore supérieure.

Travaux publics. — Dans la classe 26, modèles, plans et dessins de travaux publics, un album de 70 photographies nous donne quelques renseignements sur la ligne de chemin de fer Hankéou-Pékin. L'Exploitation est déjà régulière de Hankéou à Sui-Yang, jusqu'au kilomètre 220. La tête d'avancement serait au kilomètre 350 et les études terminées jusqu'au Fleuve-Jaune. Ce travail nous intéresse d'autant plus que le capital de la société engagé dans la construction est en majorité français, le surplus belge.

Quant aux autres tronçons de chemin de fer entamés sur quelques points de l'immense empire, aucun document ne nous en signale même l'existence. Décidé à aller chercher nos renseignements ailleurs, c'est-à-dire sur place, nous passons à la classe 32, comprenant les engins de transport.

Tien-tsin caractérise les siens avec quatre modèles, une litière à mule, une charrette de Pékin, une brouette et un traineau. On sait, en effet, que la brouette n'est pas seulement destinée en Chine à transporter les marchandises : sa forme spéciale, avec une roue au milieu recouverte par une charpente en bois, laisse un siège de chaque côté sur lequel, dans des conditions relatives de confortable, peuvent prendre place quatre et même six personnes suivant le poids. Le véhicule n'est pas rapide, mais le prix du voyage est infime, et les femmes principalement s'en servent constamment.

En voici un nouveau modèle provenant de Han-Kéou, avec une réduction de char à buffle pesant et grossier, bien loin d'atteindre l'élégance de forme, la légèreté et le fini d'exécution du char cambodgien que nous verrons plus loin, quoique le principe soit à peu près le même. Un seul point commun, c'est le même grincement qui signale et accompagne la mise en marche des deux véhicules. Les Cambodgiens prétendent que c'est pour effrayer le tigre. Les Chinois affirment que c'est pour exciter le buffle qui, sans cette musique, n'avancerait pas.

Shanghaï se distingue par un peu plus de confortable dans ses jin-rick-sha (pousse-pousse) et ses palanquins. Ces derniers, dans 5 catégories, cherchent à satisfaire aux exigences de toutes les classes, depuis le domestique jusqu'au mandarin de 1er rang. Portée comme le filanzane sur les épaules, mais par deux hommes seulement, la chaise, fixée sur de longues tiges flexibles, a une oscillation verticale constante des plus désagréables. On apprécie cependant ce mode de locomotion dans les ruelles grouillantes, puantes et glissantes de Canton : le palanquin étant fermé comme une chaise à porteur, le voyageur est du moins à l'abri de la foule et de son contact inquiétant.

Transports fluviaux. — La classe 33, dans laquelle sont rangés les pittoresques modèles de bateaux avec leurs gréements leurs matelots et leurs passagers, offre un ensemble amusant, sinon instructif. Un modèle de radeau, construit en troncs d'arbres avec une plate-forme en planches destinée à recevoir les cases de la population flottante qui dirige cette embarcation, nous renseigne cependant sur le mode de transport des bois, qui viennent du fond de l'Empire, du Setchouan et du haut Yunnan, sur les frontières du Thibet. Ces bois sont approvisionnés à 10 milles environ de Han-Kéou : le voyage, dans certains cas, dure près d'une année et la valeur d'un radeau complet oscille de 35.000 à 50.000 francs.

Les types de jonques du Setchouan permettent le transport de 4 à 5 voyageurs et de 50 tonnes de marchandises, plus l'équipage, comprenant 5 ou 6 hommes. Elles ont 20 mètres de long environ et coûtent 1.500 francs en moyenne. La jonque du Hou-nan, spécialement destinée au transport du riz, contient une cinquantaine de tonnes. Une série de jonques du Kiang-si, dont le tonnage varie de 80 à 250 tonnes, est complétée par un modèle de bateau mandarin, une canonnière (?) si l'on peut donner ce nom à une jonque massive ornée sur les deux bords de coulevrines et de fusils de remparts, menaçants surtout pour ceux qui les tirent ; un type de bac à voyageurs et un bateau-dragon pour la fête de la 5e lune.

Shanghaï accuse son cosmopolitisme en mêlant aux jonques de commerce à trois et cinq mâts un modèle de chasse-marée, un bateau de ballast, deux chalands, un bateau de plaisance européen, un bateau-poste, des sampans ou petites barques à une et deux rames, un bateau de pêche ordinaire, un autre pour les cormorans, ces auxiliaires des pêcheurs du Yang-Tsé.

Ning-po se spécialise dans les caboteurs qui font le service entre cette ville et les îles Chusan. Fou-Tchéou expose des jonques de mer et des barques indigènes spécialement établies pour passer les rapides de la rivière Min. Nous retrouvons Canton avec ses bateaux à roues actionnées par des coolies, dont quelques-uns paient ainsi leur transport et qui remontent le courant de la rivière des Perles avec une vitesse encore appréciable.

Rien de pittoresque comme cette embarcation, généralement bondée de passagers et dont la grande roue à palettes frappe avec une cadence régulière l'eau du fleuve, sans qu'une cheminée ou un panache de fumée signale le principe moteur. C'est de près seulement qu'on peut apercevoir dans la cage de l'arrière, où l'eau rejaillit en pluie, des bras et des jambes qui se démènent furieusement et confusément.

Le bateau-fleurs, avec ses vitraux et ses lanternes, ses guirlandes et ses festons, oppose à cette masse un luxe élégant; mais son bow-window reste muet, il y manque les sons aigres de la clarinette, les grincements aigus des petits violons ou les cliquetis sonores des baguettes de bois. A côté, un restaurant complète la série des embarcations spéciales à Canton.

Conclusions. — Un peu d'imagination nous permet de concevoir des centaines de machines semblables entre lesquelles montent et descendent, s'agitent en tous sens des sampans et des jonques par milliers ; c'est le port de Canton dans toute la traversée de la ville, cette artère sur laquelle une population, évaluée à 500.000 habitants, naît, vit, travaille et meurt, se multipliant et croissant toujours, débordant déjà elle-même de cette énorme agglomération terrienne ou plutôt lacustre que contient à grand'peine dans ses séculaires murailles l'enceinte aux bastions croulants. Trois millions d'habitants, soit plus de la population de Madagascar, entassés dans cet estuaire, contre-sens imposé par l'homme à la nature, qui ne s'en venge pas, cependant, alors qu'elle pourrait déchaîner dans ce cloaque où doivent grouiller aussi les microbes, des épidémies formidables. Mais non, si la peste est à l'état endémique à Canton, elle y fait peu de victimes relativement. Et, malgré les maladies, cette énorme population croît toujours, dans une ébullition de vie continuelle, déborde du vase trop plein et s'épand vers l'Ouest. Reprenant en sens inverse l'exode de ses ancêtres, elle envahit l'Indo-Chine et les îles de l'Océan Indien et pénètre déjà sur la côte orientale d'Afrique, où les mines du Transwal vont, comme celles de Malacca, lui servir de point de concentration.

Après avoir absorbé ses propres conquérants venus de l'Ouest, les Mandchous et les Mongols, la race jaune, avec une force vitale toujours en progrès, cherche à en absorber d'autres. C'est par cette constatation qu'il convient de terminer cette rapide visite à la section chinoise, où nous avons pu relever, à côté de lacunes certainement nombreuses dans plusieurs classes, une exubérance de productions de tout genre significative.

Il faut savoir gré aux commissaires de cette exposition et, en particulier, au service des douanes impériales, à qui ils appartiennent, de nous avoir présenté non seulement la totalité des produits, mais aussi une documentation sérieuse à l'appui, conçue de manière à nous intéresser au pays et à caractériser son expansion. Nous étudierons plus particulièrement cette dernière dans la troisième partie de ce rapport. Une carte d'ensemble, précisant au 1er janvier 1903 sur les différents ports et dans les différents pays l'émigration chinoise de Canton à Madagascar, nous permettra, avec la carte ethnographique de l'Indo-Chine, de nous rendre compte de ce mouvement vers l'Occident, progressif, annuel et si constant qu'il en détermine les conséquences inéluctables.

L'étude des colonies chinoises de Hong-Kong, Haïphong (Tonkin), Fai-foo (Annam), Cholon (Cochinchine), Pnom-Penh (Cambodge), Bangkok (Siam), Singapour (Malaisie), Maurice (Océan Indien), colonies soumises à des suzerainetés différentes et régies par suite par des règlements différents, nous fournira tous les renseignements économiques nécessaires pour déterminer la partie de ces conséquences qui nous intéresse. Reconnaissons seulement pour l'instant que cette exposition chinoise à Hanoï fut pratique et constitua une excellente leçon de choses : nous verrons que ce souci préoccupa fort peu les Japonais, dont la galerie fut, de l'ouverture à la fin, un simple bazar. Mais, avant d'attaquer la section japonaise, nous devons une visite à la collection personnelle de M. Milhe, vérificateur des douanes chinoises, réunie dans le pavillon R.

LE YUN-NAN

A ses frais, M. Milhe, qui habite depuis de longues années Mongtzé, a groupé cette collection et fait éditer un catalogue spécial abondant en renseignements, surtout ethnographiques, éclairant ce pays encore quelque peu mystérieux. Au moment où plusieurs de nos compatriotes, sous la direction de la Société des chemins de fer indo-chinois, travaillent de Laokay à Yunnan-Sen, il serait intéressant en effet de connaître cette région, sinon française de fait, du moins bien réellement d'influence. De plus les résultats économiques de ce chemin de fer du Yun-nan sont si controversés que toute occasion d'apprendre doit être saisie par ceux que les problèmes coloniaux intéressent.

Laissant donc de côté les marbres, les bronzes, les armes, dont quelques beaux spécimens sont accompagnés de notices historiques, nous passons aux produits du pays.

En première ligne, l'opium préparé en quatre qualités. La 1re, Ku-Tzù-tu, par paquets de 600 grammes; quantité produite annuellement: 540.000 kilogrammes; 2e qualité: Kuei-Tzù-tù, par paquets de 750 grammes; production annuelle: 120.000 kilogrammes; 3e qualité: Mashih-Tù, par paquet de 450 grammes; production: 181.200 kilogrammes; 4e qualité: Feu-Tzù-Tù, par paquet de 1 kil. 800 environ; production: 2.170.000 kilogrammes.

Les débouchés de ces divers opiums sont actuellement: Le Kiang-si, le Kuang-Tung, le Yun-nan et le Tonkin. Il en est entré dans ce dernier pays, en 1901, environ 100.000 kilogrammes, sans compter la contrebande active, contre laquelle les douanes d'Indo-Chine cherchent à sévir.

Vient ensuite le tabac, inférieur suivant l'auteur lui-même à celui du Ssù-Chuan. Il vaut en moyenne 1 fr. 50 le kilogramme en feuilles. Des cigares sont depuis quelque temps fabriqués par les indigènes.

Négligeant les bijoux d'argent simple et niellé, nous passons à l'étain commercial qui, d'après M. Milhe, constitue l'une des industries les plus florissantes du Yun-nan. L'étain est expédié en saumon de 70 centimètres sur 25 de largeur, d'une épaisseur de 5 à 6 centimètres, pesant environ 110 livres chinoises, soit 67 kilogrammes.

En 1900, l'exportation par Mongtzé a été de 2.087.418 kilogrammes. En 1901, de 3.064.704 kilogrammes.

Le thé, que nous trouvons ensuite, est présenté sous trois échantillons de qualités différentes: Pù-erh, Teh-hsi, Yu-lu, d'un poids sensiblement égal et d'un prix variant de 0 fr. 45 le kilogramme à 1 fr. 25. Pas de renseignements sur le tonnage de l'exportation. Nous les trouvons cependant partiellement dans le rapport si documenté de M. Brenier: l'exportation du thé noir de Pù-erh aurait atteint en 1900 667.100 kilogrammes.

Des tissus de coton fabriqués par les indigènes et des tapis de laine grossiers provenant du Nord-Est de Yun-nan-sen, ainsi que quelques peaux de panthère, ne donnent pas lieu à un bien important commerce.

Un catalogue des plantes médicinales du Yun-nan nous reporte à l'étalage du pharmacien chinois de Canton, mais il comprend 160 numéros et il est tellement complet que nous renonçons à le reproduire.

Un recueil ethnographique chinois, traduit par l'interprète Joseph Su et corrigé par M. Tiberi, commissaire des douanes impériales, nous initie aux 17 races plus ou moins chinoises qui habitent le Yun-nan. Nous réservons ces documents pour l'Académie Malgache, ainsi que la traduction de poésies illustrées et autographes des XIVe et XVe siècles. Enfin, une très belle collection de photographies et d'agrandissements, faits par M. Milhe lui-même, nous donne une idée du pays dénudé et montagneux des environs de Yun-nan-sen, de la ville elle-même, de la plaine et des rizières, des habitants et de leurs costumes. Trois types de femmes en costume national assises au fond de la galerie nous regardent curieusement. Elles sont petites, grosses et laides, chargées d'ornements d'argent.

Nous quittons la salle R, regrettant de n'y avoir pu faire plus ample moisson de documents économiques sur le pays. Certes, le côté ethnographique et pittoresque est intéressant, mais nous aurions su gré à M. Milhe de multiplier ces renseignements dont il nous a fourni quelques échantillons et que sa vieille expérience lui eut certainement permis de réunir en grand nombre. Car ce ne sont pas les 8.000 tonnes d'opium énoncées plus haut, dont majeure partie, la presque totalité, passe actuellement par la voie du Yang-Tsé, qui constituent le trafic de Mongtzé. Faudrait-il remonter, comme d'aucuns le prétendent, jusqu'au Szé-Chouan pour arriver à garantir au chemin de fer un fret important. Les annuaires des douanes impériales nous renseigneront plus complètement. Pourquoi M. Milhe, qui aime le Yun-nan, ne les a-t-il pas résumés par des graphiques. Le rapport ci-dessus cité nous renseigne au moins sur l'importation qui se fait par Mongtzé. Nous y constatons que ce sont les filés de coton indien qui tenaient le marché, avec 4.353.600 kilogrammes en 1900. Cet article, avec le pétrole, représenté par 1.675.000 kilogrammes, forment les deux principales marchandises de transit.

Hong-Kong. — A côté de cette exposition du Yun-nan, Hong-Kong s'est réservé une étroite galerie, dans laquelle, sous les noms de quelques commerçants chinois, nous retrouvons les objets déjà vus à l'exposition de Canton, mais à des prix fort élevés: des bronzes, des cloisonnés, des porcelaines et des meubles. La Société des missions étrangères, qui possède sur le versant Est du pic de Hong-Kong son établissement central d'Extrême-Orient, a envoyé à Hanoï la collection de ses publications: grammaires, dictionnaires de langues et de dialectes différents. J'y trouve un très intéressant dictionnaire japonais-français contenant les noms principaux de l'histoire et de la géographie du Japon, par le Père E. Papinot. Je signale cet ouvrage utile et fortement documenté à tous ceux qui veulent japoniser.

Dans la même collection figure un dictionnaire bahnar-français, par le Père Dourisboure, que m'avait signalé le Directeur de l'école française d'Extrême-Orient. La langue bahnar, en effet, semble dans sa grammaire avoir des points de contact communs avec le malgache pour la formation des verbes, leur conjugaison, les préfixes indiquant l'action. C'est une question à étudier encore avec l'Académie Malgache.

De son côté, la mission de Shangaï a exposé, dans une salle voisine, les objets fabriqués dans son école professionnelle. Il est regrettable que ces meubles comprennent uniquement des objets de culte et surtout plus regrettable encore que les modèles choisis soient ces horribles enluminures qui figurent dans les étalages de la place Saint-Sulpice ou de la rue Bonaparte.

Que l'école professionnelle de Shangaï serve à approvisionner d'autels, de confessionnaux, de fonts baptismaux et de saints les diverses églises catholiques de la Chine, on le comprend: l'apprenti, du reste, peut aussi bien apprendre les assemblages de l'ébénisterie en ajustant les pièces d'un autel que celles d'un buffet de salle à manger, mais pourquoi ne pas mettre sous leurs yeux des modèles convenables, dont nous avons de si beaux spécimens dans nos églises de France, de style si pur, si correct et si français. Tous ces objets dénotent de sérieuses qualités chez les ouvriers qui les ont exécutés: le résultat est remarquable en tant que travail; malheureusement, au point de vue artistique, ce sont des horreurs qui eurent le don d'exaspérer plusieurs des artistes métropolitains et coloniaux, à juste titre.

LE JAPON

Ayant cette fois complètement terminé notre revue chinoise, nous émigrons chez les Japonais, dans la galerie S.

Toute cette galerie constitue, comme nous le disons plus haut, un véritable bazar. Sans doute depuis que, par des emprunts étrangers, le Japon a engagé une partie de ses finances, les impôts peuvent peser plus lourdement à Tokio, et la gêne qui caractérise l'Etat en ce moment se répercute sur les particuliers et les commerçants. Abandonnant donc résolument ce côté purement artistique qui caractérisait leur très belle exposition en 1900, à Paris, les Japonais sont venus chercher à Hanoï, où le japonisme est florissant, un exutoire à tous leurs produits.

Le terrain était propice: la maison Godard importe, en effet, annuellement à Hanoï tout un stock de japonaiseries que viennent s'arracher, dès le 20 décembre, les familles de la ville. Aussi le bazar de l'exposition de Hanoï fut-il complètement nettoyé, au détriment, peut-être, de l'importation annuelle de M. Godard.

Thés de Formose. — A l'entrée de la galerie du Japon figure l'exposition de Formose avec de beaux échantillons de sel, de camphre, de safrol et d'opium. Des blocs de charbon de terre qui ont toute l'apparence de lignites garnissent le dessous des vitrines; dans l'une d'elles, de l'or sous forme d'alluvions et de minerais.

Mais c'est le thé qui parait concentrer plus particulièrement l'attention des habitants de Formose.

Les plantations sont situées au nord de l'île et le terrain propice s'étend sur la largeur d'un degré environ, dans des coteaux argileux où la température maxima est de 28° centigrades et la minima de 13°, avec une quantité annuelle de pluies de 2 mètres. Cette culture, dont les premiers essais remonteraient à cent ans, a pris un développement considérable, comme en témoigne le tableau ci-dessous, par période de cinq années, établi par le Teishon-Konhoi (syndicat des négociants de thé, comprenant des négociants chinois, japonais et indigènes au nombre de 160).

Années	Quantités produites en cattys	Valeurs déclarées en yens
1867	203.000	»
1872	1.951.300	»
1877	6.933.000	1.904.655 y. 760
1882	9.030.300	3.051.130 896
1887	12.644.200	4.995.065 921
1892	13.671.700	4.443.364 870
1897	15.228.643	6.906.030 470
1901	14.539.305	4.185.828 330

Ces chiffres nous semblent considérables.

Rappelons, en effet, que le catty chinois est de 604 grammes et que le yen, dont le cours en 1899 était de 5 fr. 39 comme valeur au pair, a subi la même dépréciation que la piastre et vaut environ 2 fr. 70 en ce moment, ce qui donne, pour la production de 1901, 8.781.740 kilogrammes valant environ 11.301.735 francs.

Les plants de thé s'obtiennent par marcottage : repiqués, ils rapportent après quatre ans et vers la 13ᵉ année après leur transplantation ils sont rabattus sur la souche. Deux marques de thé sont connues : le Oolong et le Paw-Chong, ce dernier, de production récente, est un thé Oolong qui subit une seconde préparation destinée à l'aromatiser. Les débouchés les plus importants des thés de Formose sont les Etats-Unis, qui absorbent les 9/10 de l'exportation du Oolong, et les îles de la Sonde qui, avec l'Australie, consomment les 8/10 de la production du Paw-Chong.

Satzumas. — Contre l'exposition de Formose sont les vitrines des satzumas, ces élégantes porcelaines dont le décor atteint une finesse de dessins et une richesse de tons qui leur ont assuré l'engouement des Européens. Leur nom est celui de la province où elles sont fabriquées, c'est un kuni (district) du Saikaido.

Les vieux satzumas sont rares, mais les fabricants qui en font des imitations, d'ailleurs parfaites, sont nombreux ; c'est le bibelot recherché en Extrême-Orient. Pas une étagère qui n'ait son satzuma plus ou moins délicat et partant plus ou moins précieux. La variété des produits classés sous la même étiquette donne lieu à des écarts de prix considérables, oscillant de 25 à 250 francs suivant la qualité et l'importance de l'objet.

Tokio a le monopole de ce commerce. Les principaux fabricants, entre ceux du moins qui figuraient à Hanoï, sont Kui-Kozan, Akiyama, Okamoto et Sekito. Les objets exposés comprennent des vases, des types de Japonais et de Japonaises par groupes ou isolés. Il est certain que cet article constitue une production artistique exceptionnelle ; toutefois, la finesse du dessin atteint souvent des proportions telles que l'art se réduit à la difficulté vaincue.

Quelques grands vases avec des branches de glycine, de pêcher en fleurs, de lilas ou de tulipes nous semblent plus intéressants, ainsi que les plats et les vases à reliefs de Foukada Hayakawa, de Yokohama. Dans ces derniers, la composition est cherchée avant tout : on sent que l'artiste a combiné le dessin pour la surface qui lui était réservée et dans une tonalité d'ensemble : la pensée est large et nette. Inutile comme pour les satzumas d'avoir recours à une loupe pour démêler l'idée dans l'enchevêtrement des personnages infiniments petits.

Les satzumas dits grossiers comprennent plus spécialement des statuettes et sont captivants : c'est la vraie vie japonaise spirituellement croquée et emprisonnée dans un moule aux chaudes couleurs. Des services de table et des services à thé, ainsi que tous les ustensiles nécessaires au ménage, en porcelaine fine ou demi-fine, simple, ornée ou chargée, garnissent les vitrines devant lesquelles les ménagères du Tonkin font quotidiennement de longues stations.

Caractère de l'industrie japonaise. — De beaux flambés sur sujets en relief sont exposés par M. Tsontreni : ce sont des plats de toutes les formes et pour tous les usages, largement traités et d'une nuance délicate. Mais, d'une manière générale pour toute cette exposition de faïence et de porcelaine, nous sentons sombrer le caractère national de la race dans un parti pris d'imitation, une volonté ardente de s'européaniser. N'est-ce pas, d'ailleurs, depuis dix ans, l'unique préoccupation de ces gens, qui auraient si bien pu être eux-mêmes avec des qualités très caractéristiques. Dans le discours qu'il prononça le 19 octobre 1896, au conseil supérieur du commerce et de l'industrie, le comte Okuma parlait ainsi de l'Europe : « Elle montre déjà, disait-il, des symptômes de décrépitude. Le siècle prochain verra ses constitutions en morceaux, ses empires en ruines ». Et voilà comment inconsciemment, mais servilement, le Japonais n'a cessé de nous copier, tout en nous méprisant et en se croyant appelé aux plus hautes destinées politiques et commerciales. Malheureusement pour lui, la faculté créatrice est inhérente au génie d'un peuple : c'est le patrimoine de l'expérience atavique. Sorti des limites où son imagination, enrichie par cette expérience, était susceptible de produire, et pénétrant dans un domaine inconnu et nouveau, le Japonais est et demeure un déraciné.

Artistiquement cette vérité éclate : industriellement elle commence à se faire jour, commercialement elle est établie. Emportés par le mouvement irrésistible du progrès, dans lequel il se sont lancés tête baissée, les Japonais, après avoir étonné, inquiété même le vieux monde, commencent à être estimés à leur juste valeur et tombent au rôle d'imitateurs adroits mais forcément inférieurs.

Leurs porcelaines ne valent évidemment pas celles de Sèvres, leurs soieries cèdent le pas à celles de Lyon, leur métallurgie est loin de celle d'Angleterre, leur bimbeloterie bien au-dessous de celle de l'Allemagne ; imitation partout, donc imperfection.

La fièvre industrielle qui s'empara de ce petit pays après ses victoires sur les Chinois, eut pour principale conséquence d'absorber dans un nombre démesuré de sociétés financières et industrielles un capital de plus d'un milliard, dont la majeure partie passa à l'étranger pour des achats de matériel. La spéculation se mit de la partie et le désastre financier ne put être conjuré que par l'intervention de l'Angleterre.

Actuellement, le vieux Japon succombe sous la folie du jeune, qui veut que toutes ses industries tendent à lui assurer dans le continent le marché de l'Europe, c'est-à-dire la rentrée du numéraire qui lui manque.

Cette digression était nécessaire pour expliquer l'assemblage étrange que présentait l'exposition japonaise de Hanoï.

Commerce du Japon. — A côté des satzumas, en effet, où le génie de la race semble avoir cherché un dernier refuge, nous trouvons un étalage de malles, de valises et de souliers. Un catalogue en anglais et japonais nous renseigne sur le prix, tandis, que des dessins rappelant assez bien ceux de la Belle Jardinière nous documentent sur la dernière mode. Pantoufles et souliers escarpins de bicyclette, bottes et demi-bottes, puis là manière de prendre les mesures, trousses de toilette, brosserie, maroquinerie, sacs de voyage, malles de cabines, etc., enfin, une vue de la boutique Hayashi-Shoten : un coin de boulevard, à Osaka, téléphone N° 2.090 Est. Quant aux prix, en voici un exemple : souliers lacés, cuir noir, forme élégante, de 4 à 16 francs. Malle cabine en cuir d'apparence irréprochable de 24 sun de largeur (0 m. 72) se vend de 27 à 40 francs. La plus grande largeur, soit 35 sun (1 m. 05) est affichée en première qualité 67 fr. 50, bon marché excessif incompatible avec la qualité du produit, et de fait, il suffit d'examiner ces cuirs, de voir de plus près chaque objet pour que la perfection apparente laisse percer des défauts de fabrication irrémédiables.

Cuirs mal tannés et mal corroyés, coutures légères et vices ou plutôt tromperie sur la marchandise dans toutes les parties cachées.

Il ne faut pas oublier, en effet, que le manque de probité commerciale du Japonais est connu dans tout l'Extrême-Orient. Nos négociants de l'Indo-Chine refusent actuellement pour la plupart de traiter des affaires avec eux et c'est, joint à l'encombrement, une des causes de la crise commerciale qu'ils ont traversée.

Le marché de l'Amérique a failli leur être fermé par suite de falsifications sur la qualité et sur le poids des thés. Il en était de même pour les pièces de soie et il a fallu que le gouvernement organisât une inspection minutieuse des produits à leur sortie, pour éviter la dépréciation irrémédiable et menaçante.

Près de ce bazar du voyage, un étalage de verreries en tous genres nous documente sur les cristalleries d'Osaka, simili-Baccarat de même qualité. Même bon marché, mêmes vices de fabrication et toujours imitation des clichés européens.

Des pousse-pousse convenablement conditionnés nous ramènent à une industrie nationale, c'est-à-dire à des produits raisonnés où l'expérience personnelle intervient ; mais de suite, avec les bières et boissons fermentées d'Osaka, nous retombons dans le pastiche, qu'accentuent des étiquettes servilement copiées sur celles des bières étrangères. Une fabrique de conserves de Tokio compte sans doute enlever à Rodel sa clientèle, étant donné le nombre respectable de boites qu'elle a envoyées à Hanoï. Contre l'étalage, des vendeurs, dont le complet européen fait presque oublier la face jaune et les yeux bridés, s'empressent, aimables et affairés : il faut lancer la marque.

Des cokes et des produits réfractaires amoncellent leurs lourdes formes à côté de marmites autoclaves fabriquées à Tokio : entre les deux, la manufacture de M. Shibota de Kyoto nous expose une série de chaussures pour hommes, femmes et enfants.

Dans l'encoignure, des instruments de culture variés, pelles et outils divers. Une pancarte nous décrit la charrue présentée par M. Mottolesuki. Nous copions l'avis traduit en français :

« Un laboureur, avec cet instrument, peut fournir en une journée à peu près le travail suivant :

« 1° En rizières pour le printemps .... 15 ares

« 2° En rizières ayant servi en hiver pour la culture du thé ou de la navette .... 20 ares

« 3° En champs secs .... 30 ares

« L'appareil a été inventé par Shogoro Saito, de Koriyama, province d'Iwashiro. »

Nous n'avons pu faire l'expérience de la charrue, qui n'était pas, du reste, à la disposition des visiteurs, et l'annonce ci-dessus reste donc pour nous sans contrôle : l'objet nous a paru lourd, massif et grossier.

Des outils, nous passons aux champignons secs, puis aux cigarettes. Voici la collection des nattes fines de Fùkù Okaken, si réputées jadis, mais qui ont reçu, elles aussi, le contre-coup de la crise.

Les fabricants, en effet, eurent l'idée, un beau jour, sans prévenir bien entendu leurs acheteurs d'Amérique, de substituer aux matières premières employées d'autres de qualité inférieure. Au bout de quelques mois, les nouvelles nattes tombèrent en morceaux. Fureur des Américains, qui refusèrent d'un seul coup 500.000 rouleaux de 40 mètres ; excuses, prières des négociants japonais qui proposèrent la défalcation de tous les rouleaux falsifiés. Près des nattes, nous trouvons plusieurs objets de vannerie et particulièrement les malles en osier qui s'emboîtent les unes dans les autres et sont une spécialité du Japon ; elles sont solides et constituent un bon produit.

Des meubles en bambou d'industrie locale sont également intéressants, très ordinaires d'ailleurs et sans prétention.

Dans une vitrine, toute une collection de boutons de nacre à bon marché ; plus loin, de la coutellerie, de la quincaillerie de toutes sortes et de la lampisterie achèvent de donner à toute l'exposition japonaise l'aspect du bazar de l'Hôtel-de-Ville.

Ce sont bien les objets que nous avons coutume de voir dans les étalages de la rue de Rivoli, meilleur marché, mais toujours plus mauvais. Voici, pour compléter l'illusion, des jouets d'enfant ; dans quelques poupées et figurines en carton-pâte un sentiment de vérité se trouve dans le geste et l'expression ; on sent que l'ouvrier, livré à lui-même, aurait aimé à communiquer à ces bibelots un peu de sa personnalité, mais l'usinier, implacablement préoccupé d'assurer aux dits bibelots leur vente courante, a ramené brutalement l'audacieux à la copie d'un modèle reconnu vendable, et tous ces coqs et ces canards, ces singes et ces perroquets, avec leurs plumes ou leurs poils d'emprunt, reproduisent fidèlement les animaux de nos bergeries coloriées enfermés dans des boîtes de sapin, le tout pour 40 centimes.

Une vitrine, où des étoffes de soie et de velours jettent quelques notes éclatantes, nous attire de loin. Mais c'est avec rage que nous constatons, sur une pièce de velours gris ardoise d'une jolie teinte, l'application à la main d'une peinture représentant un vague paysage de Corot. Les rubans gorge de pigeon et les soies changeantes nous rappellent du reste la mode du jour et des modèles déjà vus au Bon Marché.

La galerie se termine enfin par des tables chargées de cloisonnés, qui, comme les satzumas, protestent avec quelques beaux spécimens en faveur du passé. Nous avons, au début de notre visite à l'exposition chinoise, étudié la fabrication de cet article, qui est la même dans les deux pays, et indiqué la seule différence existant : l'européanisation des modèles, des dessins et des teintes chez les Japonais. Les cloisonnés foncés de Kyoto, avec leurs bigarrures sombres et leur ornementation chargée, sont évidemment le dernier reste de l'article primitif national ; toutefois, il serait injuste de ne pas constater dans les essais modernes de très heureux résultats, à côté de copies ou d'inspirations maladroites.

Les cloisonnés de Nogaya, par exemple, sur argent à fond bleu pailleté de reflets métalliques et opalins qui leur donnent une ressemblance avec les verres irisés de Bohême, sont d'un effet charmant et doivent exiger une perfection très grande d'outillage et d'ouvriers, ainsi qu'un soin minutieux dans la cuisson.

Là aussi s'est réfugiée l'imagination créatrice, torturée et annihilée partout ailleurs. Porcelaines et cloisonnés sont les deux épaves de tout un passé artistique que n'a pas encore complètement entamé la marée montante de l'industrie d'exportation. Je ne parle pas des bronzes ; ceux qui figuraient à Hanoï n'étaient, pour la plupart, que de mauvais surmoulages en composition, sans valeur et sans intérêt.

Pauvres Japonais ! Que nous sommes loin des riches collections exposées à Paris en 1900, où, par un reste de pudeur, vous essayiez de montrer ce que vous aviez été, en coordonnant des pièces uniques, introuvables aujourd'hui. Vous vous êtes révélés à Hanoï sous votre véritable jour, reconstituant chaque matin l'étalage détruit par la vente de la veille, commerçants besogneux sentant venir l'échéance et impatients de remplir la caisse.

Hélas ! la grosse échéance est proche aussi, celle qui emportera « votre constitution en morceaux et votre empire en ruines ».

GRAND PALAIS DE L'EXPOSITION

En quittant le bazar japonais, nous gagnons le Grand Palais. Par une de ces bizarreries dont le classement de l'Exposition nous a déjà fourni de nombreux exemples, ce superbe vaisseau, bien aménagé pour servir de musée et qui aurait dû contenir exclusivement les riches collections de l'art annamite, privées ou publiques, nous présente dans l'aile droite un mélange extraordinaire des produits les plus variés.

Dans la grande salle d'angle, c'est le service géographique d'Indo-Chine qui nous expose ses travaux. Une grande carte d'ensemble au $\frac{1}{500.000}$ éditée en 1899, une carte de l'Indo-Chine au $\frac{1}{1.000.000}$ éditée en 1902, une carte de environs de Saïgon au $\frac{1}{20.000}$ parue en mars 1900, et une carte du delta du Tonkin au $\frac{1}{25.000}$ avec spécimens des planchettes exécutées sur le terrain, cette dernière étant établie plus spécialement en vue de son utilisation par les travaux publics, résument l'œuvre cartographique poursuivie à Hanoï. L'aimable directeur de ce service, le colonel Guéneau de Mussy, veut bien nous donner toutes les explications sur le fonctionnement de son personnel, à la fois européen et annamite. Il est regrettable que, pour la carte d'ensemble, un relevé schématique des travaux géodésiques actuellement exécutés ne permette pas de se rendre compte de la progression annuelle et surtout de répondre aux critiques plutôt malveillantes qui prétendent, bien injustement d'ailleurs, que cette carte, dans plusieurs de ses parties, n'est qu'une reproduction de la carte Pavie.

Le système employé pour l'orographie nous a semblé un peu vague et les dessinateurs annamites, comme nos dessinateurs malgaches, paraissent s'abandonner un peu trop volontiers au charme de la hachure sans échelle, c'est-à-dire improvisée. Ce défaut en cartographie devient une qualité évidemment dans le dessin ornemental exposé par l'un d'eux, bizarre enchevêtrement de dragons et d'emblèmes, dessinés à la plume et rehaussés d'aquarelle, extraordinaire fugue d'un malade d'Edgar Poë sur un thème national. Aussi étrange est le dessin à l'encre de Chine qui représente à côté la statue mystérieuse du Grand Bouddha, sombre conception d'un dieu essentiellement méditatif et méchant, aussi loin du visage souriant du Bouddha cambodgien que de la figure placide et quiète du Bouddha indien. Ces deux spécimens de l'habileté du dessinateur indigène nous renseignent peu d'ailleurs sur sa valeur comme cartographe.

Une série de plans de Hanoï : 1° en 1873 par un Annamite ; 2° en 1883 (levé du lieutenant Launay) ; 3° en 1895 et en 1902 par le service géographique, nous intéressent davantage. Il y a là des documents de premier ordre permettant de constater, d'une part, l'extraordinaire développement pris par cette ville, développement sans doute un peu prématuré et, d'autre part, la stabilité des quartiers indigènes.

Nous aurons occasion de revenir sur cette question en étudiant la ville elle-même plus loin, dans la seconde partie de ce rapport ; pour le moment, nous pouvons déplorer la disparition de la presque totalité de cette vieille citadelle, dont une porte, le reduit et le mirador sont aujourd'hui les seules épaves. Or, la citadelle a été démolie pour laisser la place aux terrains à bâtir, mais, par une de ces anomalies fréquentes en matière de voirie, la ville s'est développée du côté opposé, et les terrains conquis sur le passé sont vides de constructions ou à peu près.

L'ancien mirador est devenu le colombier militaire : une carte du réseau colombophile nous en démontre l'utilité. Une autre carte du réseau optique nous montre comment cette branche de la télégraphie supplée aux lacunes que présente encore le réseau électrique, dont une troisième carte nous apprend l'utilisation au point de vue militaire. Un album de vues, qui se ressentent des difficultés opératoires dans la brousse, nous renseigne sur les divers postes et les opérations d'installation des lignes : à côté fonctionne un appareil télégraphique dont la pile est constituée avec des vases poreux en bambous ; la difficulté de se réapprovisionner a poussé l'un de nos officiers à cette invention peut-être pratique, à tout le moins originale. Le poste télégraphique complet a du reste été fabriqué habilement par les ouvriers annamites de l'atelier de Hanoï.

La Société Marty, de Haïphong, voisine avec le service géographique. Un bloc d'anthracite de grandes dimensions venant de Tuambach (Dong-Trieu) résume les recherches effectuées jusqu'à ce jour, tandis qu'un plan-relief, soigneusement exécuté, nous présente les établissements de cette société à Haïphong. Le plan est vaste, les constructions peu nombreuses : c'est l'amorce d'une affaire qui pourra prendre un grand développement, si toutefois les chaloupes chinoises ne la gênent pas dans son essor. Actuellement, en effet, au Tonkin comme en Cochinchine et dans toute la navigation côtière, les Chinois sont en voie de progrès. S'ils n'ont pas créé de toutes pièces, comme le Japon, une flotte marchande avec de luxueux paquebots, ils font construire, à Hong-Kong particulièrement, des chaloupes de rivière et même de mer avec installation pour passagers. Augmentant leur vitesse, plus soucieux de satisfaire leurs clients, ils ne se contentent plus des marchandises dont sur certains points ils ont monopolisé le transport et font une concurrence sérieuse aux compagnies subventionnées.

Sans aller jusqu'à l'opinion pessimiste que j'ai entendue souvent répéter par mes compagnons de voyage sur l'issue de la lutte, on ne peut nier que la majorité, sinon la totalité du fret, cabote en ce moment par bateaux chinois et qu'en dehors des fonctionnaires, des Européens y prennent passage.

Il faut avouer d'ailleurs que si la Société Marty expose au Grand Palais de superbes modèles de bateaux comme le *Vinh*, le *Viétri*, le *Hanoï* et le *Hong-Kong*, le voyageur a souvent la malchance de s'embarquer sur des affrétés qui font le voyage Haïphong-Haïnan-Hong-Kong, véritables cargos, dont l'inconfort, la saleté et l'exécrable nourriture n'offrent guère de différence avec l'équivalent des chaloupes chinoises que dans les prix. Le voyage dure 4 jours et 7 au plus ; il est déplorable. Les chaloupes de rivière sont assurément plus confortables, bien que celle de Vietri-Tuyen-Quang en saison sèche soit sensiblement égale au *Mahatsara* qui fait notre service d'Ivondrona.

Des Messageries fluviales nous passons à la Compagnie nationale de navigation, représentée par les dessins du *Caobang*, paquebot à deux hélices, et une réduction d'un type de paquebot genre *Cholon*. Les dessins du *Caobang* sont superbes, mais il paraîtrait, au dire des passagers, que le confort est moins soigné.

Nous sautons ensuite à l'exposition Schneider. La collection présentée, qui, d'ailleurs, promenée de galerie en galerie, est venue s'échouer dans ce coin peu propice, ne donne qu'une faible idée du grand effort réalisé par ce colon énergique et persévérant. Ce sont ses ateliers de la rue du Coton qu'il faut voir, où une compagnie de compositeurs et de correcteurs indigènes impriment les journaux, les livres, les cartes, les billets, menus, passant du français à l'annamite, de l'annamite au chinois, du chinois au cambodgien. Le Bulletin de l'école française d'Extrême-Orient, véritable édition de luxe comme papier et comme impression, nous donne une idée de ce qui peut sortir des presses de M. Schneider. Une visite à son usine du Grand Bouddha achève de nous renseigner sur l'effort considérable accompli par cet homme de labeur depuis son arrivée au Tonkin, déjà ancienne. Cette usine avec sa fabrique de papier, outillée admirablement, ses ateliers de clichage, de photographie et de phototypie, sa salle de lithographie, ses machines spéciales pour la fabrication du papier timbré, près desquelles un gendarme veille en permanence, sa fabrique de papier avec les procédés annamites perfectionnés, toute cette ruche où des familles gagnent la pitance quotidienne, il l'a créée de toutes pièces.

Et tandis que des cuves, où les bambous et les écorces fermentent, nous passons aux réservoirs ou la pâte liquide suit une marche purificatrice, de récipients en récipients, de pompes en malaxeurs, ce ruisseau blanc s'homogénéise pour tomber dans les laminoirs, se dérouler sur les feutres, qui tout en l'agglomérant le dessèchent, et venir s'enrouler machinalement et méthodiquement sur les cylindres qui s'adaptent aux presses. Nous sentons devant ce résultat une sincère admiration pour la courageuse patience de cet ouvrier, ancien typo épris de son art, ayant voulu l'implanter aux pays neufs.

Certes, le débouché est médiocre ; sans les commandes du gouvernement qui l'alimente, l'usine se suffirait à grand peine et il est évident que M. Schneider n'y fera pas fortune, à moins de solutionner le problème de l'envoi de la pâte en Europe, mais la difficulté vaincue n'en est pas moins palpable ; c'est une industrie locale qui fonctionne et à ce titre elle mérite l'intérêt et l'hommage de tous les coloniaux. Les différentes sortes de papiers, principalement ceux simili-japon, nous paraissent irréprochables. Les affiches en couleur et les plaquettes artistiques sont d'excellente venue.

Par une nouvelle bizarrerie des organisateurs, nous voici dans l'orfèvrerie française. Est-ce une intention arrêtée de leur part pour une comparaison possible avec l'orfèvrerie annamite qui se dissimule sous des vitrines à côté, ou la nécessité de mettre à l'abri ces matières précieuses, ou simplement un hasard de la dernière heure. Je pencherais pour cette solution, étant donné surtout que cette partie de l'Exposition n'était pas encore installée au 1er décembre et qu'elle a dû servir de refuge à tous les retardataires.

C'est rapidement que nous suivons cette série de vitrines placées à contre-jour et dépaysées au milieu de ce vaste salon, jetant un regard à l'argenterie massive de Cailar, Bayard et Cie, et de Boulenger, dont le surtout de table, d'une architecture anglo-indienne douteuse, est un mauvais spécimen de l'art français.

M. Meyer, bijoutier-horloger à Hanoï, expose une pendule ; nous préférons sa devanture de la rue Paul-Bert, conçue au moins pour la tentation des passants, Européens ou Annamites. Une table nous présente modestement, sous l'anonymat, des écailles de tortue incrustées : si l'effort est louable, le résultat est médiocre. La nacre et l'écaille s'allient difficilement ; ce qui fait la valeur de la dernière, la transparence, nuit à l'éclat de la première. Un avis imprimé nous fait l'historique de cet essai et nous donne une idée de la difficulté vaincue. Elle est réelle, nous n'en doutons pas, mais c'est à notre avis un contre-sens, d'autant plus que l'écaille de tortue devient une matière précieuse, comme l'auteur nous l'avoue lui-même. Cotée 6 francs le kilogramme en 1899, elle vaut actuellement 20 francs ; or, l'effet obtenu par l'incrustation sur bois bien choisi est aussi agréable, sinon plus.

Une série de plaques de ceintures exposées par la maison Cœur nous rappelle les prodiges d'ingéniosité que nos bijoutiers parisiens tentent pour trouver un art moderne : ces formes grêles et contournées constituent-elles vraiment des trouvailles ou plutôt des déformations de choses imitées ?

De magnifiques pierres fausses font loucher près de là les Annamites : ils en sont friands, les gaillards, et nous en ont donné la preuve en dérobant à notre pavillon de Madagascar des morceaux de verre coloré sur le bonnet rouge des fêtes de la circoncision. Ajoutons qu'en commerçants au courant des prix, ils ont choisi les émeraudes, la pierre à la mode, ne se doutant pas qu'elles étaient en verre.

Encore des horloges et des montres de Carry, d'Auricoste, Thomas, Vachet, etc., sans doute pour inciter les Annamites à se servir de ce compteur. Son utilité ne leur semble pas prouvée : comme simples particuliers, inutile de supputer leurs loisirs ; comme serviteurs, pourquoi décompter le temps payé par d'autres. Aussi préfèrent-ils à la montre, reposant obscure et ignorée dans une poche, la chaîne qui, bien en vue sur le vêtement, pose un homme près des petites Congaï : c'est pourquoi ils stationnent de préférence devant le magasin de Gross Langoulant. Encore des bijoux d'art dit « nouveau » avec MM. Sandoz, Beaudoin et Gaillard : des émaux, des flammés et des flambés nous révèlent le byzantinisme de notre époque, vague contrecoup sans doute des pièces de Sardou et des tableaux de Rochegrosse, archéologie inavouée et déguisée sous une apparence de création.

Des nacres et des perles dans la vitrine de Drouelle nous permettent d'admirer les conceptions fort simples de la nature qui, dans une simple écaille d'huître, irise encore mieux ses teintes que les Japonais dans leurs cloisonnés ; l'article écaille faisant toutefois l'objet d'un commerce tant avec la Chine qu'avec l'Indo-Chine, sa présence ici ne nous étonne pas.

Toute autre est l'impression devant l'étalage voisin, celui de Lemaitre, avec ses croix de tous les ordres, ses rubans multicolores, ses brochettes alignées où l'or, l'argent et les pierreries sont prêts à attester le mérite de l'homme qui se les offrira. Bien pratique ce commerçant qui, comme conséquence inévitable de cette exposition, a prévu une exportation sérieuse de ces hochets : quelques visiteurs, qui étudient la composition des brochettes, semblent déjà de futurs clients.

Brûlons à la hâte les perles et les bijoux, les verres et les bibelots d'Ott Gaillard, Brunet, Vuillemoz, etc., pour nous arrêter un peu plus longuement devant l'orfèvrerie annamite.

Orfèvrerie tonkinoise. — La collection des objets exposés en 1900, à Paris, groupée sous l'étiquette « Comité local du Tonkin » nous permet une comparaison qui s'impose avec les produits de l'art indigène en 1902. L'influence de l'Europe sur cet art se manifeste évidemment. Nous en trouvons ici la preuve, comme nous aurons l'occasion de le constater dans les incrustations et les broderies. Malheureusement, il ne nous semble pas démontré que cette influence soit heureuse, bien au contraire. La grande majorité des Français qui, en achetant ses produits, impose à l'Annamite sa propre façon de voir, n'a, il faut bien le reconnaître, qu'une vague, une très vague conception du beau, quand elle n'est pas fausse.

Au lieu de laisser l'indigène buriner au gré et suivant les caprices de son imagination, c'est-à-dire dans un caractère déterminé, chaque acheteur a la prétention de le guider. Or, la culture artistique des esprits correspondant à l'intellectuelle, généralement du moins, la voie dans laquelle le fabricant se trouve dirigé est la plupart du temps fausse, les gens instruits formant la minorité. L'orfèvrerie, par le prix de revient de ses produits, se prête moins que les autres industries locales à cette contamination, à cet amoindrissement du goût, mais que d'exemples néanmoins !

Trois orfèvres annamites nous exposent leurs produits : Mi Thanh, Vinh Duc et Lé Than. Ce sont à n'en pas douter de très habiles praticiens, mais leurs productions nous décèlent les obligations auxquelles ils ont été contraints. Dans ces sucriers, ces vases, ces coupes et ces théières massives, de forme imposée toujours impitoyablement, européenne souvent, on sent la torture de l'imagination condamnée à suivre un programme défini, chargeant et accablant la surface libre de reliefs et de méplats, poursuivant le détail au lieu de laisser à l'enveloppe le vague du rêve créateur, et finalement faisant sombrer l'idée dans un fouillis, dans un papillottement d'ombres et de lumières. Il a fallu, on le sent, pour satisfaire l'acheteur, que tous les animaux du Tonkin prennent place dans ce bibelot, sous les arbres habituellement vus, près des indigènes couramment rencontrés, et l'on entend l'Européen impatient de vérité demander que les écailles du dragon soient bien distinctes, que les feuilles de l'arbre se détachent assez pour qu'on puisse en reconnaître l'espèce, que le costume du mandarin donne mieux l'impression des broderies qui le recouvrent.

L'art annamite a déjà ce défaut par lui-même : la tendance à l'infiniment petit du détail. Exagéré pour satisfaire le client, il devient un vice irrémédiable.

Or, l'orfèvrerie et l'argenterie sont deux industries qui, chez les Annamites avant notre arrivée, restaient encore à l'état embryonnaire. En dehors des boucles d'oreilles et des colliers rudimentaires des femmes, en dehors des pointes de chapeaux et de quelques bagues, peu d'objets d'or ou d'argent sont d'un usage courant chez ce peuple. Le champ était donc libre, et en profitant des aptitudes exceptionnelles de la race, développées pour d'autres branches dans un sens déterminé par leurs premiers éducateurs, les Chinois, on serait certainement arrivé à créer une orfèvrerie indigène comme il y a déjà l'art de la laque, de la faïence, de la broderie, du bronze, de l'incrustation et de la sculpture. Mais il eut fallu pour cela constituer une solide école professionnelle, dont l'unique préoccupation eut été la conservation, la sauvegarde des industries nationales existantes et le développement méthodique des industries contingentes. Nous verrons plus loin, en étudiant le pavillon de l'école de Hanoï, l'erreur commise et l'infériorité du résultat.

Plus sauvages, mais plus intéressants, sont tous ces petits bijoux d'argent de l'île de Haïnan, avec le délicat émail bleu qui en accentue discrètement les détails; des tasses et des bibelots divers sont d'une légèreté de touche remarquable, étrange produit d'une imagination bien douée commandant à des doigts grossiers, car les habitants de Hoï-Hao sont de rudes paysans.

Contrastant avec ces fins bibelots, nous trouvons les lourds ornements d'argent des tribus Mans et Méos : colliers de toutes dimensions, bagues massives, boucles d'oreilles monstrueuses, le tout gravé naïvement de dessins au trait d'une correction géométrique, nous rappelle les bijoux de Madagascar vus, soit au Musée historique, soit chez les Betsimisaraka, plus particulièrement encore ceux des Sihanaka, aux formes étranges, aux ornementations mystérieuses.

Encore quelques bijoux chinois et des jades de Hong-Kong déjà étudiés. Nous les laissons, cherchant notre chemin dans cet entassement peu homogène. En passant devant une pancarte, nous lisons : « Chambre de commerce de Hanoï » ; des tableaux et des graphiques, face au mur, attendent que quelque âme charitable veuille bien les retourner avant la clôture de l'Exposition. C'est donc aux aimables membres de la Chambre de commerce eux-mêmes que nous irons demander leurs documents sur l'importation et l'exportation de leur ville.

Quelques livres d'horticulture et de géologie, ces derniers dus à l'ingénieur Bel et consacrés à l'Indo-Chine, des photographies de la mission du Lang-Biang, des vues de la province de Quang-yen, des échantillons de minerai de fer, de cuivre et de manganèse classés sous le nom de M. Beauverie, office minier du Tonkin ; encore des flambés et des bijoux de la maison Schenk, une belle collection des soies de Doson, enfin, quelques produits et objets de Thaï-Binh. C'est dans cette région que l'industrie séricicole est le plus développée. Ainsi que nous avons eu l'occasion de le constater dans l'exposition de la filature de Nam-Dinh, la soie de cocons que nous trouvons ici et quelques pièces de soie tissée nous apprennent peu de nouveau, sauf ce fait que le fil usité à Dung-Trung est composé de quatre brins. Quelques cotonnades complètent cette petite exposition.

Le consul de Kobé a envoyé des échantillons de la plupart des produits du Japon avec lesquels nous avons fait connaissance ailleurs. Nous passons donc à un groupe où, nous ne savons toujours pourquoi, nous retrouvons des affiches de la librairie Hachette et des cartes murales de la maison Colin. Le tout constitue des tableaux d'enseignement destinés aux écoles : ils sont connus et l'expérience du procédé est faite, donc inutile de nous arrêter.

Un dernier coup d'œil sur cette grande salle de l'aile droite où, malgré le chaos dans lequel nous venons d'essayer de nous reconnaître, de grands espaces vides accusent encore des retardataires : au fond, sur la large baie vitrée et grillagée par une ferronnerie de belle venue, se silhouette la statue plus grande que nature de Francis Garnier, le héros d'avant-garde qui, après son exploration du Yun-nan et du Yang-tsé-Kiang revenait deux ans plus tard, en 1870, poursuivre sa reconnaissance du Fleuve-Rouge, retournait en France continuer son œuvre de propagande coloniale et enlevait enfin, le 19 novembre 1873, la citadelle de Hanoï pour tomber quelques mois après, victime d'un guet-apens aux portes mêmes de cette ville. Pourquoi ne pas avoir placé cette statue sur l'esplanade même du Jardin, devant le Grand Palais, face à la cité qu'il avait conquise ?

Nous voici dans le vestibule, ou plutôt la salle centrale du palais, d'élégantes proportions et dans laquelle la décoration de staff, peut-être à cause de la hauteur, produit meilleur effet que dans les salles latérales. Au plafond, un peu dans l'ombre pendant le jour, bien éclairées par une rampe électrique le soir, les fresques du peintre Vollet accrochent aux murailles blanches leur douce et discrète tonalité.

Très courageusement, M. Vollet est venu, en 1901, chercher en Indo-Chine des impressions nouvelles et un coloris neuf. Le Gouvernement Général a eu l'heureuse idée de l'attacher au service de l'Exposition en lui commandant ces quatre grandes compositions et les médaillons qui garnissent les écoinçons.

C'est au Tonkin, à Hanoï même, que le peintre a été chercher ses sujets dans la vie annamite et ses types sont bien caractéristiques. Voici le fabricant de parapluies, en bambou et en papier ; sur le fond sombre se détachent les dragons et les phénix multicolores. Un coolie traîne une charrette chargée de bois. Des congaïs au grand chapeau assises sur leurs talons près des paniers attendent l'acheteur. Les porteurs avec leur charge en équilibre sur l'épaule, aux deux extrémités d'une lame flexible, trottinent à pas pressés. Devant l'étalage d'un fabricant d'armes de pagode, un lettré, cyniquement orgueilleux de sa science, vérifie l'authenticité des emblèmes, tandis que des tirailleurs, arrogants dans l'uniforme serré, interpellent les passants : parmi ceux-ci, un cuisinier gouailleur qui, bien que les paniers n'aient pas d'anse au Tonkin, trouve le moyen de la faire danser. Puis des scieurs de long qui débitent les longues planches du bois *mal odorant*, les menuisiers qui confectionnent des meubles, les sculpteurs qui fouillent des pièces délicates en bordures de tables massives. Et tout ce monde vit, s'agite et travaille, sous le ciel lumineux mais souvent nuageux du Tonkin avec sa couleur et son mouvement propres. Vision très juste, étude consciencieuse, dont l'ensemble s'harmonise avec les lignes d'architecture.

Pourquoi faut-il qu'un malencontreux marouflage ait plissé et recroquevillé par place ces toiles faites cependant pour la surface où elles ont été placées. Le pauvre Vollet a failli faire une maladie durant cette opération, dont s'était chargé un entrepreneur inexpérimenté : le résultat justifie ses craintes.

Dans ce grand salon a pris place également la rosace exposée par la Compagnie de Paray-le-Monial à Paris en 1900. L'Indo-Chine l'a acquise il y a deux ans : démontée et reconstituée, elle couvre le sol à l'intersection des galeries : c'est un bel exemple de la céramique française qu'on est heureux de retrouver dans ce monument.

La Compagnie des Messageries Maritimes, installée d'abord dans un pavillon du parc qu'elle avait fait construire, a transporté son exposition dans le vestibule du Grand Palais ; très heureusement, en effet, on lui a donné l'ordre de démolir son horrible châlet, qui ressemblait à un poste d'aiguilleur de grande ligne. On eut pu se dispenser toutefois d'installer ailleurs ces cadres et ces photographies représentant des intérieurs connus déjà de tous les passagers : l'album qui figure dans le salon de chaque paquebot a été feuilleté par chacun aux œuvres de désœuvrement. Une semblable compagnie eut dû, par des graphiques et des statistiques, nous donner des renseignements commerciaux ; c'était le moyen de répondre victorieusement aux critiques qui courent le monde à son sujet. La tâche était trop difficile sans doute : le conseil d'administration ne l'aurait peut-être pas autorisée.

A l'entrée de la galerie de l'aile gauche, dans une petite vitrine modeste, un commis des postes et télégraphes a réuni quelques minerais du Tonkin. Tout en sachant gré à M. Aubertin de son initiative, il nous semble qu'une exposition de ce genre, si elle ne contient pas des renseignements très précis sur la provenance, l'importance du gisement, les exploitations en cours, pratiquées soit par les indigènes, soit par les Européens, risque d'être dangereuse en faussant les idées des visiteurs. Il est évident, par exemple, que les échantillons de lignite et d'anthracite exposés, les minerais de fer, d'étain, de cuivre et de zinc semblent indiquer des richesses variées. Nous croyons, cependant, qu'en dehors de l'étain, ces minerais sont restés jusqu'à ce jour inexploités.

Il en est de même de l'or d'alluvion qui attire et retient l'attention. La présence du gypse, de l'amiante, du cobalt, du cinabre, du mica, de rubis, de grenats, d'œils-de-chat de la vallée du Song-chaï pourrait faire croire à l'étranger que ces minerais où ces pierres sont abondantes. Or, ils n'ont même pas donné lieu encore au Tonkin à une exploitation indigène primitive, semblable seulement à celle du Laos. Dans ces conditions, il y a un danger réel à produire de pareils échantillons.

Nous sommes à une époque où l'œuvre de propagande coloniale demande à être faite sainement et véridiquement. Nous ne devons pas faire miroiter aux yeux de nos futurs colons des avantages que nous ne saurions leur assurer et il en est de même pour la culture et l'industrie.

L'exposition de chaque produit doit donc être accompagnée d'une fiche qui permette au visiteur de se renseigner sur la facilité de la production, sur la concurrence existante ou possible, sur les débouchés eux-mêmes. La base de cette documentation est de déclarer si le produit est normal ou extraordinaire. C'est une question de conscience à laquelle toute personne ou tout comité chargé de l'organisation d'une exposition ne doit pas faillir. La tâche est ardue, c'est vrai, mais nous ne pouvons faire œuvre utile que dans cette voie : les expériences poursuivies en Indo-Chine comme à Madagascar, aussi bien que dans l'Afrique occidentale, sont suffisamment nombreuses aujourd'hui pour offrir un faisceau de renseignements assez précis pour déterminer la valeur de chaque produit.

Evitons de donner prise par le plus petit côté aux critiques injustes comme celles de ce correspondant du *Times*, qui écrivait à son journal en avril dernier : « Il semble à peu près certain que tout ce déploiement d'activité a pour objet de jeter de la poudre aux yeux des Français de la Métropole et de les décider à aider de leurs capitaux leurs compatriotes qui ont des intérêts en Indo-Chine. »

Ce journaliste se trompe lourdement, car ce sont les Français de la Métropole eux-mêmes qui, plus au courant des questions coloniales que par le passé, exigent une documentation serrée et précise dans les affaires qu'on leur propose. Aussi, laissons les minerais du Tonkin pour complément d'information et entrons dans la grande galerie réservée à l'art annamite.

Incrustations tonkinoises. — Nous prenons contact avec lui immédiatement par les incrustations, dont un beau spécimen est placé à l'entrée de la salle. C'est une procession du Dragon par Pham-Van-Khué, accompagnée de deux panneaux plus petits du même artiste, posés sur chevalet.

La première œuvre a de nombreux admirateurs; nous lui préférons pourtant les deux petits panneaux simples, corrects, sans combinaisons de perspectives abracadabrantes et surtout sans exagération de détails. Ce que nous disions plus haut au sujet de l'orfèvrerie trouve encore en effet sa confirmation dans l'art de l'incrustation. Voici un artisan certainement bien doué : la touffe de bambous au bord d'un étang, à peine indiquée, le prouve, mais dans son commerce il commence à sacrifier au goût de l'acheteur pour tomber dans le plus déplorable excès avec des portraits en nacre. Ceci n'est plus de l'art et reste au-dessous de la photographie.

Quel est le cerveau malade qui a eu l'idée de faire commettre aux indigènes de semblables horreurs ! Est-il possible de concevoir plus formidable contre-sens que le visage de cette dame, jeune encore, couperosé par les reflets en arc-en-ciel de la nacre, moucheté par les points, imperceptibles c'est vrai, mais multiples qui constituent les hachures. C'est froid et sec comme une gravure sur acier due au burin d'un débutant et chatoyant comme les bocaux d'un pharmacien.

Nous comprenons fort bien que nos collègues métropolitains du jury, anciens amis de l'école des Beaux-Arts, se soient insurgés contre cette déviation du goût et aient présenté au jury supérieur une protestation déclarant la nécessité de diriger le développement de l'art annamite, en particulier dans l'incrustation.

Ah! combien éloignés des conceptions primitives qu'il nous a été donné de contempler dans les vieilles pagodes de Hué, sont ces produits nouveaux de la nacre. Dans les premières, de fines lamelles délicatement enlevées et travaillées constituent les formes des divers objets assemblés pour la composition. Dans les incrustations modernes, la nacre est placée par lourdes plaques sur lesquelles, avec son burin, l'artiste revient dessiner les formes : le corps d'un personnage est composé d'un seul morceau, tout le reste est gravé, détaillé même à l'encre de Chine. Sur quelques panneaux, nous avons surpris des traces de couleurs appliquées après coup pour augmenter l'intensité du reflet de la coquille et le faire varier suivant la nature des objets qu'elle représente. Un panneau reproduisant le petit lac de Hanoï, ce coin délicieusement pittoresque, épave de la vieille ville, est dans ce genre.

L'enthousiasme pour la photographie, devenue chez les Annamites une science fréquente, a exercé sa fâcheuse influence sur l'imagination des artisans indigènes. A côté de tous les objets, en effet, nous trouvons la photographie qui a servi de modèle, comme si cette reproduction fidèle ne devenait plus qu'un travail machinal de patience, un avilissement de l'artiste dont il supprime la force de création et l'initiative.

Dao-Huang-Maï, le concurrent de Pham-Van-Khué, nous semble plus convaincu de la valeur des anciens procédés. Un écran incrusté, marqué 270 francs, et un très beau bahut de style nettement annamite prouvent que le vieil art est loin de se perdre. Les diverses incrustations qui ornent les parties pleines de ce meuble sont conçues avec une justesse de composition, une adaptation à la place parfaite. C'est la nacre elle-même qui fait la finesse du dessin : certes, le détail est minutieusement serré ; les petits bonshommes qui figurent dans les cortèges ont leur mouvement propre chacun, mais du premier jet, dans la matière, et non à l'aide d'artifices et de procédés de surcharges. Du même : deux panneaux ronds, élégants; simples et finis, deux bahuts, une table laquée avec incrustation, cotée 180 francs.

Dao-Huong-Maï habite 38, rue Jules-Ferry, à Hanoï. Nous le conseillons aux amateurs ainsi que son voisin d'exposition Lé-Van-Chat, 31, rue Paul-Bert. Ce dernier est encore plus classique, il laisse au bois sa valeur, et son ornementation s'enlève sur ce fond en dessins nets et vigoureux. La matière est bien asservie et obéit au caprice de l'artiste. Son bahut sculpté et incrusté est une merveille; le prix un peu élevé de 500 francs nous a empêché d'en faire l'achat pour la Colonie et cependant il est indiscutable qu'une pièce semblable serait intéressante à posséder à Tananarive et pourrait offrir un salutaire exemple à nos artisans hova de l'école professionnelle. Ces objets contrastent avec d'autres juxtaposés, tel qu'un paravent à lourdes incrustations et divers bahuts sans caractère.

Sculpture tonkinoise. — Puisque nous sommes dans le meuble, il convient d'étudier en même temps la sculpture sur bois. Celle-ci procède directement de l'art chinois et ne révèle pas, comme l'incrustation, des tentatives d'émancipation de la part des artistes annamites. Sur ce point, les Chinois restent encore les maîtres : ce que nous avons vu dans leur exposition et ce que nous verrons au pavillon de la ville de Cholon est supérieur à toutes les productions annamites; nous ne parlons pas de celles où le goût éclairé d'un Européen a su faire copier par des mains adroites des motifs purement français et de haut style. Le nommé Nguyen-Van-Hoa expose un mobilier en bois de lim sculpté, disgracieux souvenirs de détails français noyés dans une composition vaguement annamite, mal établi de plus avec des assemblages grossiers et déraisonnables. Il est à remarquer, d'ailleurs, que, pour la menuiserie proprement dite, c'est-à-dire l'ajustage des différentes pièces, l'Annamite est tout à fait inférieur. Ces beaux bahuts, ces écrans et ces plateaux incrustés sont en général assemblés dans leurs diverses parties à la diable; un mauvais tenon à peine d'équerre entre dans une mortaise arrondie aux angles et la colle forte vient remplir les vides. Aussi que de mécomptes pour les collectionneurs qui ne trouvent plus, à l'arrivage en France de leurs colis, que des fragments pêle-mêle dans des caisses, à la place d'un objet d'art. Le mobilier ordinaire est naturellement pire et tous les objets achetés au marché sont le plus souvent consolidés dans les joints par de simples clous. Si le meuble confectionné par les Malgaches de Tananarive est plus simple et de forme rustique, il est assurément supérieur dans ses éléments à celui que fabriquent les

Annamites, surtout depuis que sous l'influence persistante et salutaire des Européens, nos Malgaches commencent à comprendre ce qui fait la solidité du meuble et par suite sa valeur marchande.

Voici, cependant, un buffet de Nguyen-Van-Thi, 57, rue des Eventails, dont le couronnement tout au moins garde un cachet annamite et est plus soigneusement exécuté. Des oiseaux, des papillons, des fleurs, des dragons et des phénix y mêlent leurs formes étranges, copie d'une nature fantaisiste, mélange d'interprétation et de rêve. Près de là, comme pour nous faire comprendre les qualités virtuelles de l'Annamite, capables de se faire jour dès qu'elles sont guidées et dirigées, figure le mobilier en bois sculpté qui avait été envoyé à l'Exposition universelle de Paris en 1900 et y a obtenu une médaille d'or. C'est sous la direction de M. Viterbo, dont nous retrouverons d'intéressants produits à la section du Tonkin, que ce mobilier a été exécuté. Il comprend : deux banquettes, une table, un lit divan, un meuble, deux bahuts et un médaillon sur pied incrustés. L'ensemble est parfait et résume admirablement l'art annamite, par l'emploi de ses divers motifs d'ornementation. La ligne est ferme et suivie, la décoration sobre et à sa place. Effort intéressant qui montre nettement dans quel sens l'école professionnelle de Hanoï peut exercer une influence salutaire et diriger l'instruction des artisans indigènes.

Notons pour mémoire dans la sculpture un marbre vaguement ébauché en léger relief et une défense d'éléphant, inférieure à celle de la section chinoise.

Broderie tonkinoise. — La troisième industrie nationale du Tonkin est la broderie, qui atteint une perfection remarquable entre les mains de quelques ouvriers, assez rares du reste. Le maître en ce genre est Pham-Van-Khoan, 43, rue du Coton, qui expose un grand panneau simplement et largement traité, représentant une bande de grues dans un marais. Les oiseaux, les uns picorant, les autres inquiets et levant leurs grands cous vers le ciel, offrent une variété d'expression et de pose étudiée et sentie. La couleur est sobre, les effets très justes, les nuances délicatement dégradées. Pas de violence et, cependant, de la fermeté dans le dessin comme dans la teinte. Du même, un petit panneau où toute une famille, coq, poule et poussins, est traitée avec le même souci de la vérité et la même habileté de touche.

Ce sont, certainement, les deux meilleurs morceaux de l'Exposition, plus réellement artistiques que le combat de coqs de Pham-Van-An, d'une note un peu exagérée comme dessin et comme coloris ; trop de recherche dans le détail des plumes enlève de l'unité : c'est papillotant et tourmenté. Ce sont, d'ailleurs, défauts inhérents à cet artiste, qui les repète avec plus d'exagération dans son portrait du Kinh-Luoc : pas un fil de la broderie sur la robe mandarinale n'est oublié. Je préférerais deux tableaux séparés : le portrait du mandarin d'une part, et sa robe de l'autre. La malencontreuse photographie juxtaposée nous renseigne, d'ailleurs, sur le procédé employé et le but poursuivi par Pham-Van-An. Quand donc nos législateurs frapperont-ils les *détectives* et leurs produits d'un impôt tel que l'usage en deviendra forcément restreint !

Après vient la série des panneaux ordinaires, du genre de ceux qu'on colporte de maison en maison, reproductions plus ou moins bonnes de vieilles compositions annamites. Originales et belles lorsqu'elles sont bien traitées, ces processions, ces tableaux de paons et de papillons, d'emblèmes religieux, de dragons et de phénix, sont toutes ici œuvres inférieures, dont la plupart auraient dû ne pas être exposées.

Nous retrouvons ensuite dans une gradation descendante la déplorable tendance vers le non-sens signalée déjà dans les incrustations. Trois panneaux la caractérisent : c'est d'abord la pagode du Grand Bouddha avec des arbres en zinc, puis une vue du petit lac surmonté de la cathédrale, triste production de l'architecture religieuse qui, dans ce tableau brodé, devient horrible ; puis, digne culbute de cette marche à l'abîme, le pont Doumer, des fils de soie formant les poutres métalliques.

Le commissariat de l'Exposition aurait dû acheter ces trois produits et les brûler publiquement devant le Grand Palais ! Quant aux Européens qui ont contribué de leurs deniers, et l'étiquette « Vendu » nous prouvait malheureusement l'existence des acheteurs, à encourager une pareille aberration, leur place n'est pas au Tonkin, mais tout près de Paris sur les bords de la Seine.

A côté des broderies, nous devons signaler un très intéressant paravent dessiné sur papier par Truong-Van-Thug, N° 20, rue des Vieilles-Tasses. Cette visite de l'empereur Tan-Thuy-Hoang à A-phong au sérail de ses femmes est dans la note du vieil art annamite, c'est-à-dire dans l'esprit chinois, avec plus de souplesse et de vérité d'expression : les physionomies des jeunes beautés sur les balcons ou les vérandas sont variées de la curiosité à l'ironie : c'est une pièce de musée que le gouvernement d'Indo-Chine devrait conserver. La simplicité du cadre est loin de nuire à l'ensemble.

Cuivres tonkinois. — Décidés à examiner les cuivres et étains, nous sommes obligés de revenir sur nos pas et de les chercher un peu partout. Sur une table, dans un heureux désordre, voici des brûle-parfums et des vases de Nguyen-Van-Vé, rue Nam-Chang, à Hanoï, très inférieurs à ceux de Nguyen-Dinh-Chu, à Bac-Ninh. Les bronzes du Tonkin procèdent de quelques modèles reproduits et surmoulés à l'infini : il semble que de nos jours les fondeurs annamites n'exécutent plus de conceptions nouvelles. Certes, ils ont créé, à une époque sans doute déjà lointaine, des types absolument originaux. Leurs brûle-parfums ne ressemblent pas plus, en effet, aux cassolettes des Japonais qu'aux masifs récipients à grandes oreilles des Chinois. Sous une influence dont l'origine ne nous a pas encore été nettement indiquée, ils ont découpé leurs cuivres en rinceaux avec des à-jour si nombreux que l'ensemble paraît d'une légèreté remarquable.

Mais, existe-t-il cinquante modèles différents de forme similaire, j'en doute.

Le tigre hiératique, la chauve-souris, la cigogne, le bambou, le lotus, tous les emblèmes du culte en un mot, ont servi à caractériser chacun de ces modèles et c'est sur ce fond ancien, sur cet ensemble reproduit avec une fidélité constante que l'art nouveau continue à vivre.

Cependant l'Annamite est un fondeur habile : les anciennes cloches, ce vieux fauteuil à tablettes en bronze ciselé de la bonzerie de Doï-son, ces quelques anciens bibelots de pagode, le prouvent surabondamment. Il semble que de ce côté la faculté créatrice se soit atrophiée faute d'aliments. Du jour où la pagode a été déchue de son ancienne splendeur, et notre arrivée en marque la date, l'Annamite n'ayant plus de but assigné pour sa production artistique, qu'il ne saurait utiliser dans son modeste intérieur, s'est désintéressé de la création.

La reproduction des vieux modèles a suffi et suffit encore pour son commece avec l'étranger : tous ceux qu'il fait trouvent des acheteurs, il moule donc et il surmoule, redevenu simple artisan.

Pour faire rentrer cet art dans sa voie normale de développement, l'école professionnelle encore est toute indiquée. Tâche bien intéressante pour un artiste, que celle de se servir de tous ces éléments remarquables, d'en étudier les caractères et de s'attacher par un enseignement progressif à imprimer aux jeunes ouvriers le respect du vieil art avec une impulsion de renaissance vivace et féconde.

Ces aptitudes de l'Annamite se révèlent à nouveau dans l'étain : ce métal étant devenu à la mode en Europe, nos compatriotes font faire à Hanoï des services de toilette, des plats, des lampes dont quelques spécimens sont originaux. Les modèles sont souvent défectueux, il est vrai, mais la décoration heureusement est presque toujours laissée à l'initiative de l'artisan, d'où parfois de véritables trouvailles.

Telles ces lampes colonnes sur lesquelles s'enroule un dragon, ou ce plat long avec un poisson mandarin en relief. Ce sont les ferblantiers qui pratiquent ce genre de travail. C'est rue des Paniers et rue des Ferblantiers par conséquent que le chercheur pourra diriger ses investigations. Le mélange cuivre et étain, imité du Chinois, nous semble moins heureux : l'ornementation de cuivre par la nature même du métal est lourde et empâtée, étant fondue et non ciselée. Il est à désirer que ce genre ne se répande pas et que les ferblantiers s'en tiennent à l'étain simple, convenablement dosé en alliage pour lui assurer la rigidité voulue, ce qui lui manque encore.

Quelques petits objets niellés, en bien faible nombre, figurent à côté des étains; quant aux laques, elles sont représentées encore plus misérablement. Quelques meubles, quelques boites, un pagodon ayant figuré en 1900 à Paris constituent un simple pour mémoire.

La laque annamite n'est, il est vrai, jamais sortie jusqu'à ce jour des limites de l'emploi dans les objets ordinaires. Appliquée surtout aux objets du culte, elle s'est cantonnée dans la teinte rouge. Des boites portant de maigres dessins en filets dorés constituent la seule tendance de cet art vers l'émancipation : essai timide et médiocre d'ailleurs. Voilà pourquoi il nous a semblé étrange qu'au milieu de tant de productions artistiques originales, du genre de celles que nous venons de passer en revue, on ait été chercher précisément celle vers laquelle l'Annamite s'est le moins senti porter pour en introduire l'étude à l'école professionnelle avec des ouvriers japonais surtout. L'essai est inutile sinon dangereux, il est temps de le comprendre.

Avec des éventails en plumes sur lesquels des papillons, des fleurs et d'autres bibelots sont rapportés, de petits souliers brodés en perles et fils d'or, une collection de monnaies de la Chine et de l'Annam exposée par Nguyen-Van-Tuc et fort bien présentée, nous clôturons la série des œuvres d'art annamite.

L'ensemble de cette exposition, qui aurait dû être exceptionnel, est resté, il faut le reconnaître, au-dessous de la réalité. Nous avons essayé d'indiquer ce qu'il y avait de bien dans cette collection et ce qui aurait dû en être écarté; il nous reste à déplorer, comme je l'ai entendu faire maintes fois en ma présence par des Tonkinois, l'absence des collections anciennes. Or, nous avons pu voir quelques collections particulières à Hanoï, et parmi elles des pièces de toute beauté. N'était-il pas possible d'encourager les propriétaires de collections particulières à faire figurer tout ou partie de celles-ci. Etant sur place et pouvant surveiller de près leurs chers bibelots, ils n'auraient pas eu la déception, comme en 1900, d'y constater au retour des absences. Ce fut, paraît-il, un des prétextes de leur abstention : il ne pouvait être valable du moment qu'il s'agissait d'une exposition au Tonkin.

N'est-il pas désolant, d'autre part, de constater que la céramique, par exemple, en dehors de 46 assiettes appartenant à un indigène, n'était pas représentée dans le Grand Palais! Et, cependant, n'aurait-on pas pu trouver dans le palais de Hué de quoi caractériser cet art à travers les âges, et ne pouvait-on demander à l'empereur Than-Taï de confier aux amateurs quelques vases, coupes ou plats de vieux bleu : sa salle à manger en renferme d'admirables.

Enfin, il nous semble que c'est sur ce point surtout que les efforts des organisateurs, secondés bien entendu par les comités locaux, eussent dû porter de préférence : *faire une exposition des arts indo-chinois, complète et coordonnée, moderne et rétrospective.* C'était l'occasion de préparer ce musée pour lequel le bâtiment a été fait et de présenter aux visiteurs un ensemble méthodique et documenté, au lieu du pêle-mêle désordonné et vraiment trop pauvre qui essayait de remplir cette vaste salle.

BIRMANIE

Réunis dans une encoignure, quelques objets, sans doute parce qu'ils présentaient un caractère artistique, ont été distraits de l'exposition de Birmanie établie à côté du pavillon du Siam.

Là-bas sont les produits économiques, ici les brochures qui les expliquent : nous les reprendrons en temps voulu. Des boites en bambou laqué, des jarres en poterie provenant de Pégou, des jouets en terre vernissée, une sorte de mosaïque, un dessus de guéridon en bois laqué à personnages, un panneau de bois sculpté, un très beau meuble à sujets divers, caractérisent bien l'art birman, ainsi que des statuettes en bois de bonzes et de danseurs; des vases en argent ciselé à personnages, une broderie pailletée or et argent sur noir, des nattes peintes reproduisant des maisons et diverses figures, des cadres en bois sculpté.

Toutefois, l'ensemble reste maigre ainsi isolé. De plus, on s'explique difficilement la présence parmi ces bibelots d'un petit modèle de métier à tisser, d'un dévidoir de cocons et de quelques maquettes du même genre.

CORÉE

Dans le coin opposé de la même salle, l'exposition de la Corée artistique et administrative, avec une collection de timbres superbe au-dessus de laquelle une notice imprimée à Shangaï nous renseigne sur l'organisation du service postal et télégraphique de l'empire de Corée. Nous y voyons qu'un directeur de bureau de 1re catégorie est payé au maximum 140 francs; que le développement total des lignes télégraphiques atteint près de 3.500 kilomètres, et celui des routes terrestres 3.200. Entourant ces tableaux, divers objets nous donnent une idée de l'art simple, mais robuste, presque un peu barbare, des Coréens. Des coffres de bois avec garnitures de cuivre, des vases et brûle-parfums de cuivre, des broderies, quelques peintures et des armures dans lesquels se retrouve vaguement un art chinois primitif. Une belle collection de paysages et de types nous initie au pays lui-même. Enfin, nous notons avec satisfaction la présence à Séoul d'un Français, M. Martel, qui, avec quelques professeurs indigènes, dirige là-bas une école où notre langue est parlée. La Corée a depuis quelque temps pris une place assez importante, due à sa situation entre le Japon et la Mandchourie, pour que nous nous y intéressions.

Successivement conquise au VIIe siècle, puis abandonnée, reconquise au XVIe siècle par les Japonais, elle a fini par être absorbée par la Chine. Après la guerre sino-japonaise, au moment où les Japonais se réinstallaient sur leur ancienne conquête, la Russie intervint. L'assassinat de la reine de Corée eut pour conséquence un débarquement russe et l'établissement d'un protectorat qui dura jusqu'au 10 mai 1898, époque à laquelle l'intégrité de l'état coréen fut reconnue par la Russie et le Japon d'un commun accord. Depuis lors ce petit Etat, qu'ensanglantèrent tant de guerres et de révolutions, semble évoluer vers un développement pacifique qu'accuse son exposition. Sera-t-il de longue durée?

Notre inspection de la galerie étant terminée, il nous reste le pavillon en retour de l'aile gauche. A l'entrée de la large baie qui lui donne accès, deux superbes cloisonnés chinois sur lesquels des cigognes forment le principal motif nous annoncent les collections de l'école française d'Extrême-Orient.

ECOLE FRANCAISE D'EXTRÊME-ORIENT

Que de pièces rares réunies dans cet étroit espace! La plupart étaient encore dans des caisses quelques jours avant l'ouverture de l'Exposition, ce qui explique le manque de coordination, résultat de la presse finale. Mais tout cela sera classé méthodiquement et consciencieusement par les savants qui composent notre école de Hanoï et ont vaillamment soutenu le drapeau national dans ce premier congrès orientaliste de décembre 1902. C'est l'un d'eux, M. Pelliot, sinologue distingué, qui se trouvait à Pékin au moment du siège des légations, qui a pu recueillir la plupart des objets que nous retrouvons aujourd'hui dans le Grand Palais, en particulier la collection des manuscrits.

Quant aux sculptures, inscriptions et motifs divers archéologiques, trouvés par les membres de l'école dans leurs investigations en Annam, au Laos et au Cambodge, dans leurs fouilles des monuments khmers et tiams, ils sont malheureusement restés à Saïgon. Il nous faut regretter que toute l'aile gauche du Grand Palais n'ait pas été affectée à cet ensemble qui, bien repéré et catalogué, offrira une documentation des plus complètes et des plus précieuses pour l'archéologie et l'histoire de l'Extrême-Orient. Au centre de la trop étroite salle qui leur a été réservée, nos savants ont placé une superbe garniture d'autel en bronze, comprenant le brûle-parfums, les deux chandeliers et les deux vases à fleurs. Ce dispositif rituel, commun aux Annamites et aux Chinois, permet l'adoration en avant du sanctuaire ordinairement inaccessible.

Les intérieurs des pagodes de Hanoï, comme on peut le voir sur nos photographies, en sont tous pourvus ; mais les pièces que nous avons sous les yeux sont de premier ordre, indépendamment de leurs dimensions colossales. Elles ont été fondues sous l'empereur Kien-Song (1750). Le motif est le dragon sur les nuages ; on sent dans toutes les formes la vigueur du burin qui est venu après la fonte accentuer le relief et en arrêter les contours. En face, contre l'immense grille de sortie, deux brûle-parfums, en bronze également, caractérisent l'habilité créatrice de ces artistes, auxquels l'éléphant a fourni les éléments de décoration. La base est soutenue par trois têtes de cet animal dont la trompe forme les anses et qui figure en pied sur le couvercle. Le tout est d'une pureté de lignes, d'une simplicité de dessin qui indique une époque primitive, mais singulièrement robuste.

L'armure de guerrier mandchou qui les accompagne fixe moins notre attention. L'inscription du casque doit être intéressante, mais c'est lettre morte pour nous et nous passons aux bouddahs qui garnissent la vitrine du fond.

Tous les états moraux et philosophiques traversés par le bienheureux Siddhàrta sont représentés dans ces figurines : la science les classe en Boddhisatvas, c'est-à-dire aspirants au nirvana, pour lesquels une ornementation compliquée de bijoux et de fleurs est encore de mise, et en Bouddhas parvenus à la suprême félicité. Au-dessus des hochets de la vanité humaine, ces derniers dédaignent toute parure. Simples dans leurs robes entrouvertes, la figure calme où nulle passion ne saurait amener un rictus, l'œil vague et noyé dans le bonheur entrevu, la bouche retenant un léger sourire de satisfaction ou de dédain, ils contemplent la foule hétérogène qui défile devant eux, épaves d'un passé qui, malgré l'effort de deux mille ans, tient encore la majeure partie de l'Asie sous sa domination.

Je ne sais rien de plus captivant que cette étude de l'infiltration bouddhique qui de l'Himalaya s'est répandue jusqu'aux confins de l'Est habité, marche vers l'Est à rebours de celle suivie jadis par nos ancêtres vers l'Ouest et dont les étapes caractérisent des époques dans l'histoire des peuples traversés. N'est-ce pas cette marche que reprend aujourd'hui notre vieille civilisation ?

La science avec ses applications modernes suit la voie progressive tracée par l'antique religion, en même temps que les éléments humains de cet Extrême-Orient, comprimés dans leurs limites, refluent avec une force d'expansion irrésistible vers le centre.

Nos géographes ont fait des cartes marines où les courants sont minutieusement indiqués ; pourquoi nos ethnologues n'établissent-ils pas, eux aussi, la carte de ces courants qui, sur la surface des terres, entraînent les flots de l'humanité dans des directions successives, mathématiquement déterminées peut-être, dont l'origine, le noyau unique semble avoir été le plateau du Pamir, près des sommets de l'Himalaya. C'est encore de Lhassa, aujourd'hui, que la mystérieuse influence s'exerce jusqu'à Pékin d'un côté, s'exercerait jusqu'à Saint-Pétersbourg de l'autre, s'il faut en croire certaines affirmations qui nous révèlent le tsar de toutes les Russies songeant, après la Mandchourie et la Mongolie, au Thibet redoutable par sa domination religieuse.

Les statues pensives de lamas enlevées aux lamaseries de Pékin nous donnent une idée de cette société mystérieuse, de cette citadelle du dogme élevée à Lhassa, contre les murs de laquelle les efforts des explorateurs européens sont venus échouer. Encapuchonnés dans leurs tiares, les lamas observent nos luttes, nos querelles et nos haines, jusqu'au jour où ce pouvoir temporel et spirituel leur échappera pour passer dans des mains impures, parce qu'étrangères. Leurs divinités terribles ont gardé comme un souvenir de cet enfer menaçant qu'on retrouve chez tous les peuples. Elles évoquent les deux idées maîtresses de mort et de châtiment, ces épouvantails à l'aide desquels on dirige la superstition populaire. De Rome à Pékin, le procédé est le même et les pagodes dites de supplices, qu'elles soient à Ceylan ou à Mongtzé, tendent à frapper toujours sur ce point faible du cerveau humain.

Voici, près de cette théologie chinoise et hindoue, le Panthéon annamite, justement encadré entre les deux. La collection de ces figurines en bois laqué et doré nous énumère toutes les divinités chères aux indigènes du Tonkin. Ce sont des reproductions établies par les soins et sous la surveillance de M. Dumoutier, directeur de l'enseignement, dont les savants ouvrages sur les pagodes et sur les emblèmes sont connus de tous les annamitisants.

Le défilé des dieux se poursuit : le génie du sol, l'empereur de jade, le garçon d'or et la fille de jade assistants de Quan-Am ; Maitreya, le messie des bouddhistes, au ventre de poussah ; le sombre guerrier (Grand Bouddha), l'étoile du Sud, la déesse de la lumière aux douze bras ; Dia-Tung, dieu des âmes des morts ; Quanh-Binh, accolyte du dieu de la guerre ; les dix juges des enfers ; l'étoile du Nord, ministre de droite de l'empereur de jade, etc. Et ces bonhommes à figures roses prennent à qui mieux mieux des airs rébarbatifs, toute divinité, d'après les Annamites, devant manifester sa puissance d'une façon malfaisante. Idée bien chinoise et qui creuse un abîme profond entre le bouddhisme indien, j'entends celui de Ceylan, et l'adaptation faite par les Cantonnais. C'est un Panthéon dangereux, dont il faut prévenir les maléfices, que l'Extrême-Orient adore, et l'Annamite, plus qu'aucune autre tribu, cherche à apaiser par des sacrifices ses dieux ou ses génies. Il n'a pu les concevoir bons et capables de pitié, d'où ces têtes grimaçantes, ces yeux farouches et cette moustache hérissée. Nous avons eu cette impression, particulièrement nette, lors d'une visite au Grand Bouddha de Hanoï : le bonze qui nous servait de guide, après avoir tiré le rideau de soie jaune qui voile la colossale statue, jouissant de notre stupéfaction devant ce monstre de bronze dans la figure duquel, pour ajouter à l'horreur, l'artiste a incrusté des poils rigides, murmura avec joie : « Il a l'air bien méchant, n'est ce pas, et il l'est ! » Ce peuple, sans doute, a eu la vie difficile : que de luttes avec les populations sauvages avant de pouvoir s'installer dans ces deltas marécageux ! Mais combien plus calmes, plus bienveillants sont : où bien ces Bouddhas laotiens envoyés par M. Maspéro (l'administrateur auquel l'école française doit la découverte des ruines de Saï-Fong que M. Finot a analysées dans le bulletin), ou bien ces bronzes khmers qui, faute de place, gisent lamentablement à terre.

Une collection de figurines en terre séchée nous renseigne sur les croyances de l'Annam, puis nous retrouvons les objets précieux. Des bonzes montés sur des buffles nous rappellent un motif déjà vu chez les fondeurs de Hanoï. Des porcelaines du XVIIe et du XVIIIe siècles, des cloisonnés de toute beauté, un éléphant en argent émaillé, une garniture d'autel en porcelaine et des aiguières de style persan comme on en fabrique encore à Canton. Les sculptures sur jade sont remarquables, ainsi que celles en cristal de roche. Aucun inventaire ne figurant près des vitrines, nous sommes obligés de présenter tout cet ensemble en bloc, alors que des centaines de pièces mériteraient une description spéciale. Malheureusement, notre ignorance exigerait un guide, et tous ces messieurs sont absorbés par le congrès des orientalistes.

Dans une vitrine, la collection de manuscrits et des albums de dessins chinois que, faute de place, on n'a pu dérouler : plus de deux cents peintures demeurent ainsi fermées aux visiteurs. Une collection de médailles annamites, de 1740 à nos jours, complète, au point de vue numismatique, cette masse de richesses que nous souhaitons revoir un jour bien cataloguée et étiquetée.

Sur une table figurent les diverses publications déjà faites sous les auspices de l'école française : mentionnons tout particulièrement l'*Atlas des monuments* de M. de la Jonquière ; c'est le premier inventaire sérieux des monuments encore debout, mais à l'état de ruines, qui peuplent les territoires du Cambodge et du Laos. A quand le système méthodique de préservation? Les reconstitutions savantes du sanctuaire de Po-Nagar (près de Nha-trang) dont les dessins, plans, coupes, façades et perspectives garnissent les murs de la salle, nous prouvent que M. Parmentier se spécialise dans l'architecture tiame. Les découvertes dans ce sens mentionnées au bulletin et dont quelques urnes funéraires exposées dans les vitrines nous donnent une idée, peuvent avoir, au point de vue historique, une grosse importance ; mais, au point de vue architectural, quelle différence entre ces petits temples et les sanctuaires de Beng-Méaléa et de Prah-Khan, pour parler seulement de ceux qui se trouvent sur notre territoire. Nous souhaiterions qu'un véritable artiste, un élève de l'école des Beaux-Arts, comme l'est M. Parmentier, nous fit une reconstitution de Prah-Khan, par exemple, dont la vaste conception a produit des séries d'édifices aux formes pures, aux lignes correctes, à la décoration sobre, qui ne présentent pas les hors d'échelle caractéristiques des monuments d'Ang Kor-Wat et d'Angkor-Tom. Et, surtout, nous désirerions que l'école française étendit sa protection efficace sur ces merveilleux débris. Ils valent la peine que quelques milliers de francs soient distraits, chaque année, du budget général de l'Indo-Chine, pour assurer un simple débroussaillement et arrêter l'œuvre destructive de la végétation envahissante. Ce sont surtout les arbres, dont les racines soulèvent et font éclater les pierres, qui causent annuellement la chute de pans de murs entiers, anéantissent les bas-reliefs ou disjoignent les voûtes. L'école a fait prendre et envoie, chaque année, faire de nombreux moulages : il serait temps de s'occuper un peu de la conservation, s'il n'est pas possible encore de songer à une restauration même partielle de l'un au moins de ces chefs-d'œuvres, auxquels la métropole elle-même et le corps des architectes tout entier pourrait s'intéresser. Sur ce vœu bien sincère d'un admirateur, nous disons au revoir à l'école française d'Extrême-Orient et au Grand Palais qui doit lui servir d'asile définitif pour gagner le pavillon X.

Exposition Vollet. — Cet élégant petit chalet était destiné à l'exposition de Madagascar et avait été bâti spécialement dans ce but ; mais, quand nous sommes arrivés à Hanoï, en septembre, avec nos 104 caisses, le commissaire général a jugé qu'un autre local nous était nécessaire, et il nous a affecté celui de l'Algérie.

Le pavillon X a été donné à M. Vollet pour y abriter, non seulement les études de ses fresques, mais également quelques œuvres conçues et exécutées par lui à Hanoï. Des études nous ne parlerons pas, ayant déjà observé les fresques. Quelques coins de pagodes ou de bonzeries bien ensoleillés nous renseignent sur la valeur du peintre comme paysagiste ; un excellent portrait de M. Thomé, souriant et aimable comme toujours, lumineux malgré la blancheur de sa tenue coloniale, solidement dessiné et peint. Une composition ayant figuré au Salon et représentant une petite Annamite faisant une offrande de fleurs et fruits au Grand Bouddha ; un agréable portrait de femme européenne et quelques portraits d'Annamites, plusieurs esquisses et dessins au crayon forment un ensemble de documents et d'œuvres excellent.

Presse. — Dans le pavillon V, nous abordons le domaine de la presse, petit chalet coquet où d'empressés délégués se tiennent à la disposition des visiteurs. Ce sont MM. Laffrique, administrateur détaché, délégué du Syndicat de la presse coloniale; Raquez, voyageur infatigable et écrivain enjoué, dont les *Pages Laotiennes* et le *Voyage au pays des Pagodes* sont les meilleurs guides du voyageur en Extrême-Orient ; Valdès, journaliste espagnol de Manille, représentant la presse étrangère. Un bureau postal et télégraphique à la tête duquel nous retrouvons un ancien fonctionnaire de Madagascar, M. Landry, est ouvert toute la journée, évitant à ceux qui fréquentent quotidiennement l'exposition des courses lointaines. Très bien compris ce pavillon, dans lequel on peut à son aise lire tous les journaux coloniaux. Une collection des journaux parisiens représentés par une ou plusieurs années, des revues de tous genres et de toutes sortes, avec plusieurs grands journaux étrangers permettant de se rendre compte de l'intérêt toujours croissant que provoquent partout nos colonies. C'est M. Vivien qui a recueilli la majeure partie de cette importante documentation : le grand prix collectif accordé par le jury à toutes les publications figurant ou représentées par un délégué à Hanoï, témoigne que l'effort a été apprécié.

C'est dans ce pavillon que M. le Gouverneur Général reçut les délégués de la presse métropolitaine, dont plusieurs ont écrit sur l'Indo-Chine, pendant ou après leur voyage, des pages d'étude consciencieuse.

Quelques-uns ont eu la plume légèrement mordante dans leurs critiques ; pourquoi les Indo-Chinois s'en sont-ils si violemment émus. Sur toutes nos colonies en général il reste encore beaucoup à dire, sur notre organisation coloniale encore plus. L'attachement au pays d'adoption, et nos Français d'Extrême-Orient ont au plus haut degré ce très louable sentiment, doit être plutôt, semble-t-il, un stimulant au mieux. Madagascar a eu toujours le rare privilège de provoquer l'hyperbole, soit en éloges, soit en blâmes : les derniers nous paraissent sincèrement lui avoir été plus utiles que les premiers. Il n'est question, bien entendu, que des critiques consciencieuses ; or, c'était le cas de la plupart de nos délégués.

Un des meilleurs journaux d'Indo-Chine, le plus documenté et le plus étudié certainement, le *Courrier d'Haïphong*, excelle dans ce genre et la plupart du temps tombe juste. Pourquoi donc refuser à ceux du dehors le droit qu'on reconnaît à ceux du dedans ? Notre avis est que tous les articles parus à propos de l'exposition de Hanoï ont rendu service à la cause indo-chinoise et à la cause coloniale. Celle-ci n'a plus besoin d'enthousiastes, mais exclusivement de metteurs au point.

Dans le vestibule du pavillon V sont réunies les maquettes de la plupart des affiches ayant figuré au concours ouvert à Paris en 1902, rangées dans un ordre qui n'est pas celui des récompenses, mais qui pourrait bien être celui de la valeur réelle. Quelques-unes de ces pages en couleurs sont remarquables. Deux particulièrement ont un sens colonial parfait et moins de banalité que les primées.

Le salon est habilement décoré de dessins à la plume et d'objets d'art empruntés aux diverses sections. Madagascar, modestement, a fourni les tentures sous forme de rabanes.

Beaux-arts. — Brûlons la politesse aux journalistes qui, avec leurs intéressantes causeries, nous retiendraient encore et gagnons le pavillon Z, où, dans le calme d'un isolement imposé, les artistes indépendants ont colligé leurs œuvres, à côté de la grande galerie sur les hauts murs de laquelle s'étalent orgueilleusement les tableaux des artistes métropolitains.

Si l'absolu était de ce monde, il serait personnifié indubitablement par l'artiste français, le médaillé du Salon. Mes amis, et j'en compte beaucoup, soit à droite, soit à gauche, puisqu'une mince cloison les sépare désormais aux Champs-Elysées dans un local unique, pardonneront à mon détachement de vieux colonial d'embrasser d'un peu loin leurs amours et leurs haines. J'ai été dans la lutte aussi jadis ; d'autres luttes depuis m'ont absorbé et on s'hypnotise toujours sur un objectif. Mais l'art est le plus concentrant de tous et il est peu de pays où il le soit davantage qu'à Paris.

Les *deux églises* des Champs-Elysées et du Champ-de-Mars professent à l'égard de leurs adeptes un attachement qui n'a d'égal que leur exclusivisme à l'égard des profanes. Aussi, les *deux légats* envoyés à Hanoï par ces « *deux confessions* » ont été, dès leur arrivée, en proie au plus affreux des doutes. Tandis que leur conscience, largement aimable et accueillante, les engageait à faire une petite place aux professionnels et amateurs installés depuis longtemps en Indo-Chine, aux gens assez audacieux pour avoir, eux aussi, mis de la couleur sur des toiles, le dogme, le *credo* de l'art parisien les incitait à écarter du sanctuaire ces Français d'une autre France, ces adeptes non baptisés.

Ils luttèrent vaillamment, car j'ai dit qu'ils étaient aimables et consciencieux, mais la tradition (j'allais dire la routine, oubliant que la langue française est riche) fut la plus forte ; l'ostracisme a donc été prononcé et les pauvres indépendants durent porter leurs toiles dans le pavillon Y. Ce n'est pas que toutes les œuvres de ce pavillon aient valu la peine d'être isolées ; loin de là, quelques-unes eussent gagné même à être noyées dans un nombre plus grand de productions similaires. De jolies eaux-fortes cependant, de fines miniatures, quelques plâtres ou bronzes en médailles, une série d'aquarelles du delta tonkinois, des chrysanthèmes, de bonnes aquarelles en sujets d'éventails avec des fleurs, quelques projets d'architecture dont le très intéressant relevé exécuté par notre collègue Lichtenfelder des bâtiments civils du Tonkin et représentant le tombeau de Minh-mang, aux environs de Hué.

Ces anciens tombeaux des empereurs annamites valent, en effet, la peine d'être étudiés ; celui-ci, en particulier, avec le vaste mausolée de Tu-Duc, caractérise parfaitement l'art funéraire de l'Annam. Une série de cours, d'escaliers, de monuments, de stèles, d'arcs de triomphe et de jardins, précède le champ de repos où, à l'abri d'épaisses murailles, l'empereur défunt est censé dormir ; la plupart du temps, en effet, le corps royal est ailleurs, dans un endroit ignoré, à l'abri des profanations. Situés au loin de la capitale, dans un désert montagneux dont des bois de pins accentuent le caractère sauvage, ces tombeaux des empereurs sont certainement la plus belle promenade de Hué. Nous en avons pris de nombreux clichés destinés à la seconde partie de ce rapport. Le travail de M. Lichtenfelder est très consciencieux, d'autant que le relevé de ces monuments, dont le charme réside dans la finesse des détails, est fort compliqué.

Près de là, des pastels envoyés par l'institution Taberd, de Saïgon. Pourquoi ne pas avoir laissé ces pitoyables produits d'un enseignement scolaire absolument faux dans le parloir de l'école ?

Tel est l'ensemble du pavillon Y. Le nombre des exposants n'est pas tel qu'il eut pu gêner les confrères métropolitains. Ils sont au large, d'ailleurs, ces messieurs, et dès que nous pénétrons dans le palais des Beaux-Arts, nous sommes frappés par le nu des murailles dominant en plusieurs places de minuscules tableaux. Cette fois il n'y a pas de jaloux, tout le monde a de la cimaise en proportion de ses œuvres et au delà. La salle, composée de deux galeries reliées par un vestibule central, est parfaite. Des velums y répandent une lumière tamisée, de bonnes chaises permettent de s'y recueillir ; le parquet est bien ciré, rien n'y manque, sauf les toiles de premier ordre, dont le nombre est malheureusement trop restreint. Loin de moi la pensée de pénétrer dans cette question, au sujet de laquelle des colonnes de caractères ont été alignées dans les journaux du Tonkin. Mieux que personne, ayant reçu les confidences des deux délégués, je connais le mal qu'ils ont eu, les pas et les démarches qu'ils ont dû faire pour entraîner l'adhésion de leurs collègues.

Les peintres de talent ou de mode, dont les tableaux se vendent plusieurs billets de mille francs, ne se souciaient guère de confier aux compagnies maritimes des œuvres dont la perte eut été irréparable. Qu'est-ce que l'assurance signifie en semblable matière, quand on a la conviction d'avoir réalisé une œuvre parfaite. Cette hésitation était fort naturelle, d'autant que la plupart ne se sont jamais embarqués sur un bateau en dehors de Nogent ou de Bougival. Allez donc les convaincre que les risques de la tempête sont moins grands que ceux de l'incendie, à Paris s'entend.

Les maîtres n'ont par suite envoyé que des études, et l'immense cohorte des « non arrivés » a tâché de se frayer un passage avec une toile, pour se faire jour. Quelques consciencieux cependant, trop épris de leur art pour consentir à exposer, même à Hanoï, quelque chose d'inférieur, ont envoyé d'excellents morceaux. C'est ce qui explique, croyons-nous, le peu d'éclat des noms célèbres, la présence de bons tableaux en très petit nombre et la grande quantité des œuvres tendancieuses plus ou moins pétaradesques.

Nous n'en examinerons pas le détail : un catalogue, luxueusement imprimé par le commissariat, en a publié tous les noms, et l'exposition, n'ayant malheureusement rien de colonial, n'offre pour nous qu'un intérêt très indirect. Les délégués avaient fait leur possible pour qu'au milieu de tout cet exotisme, les visiteurs aient l'illusion de se trouver dans un petit coin de Paris : ils nous ont donné un vernissage, rendez-vous élégant du Tout-Hanoï. Près d'eux et avec eux, dans ces grandes salles, nous avons pu de temps en temps rompre des lances sur les écoles passées, présentes et futures ; grâces leur en soient rendues ! Ils ont emporté, j'en suis sûr, un souvenir incomplet et étrange de la colonie, qui a dû leur paraître un pays de lutte et d'action bien différent de celui du rêve. Nous aurons gardé de notre côté le souvenir de leur parisianisme déraciné, aimable et spirituel. Quelques toiles conservées par le Gouvernement Général rappelleront leur passage et constitueront dans le palais officiel de bons exemples de l'art moderne. L'indigène, lui, se rappellera vaguement ces évocations d'un monde inconnu : corps de femmes aux rondes formes ou uniformes d'amiraux chatoyants d'or, dont des gardiens inflexibles lui interdisaient l'approche.

Tel est le bilan du salon des Beaux-Arts à Hanoï : une expérience de ce genre n'est possible qu'en Amérique, où tout visiteur est un acheteur.

Section lyonnaise. — La section lyonnaise, dans le pavillon X, va nous offrir un champ d'étude plus conforme à l'esprit de notre mission. Le pavillon, bien rempli et parfaitement aménagé, est une preuve nouvelle, à ajouter aux nombreuses passées, de l'expansion prise par notre grande ville du Midi et de sa collaboration effective et pratique à l'œuvre coloniale. Lyon a déjà fait beaucoup pour Madagascar : son influence s'étend maintenant sur la Chine. En Indo-Chine, son commerce a pris pied. N'était-ce pas sur son initiative que fut envoyée dans l'Empire du Milieu la mission commerciale qui aboutit au rapport documenté, précis et fertile en conséquences que signa M. Brenier comme chef de l'expédition. C'est à la Direction de l'agriculture, à Hanoï, que nous avons retrouvé M. Brenier : il y a rendu d'éminents services en qualité de second de M. Capus. Les chercheurs sont toujours sûrs de trouver en lui une source de renseignements inépuisable. Il a certainement été pour beaucoup dans l'organisation de la section lyonnaise. L'idée de condenser en une seule salle les efforts de toute une ville vers un but déterminé, est neuve et pratique. Obéissons donc à l'esprit qui l'a guidé en recueillant les noms de tous les commerçants qui ont tenu à s'associer à cette manifestation, en notant surtout que, d'une façon générale, les objets présentés sont conçus, soit dans la forme, soit dans le métrage, soit dans les procédés de fabrication ayant pour conséquence l'abaissement du prix en vue des pays auxquels ils sont destinés. Il y a bien encore des défaillances : tels produits, par exemple, sont disparates à côté de leurs voisins, mais ils n'en font que mieux ressortir la valeur de ceux-là.

Sont représentés : La manufacture de chapeaux de paille des Fils de Pinay, à Saint-Symphorien-sur-Loire ; la fabrique de malles et valises de Bon, à Lyon ; l'Union de l'industrie cotonnière de Roanne, Thizy et la région ; la Société chimique des Usines du Rhône, avec ses produits pharmaceutiques spéciaux pour nos maladies coloniales ; la manufacture de cacaos et thés de Baussillon et Cie ; la maison Gaînon Cottinet qui, avec ses tissus et vêtements pour l'exportation, attaque résolument le problème et le résout en partie ; la cordonnerie Gellé, à Lyon ; la fabrique de tulles et applications de J. Riboulet et Brunet, à Lyon. Une magnifique exposition de soieries, qui présente les tissus riches à côté des satinettes et étoffes similaires d'un excessif bon marché, nous initie aux efforts faits par les maisons Bompart, Brasseur et frères, Pelletier, Bachelard, Piolet et Roque, Henry Bertrand, Bouvard et Burel, Duplan et Cie, de Lyon. Les rubans et tissus imprimés de P. Storm et fils, les rubans brochés d'Albert Belinac, à Saint-Etienne, les soies pâles sur lesquelles courent des fleurs de velours en relief, imaginées par Biraud et Cie, Pennegal et Cie, de Lyon, nous mettent au courant des derniers perfectionnements introduits dans le tissage. La maison Rombrot frères, avec ses tissus de brocart à fils d'or, les fabriques de fils et de broderies d'or de Durel et Cie, Escoffre et Cie s'adressent plus spécialement au goût et aux besoins décoratifs des Chinois et des Annamites, tandis que l'usine électro-mécanique de J. Forest et Cie, à Saint-Etienne, nous donne une idée de ce que doit être l'outillage moderne d'une grande manufacture de tissus qui veut aujourd'hui entrer en concurrence avec les produits étrangers. Storck et Cie, les éditeurs-imprimeurs de Lyon, offrent des buvards-réclames sur lesquels des fleurs délicates de mimosa s'enguirlandent. Puis la formidable panoplie du Creusot, donnant tous les profils des fers laminés; des albums de photographies et surtout le modèle du bateau *Pelvoux*, exécuté pour la Compagnie Nationale de navigation, nous renseignent sur les débouchés que la maison Schneider s'est ménagés dans cette partie du monde. L'usine Teste, Moret et Cie, de Lyon, expose les produits de sa tréfilerie, des ressorts, des aiguilles et des épingles, des câbles et enfin un article spécial, la monture des parapluies et ombrelles, dont la présence peut paraître étrange à ceux qui ignorent le Tonkin et la Chine.

L'ombrelle ayant toujours été l'apanage des mandarins et le mandarinat étant virtuellement supprimé dans notre Colonie et en voie de disparition dans le Sud de la Chine, le simple vulgaire peut se permettre aujourd'hui le port de cet instrument. Une consommation de plus en plus importante de cet article se fait donc à Hanoï, et tout Annamite qui se respecte, depuis le cuisinier jusqu'à l'interprète lettré, ne sort jamais sans le parapluie ou l'ombrelle. Les modèles les plus divers, aux manches étranges et compliqués, sont les plus sûrs de réussir. C'est par centaines que nos commerçants les débitent, à grand profit bien entendu. Même chose à Canton, avec une consommation naturellement bien plus étendue, mais aussi une différence capitale qui dénote l'esprit chinois.

C'est un commerçant de Hong-Kong qui me mit au courant de l'affaire. Jusqu'à ces dernières années, les négociants chinois achetaient parapluies et ombrelles, comme les Annamites, tout garnis, tout luisants. Un beau jour ils se dirent, sans doute, que c'était un contre-sens de faire venir d'Europe des étoffes dont les plis craquaient très rapidement, et constatant que dans tout parapluie il y a deux choses distinctes, la monture et la garniture, que cette dernière pouvait être faite en excellente soie du pays, ils se contentèrent de demander à l'Europe la monture. Voilà comment j'ai pu voir à Canton des centaines de caisses contenant exclusivement des montures de parapluies, dont la plupart de provenance allemande. Grâces soient donc rendues à la maison Teste et Moret, de Lyon, au courant sans doute elle aussi du progrès de l'industrie chinoise, et qui n'hésite pas à se mettre en ligne.

L'usine J. Euler et fils nous présente des travaux de grille, dont une palme en fer forgé remarquable. La Compagnie des forges de Châtillon-Commentry ; celle des mines, fonderies et forges d'Alais ont réuni divers modèles de poutres en fer et de rails. Trois autres expositions figurent dans le même coin, par une bizarrerie géographique dont nous n'avons pas encore eu l'explication. Ce sont : la corderie centrale Bardot-Clerc, de Paris; la manufacture de chaînes et ancres de Tombal, à Anzin (Nord), et la Société anonyme des aciéries de Micheville qui, avec une spirale à double T mesurant 2 m. 80 à la base sur 3 mètres de hauteur, développant 70 mètres de longueur et pesant 600 kilos, soit environ 8 kilog. 500 au mètre, nous présente évidemment un colosse qui prétend caractériser son exportation en laminés d'acier : celle-ci aurait atteint en une année (1897-1898) le chiffre de 37.844 tonnes sur 40.286 exportées la même année en totalité par la France (?) Telle est la conclusion de la notice éditée en 1900 et non en 1902.

Dissimulée derrière cette énorme machine, une petite exposition bien modeste, celle de François Bret, à Charavines, réunit divers objets de taillanderie; ce qui la caractérise, c'est un essai de fabrication avec amélioration bien entendue des diverses modèles en usage chez les Annamites. L'effort est intéressant et vaut évidemment la peine d'être noté et rappelé. Divers articles de robinetterie et fonderie de Thévenin frères, du matériel Decauville de Jules Weitz, de Lyon, et des balances de forme et d'usage variés nous conduisent à la sortie, d'où nous gagnons le très élégant pavillon occupé par la Compagnie Française de l'Extrême-Orient.

Là nous retombons dans le défaut capital de la section métropolitaine : l'unique préoccupation des organisateurs a été de nous renseigner sur le nombre de marques dont ils avaient la représentation. Aussi, sans aucune coordination, dans un pêle-mêle dont ne ressort aucune idée, aucune tentative d'appropriation, nous nous heurtons à des appareils sanitaires de Boulet qui voisinent avec les conserves alimentaires de Bordin, les glacières Bordier en contact avec les graines de Thibaut-Legendre, les broderies et dentelles Defranould fréquentant les biscuits Nantais, les toiles de Devenport fraternisant avec les instruments de chirurgie de Genisson. J'en passe et des meilleurs. Tout cela se vend peut-être et ferait très bien dans une devanture, mais pour une exposition, aux colonies surtout, nous demandons autre chose. Aussi, nous nous dirigeons avec empressement vers la galerie annexe du Tonkin réservée au mobilier. Là encore, cependant, nous nous heurtons au flot submergeant des produits alimentaires avec lesquels nous espérions en avoir fini : Certes, MM. Denis frères, Godard, Landais fils et Cie et tous nos gros négociants du Tonkin rendent au commerce métropolitain d'importants services et aux consommateurs de non moindres, surtout à ceux qui sont perdus dans les coins de brousse et qu'ils s'ingénient à ravitailler ! Mais pourquoi ne pas avoir coordonné méthodiquement tous ces produits et les avoir présentés surtout avec des renseignements de nature à nous intéresser ?

Nous aurions été heureux d'apprendre, par exemple, comment se font les emballages, comment les transports sont assurés ; quel est le chiffre annuel des quantités consommées, si la vente aux indigènes est en progrès ? Rien de tout cela : ce sont des bouteilles et des fers-blancs alignés dans un ordre plus ou moins capricieux. Résolument nous passons et nous allons aux meubles.

Le meuble au Tonkin. — Deux ateliers se disputent actuellement la clientèle européenne de Hanoï, tous deux employant des indigènes sous la surveillance d'un Européen : celui de la maison Godard et celui de M. Viterbo. Allons au plus ancien d'abord, à celui qui, réellement, a créé cette industrie dans le Tonkin. M. Viterbo, ébéniste de profession, aime son métier et le connaît à fond, c'est de plus un artiste érudit sur toutes les questions d'art annamite. Nous avons dit plus haut combien la menuiserie indigène était défectueuse. C'est donc à force de patience et de surveillance que notre compatriote est arrivé à produire des meubles très convenables, solides et de durée, à des prix abordables. Nous en avons rapporté quelques échantillons actuellement déposés aux magasins des bâtiments civils de Tamatave; or, les difficultés que rencontrent à Tananarive nos entrepreneurs français, on les retrouve à Hanoï plus accentuées encore peut-être : qualité des bois partagés en deux catégories : ceux qui résistent et ceux qui se piquent ; difficulté d'avoir du bois sec si on n'en fait pas soi-même l'approvisionnement; main-d'œuvre rare et peu stable ; rendement à la journée très inférieur, d'où nécessité de la tâche forfaitaire ; gaspillage de matériaux si le contrôle manque, etc.

A tous ces ennuis s'ajoute la routine de l'Annamite, confiné orgueilleusement dans ce qu'il croit savoir. Dans ces conditions, le succès de MM. Viterbo et Godard est bien fait pour encourager leurs confrères de Tananarive. En dehors du meuble courant, dont il a toujours un certain approvisionnement en magasin, M. Viterbo fait le meuble de luxe. La salle à manger qu'il expose à Hanoï est irréprochable. Ce sont de bons modèles, bien français, parfaitement exécutés et en bois de premier choix. Son buffet à trois corps, élégant et délicat, laisse bien en valeur les vitrines destinées à recevoir les pièces de porcelaine ou d'argenterie qu'on ne veut pas cacher. Les sculptures sont nerveuses, sobres et bien à leur place. Un magnifique billard en bois clair est devant la salle à manger : la vivacité des arêtes fait à la fois l'éloge de l'ouvrier et de la matière. Un des motifs des grandes portes du Palais, palme sur médaillon, exécuté en haut-relief, est d'une souplesse et d'une structure que ne désavouerait pas un praticien français. Enfin, un paravent exécuté par les Annamites dans l'esprit indigène, avec d'admirables incrustations, nous fait comprendre encore ce que serait cet art tonkinois s'il recevait une impulsion artistique et pratique. C'est la plus belle pièce qu'il nous a été donné de voir dans tout notre voyage. Malheureusement, elle revient à deux mille francs et le musée de Tananarive ne peut pas s'offrir semblable souvenir. Laissons donc son paravent à M. Viterbo, qui veut bien nous promettre pour la Colonie un modeste panneau, réellement annamite cependant.

La maison Godard a pris l'initiative à Hanoï d'un grand magasin genre Louvre ou Bon Marché, dans les galeries duquel elle assure à ses clients tout ce qui est nécessaire à l'alimentation, au vêtement, à l'installation et au voyage. Les meubles fabriqués par elle sont en général plutôt de genre courant : tel l'ameublement de salon et de salle à manger qu'elle expose. Outre son atelier d'ébénisterie, un atelier de tapisserie, un autre de tailleur et un de sellerie, lui permettent de faire tous les genres. Chaque atelier est dirigé par un contremaître européen sous les ordres duquel travaillent exclusivement des indigènes. C'est donc non seulement à nos compatriotes mais à la Colonie elle-même que MM. Viterbo et Godard rendent de réels services ; les ateliers de ce dernier, en particulier, constituent une véritable école professionnelle pratique, où tout ouvrier est payé au prorata de son travail, et où par conséquent la vraie base de l'enseignement est le progrès fait par chacun, rendu palpable par l'augmentation de salaire.

Quel secours de pareilles maisons assurent à la colonisation et combien l'initiative privée est préférable à toutes les organisations officielles ! Mais celles-ci doivent précéder celles-là pour devenir, dès que les entreprises particulières commencent à fonctionner, des conservatoires d'art national ou des pépinières de contremaîtres pour les régions non encore civilisées. Cinq initiatives de ce genre nous ont particulièrement frappé en Indo-Chine : celles de MM. Viterbo et Godard; celle de M. Meiffre, pour la filature du coton et la céramique; celle de M. Lecacheu, pour la fabrication des tabacs; celle de M. Delignon, en Annam, pour l'industrie du crépon de Chine et la tentative de M. Dadre, à Nam-Dinh.

Nous verrons les autres au fur et à mesure de leur présentation ; celle de MM. Delignon et Cie se trouve devant nous après l'exposition de M. Godard. Cette société, qui compte des plantations et s'occupe de cultures tropicales à Dak-Joppau, possède une filature pour le moulinage et le tissage de la soie avec une usine à vapeur à Phu-Phong. Son siège social est à Qui-Nhon. Le crépon, son principal article, est une soie spéciale, à apparence plissée, que les Annamites fabriquaient depuis longtemps. Par la cuisson, MM. Delignon ont amélioré le produit, les échantillons exposés en font foi : avant l'opération le tissu est rude au toucher, sa souplesse après en fait la principale qualité. Plusieurs cocons figurent à côté des étoffes, ils sont de race polyvoltine. La soie grège qui en est extraite revient à 19 francs le kilogramme sous palan en rade de Qui-Nhon. Les crépons sont expédiés avec leur teinte naturelle en France, où ils reçoivent la teinture ou l'impression, celle-ci se faisant en tout genre. Une vitrine de tissus, retour de Paris, nous renseigne à la fois et sur les perfectionnements apportés aux produits et sur les usages auxquels on les emploie; des robes d'une légèreté et d'une richesse appréciables en témoignent. La maison de vente à Paris est 15, avenue de l'Opéra. Les prix en Indo-Chine sont les suivants pour une largeur fixe de 0 m. 60 :

Crêpon ordinaire,	le mètre	2 fr.	75
id. coloré uni,	id.	3	25
id. coloré frappé,	id.	4	00
id. imprimé,	id.	4	25
Soie fantaisie (écru),	id.	2	20
id. brochée (coloris uni),	id.	2	70
id. brochée (imprimé),	id.	3	85

Exposition de Cholon. — Sur cet effort intéressant nous terminons la galerie annexe du Tonkin et revenons sur nos pas pour pénétrer dans l'aile gauche de la grande galerie, qui débute avec l'exposition de Cholon. La photographie nous donne une idée très nette à la fois et du dispositif et du caractère de cette exposition qui, par son mélange de chinois et d'annamite, était une des plus originales. La ville de Cholon, en effet, qui n'est en somme qu'un faubourg de Saïgon, a été fondée par les Chinois au XVIIIe siècle, alors que l'empereur d'Annam n'autorisait ceux-ci à s'établir qu'en dehors des villes annamites. Sa population est en progression constante. Elle comprenait en 1901, 63.237 habitants, dont 24.227 Chinois ; elle en compte actuellement plus de 64.000, dont 32.900 chinois. Cholon a donc suivi l'accroissement de l'immigration chinoise générale en Cochinchine, dont nous étudierons dans la deuxième partie de ce rapport les causes et les conséquences. Son importance, pour le moment, peut se résumer dans le tableau suivant d'ensemble pour la Cochinchine, et dans le tableau d'ensemble annexé.

EXISTANTS AU	HOMMES	FEMMES	ENFANTS	TOTAL	DIMINUTION sur L'ANNÉE PRÉCÉDENTE	AUGMENTATION sur L'ANNÉE PRÉCÉDENTE	OBSERVATIONS
31 décembre 1897.......	71.730	7.449	6.757	85.936	»	»	
31 décembre 1898.......	77.005	8.323	7.805	93.133	»	7.197	
31 décembre 1899.......	78.083	8.768	8.301	95.152	»	2.019	
31 décembre 1900.......	76.085	9.127	8.397	93.609	1.543	»	Diminution due au chiffre énorme des disparitions des hommes (4.057) par suite de la guerre de Chine sans doute.
31 décembre 1901.......	80.699	10.107	9.094	99.900	»	6.291	
31 décembre 1902.......	85.282	11.123	9.653	106.058	»	6.158	
					1.543	21.665	21.665 — 1.543 = 20.122

soit une augmentation en 5 ans de 20.122 ou du quart.

Cholon représente donc environ le tiers de la population chinoise résidant en Cochinchine. Cette population est divisée en sept congrégations principales : Canton, Trieu-Chau, Phuoc-Kien, Akas, Haïnan, Chuong-Chaû et Minh-Huong. Leur importance respective est donnée par le tableau ci-dessous indiquant les propriétés en communauté de chacune en janvier 1902, relevé sur l'état des biens de mainmorte publié annuellement par la Cochinchine.

CANTON		TSIEN-CHAU		CHUONG-CHAU		PHUOC-KIEN		HAINAN		AKAS		MINH-HUONG		7 CONGRÉGATIONS		LE CHAU	
BATI	NON BATI	BATI	NON BATI	BATI	NON BATI	BATI	NON BATI	BATI	NON BATI	BATI	NON BATI	BATI	NON BATI	BATI	NON BATI	BATI	NON BATI
h. a. c.	h. a. c.	h. a. c.	h. a. c.	h. a. c.	h. a. c.	h. a. c.	h. a. c.	h. a. c.	h. a. c.	h. a. c.	h. a. c.	h. a. c.	h. a. c.	h. a. c.	h. a. c	h.a.c.	h. a. c
5.62	3.78	5.20	19.46	17.60		33.78	11.52	2.00		3.54		12.98		14.25	13.00		16.65
9.97	23.68	4.44	51.61	3.37		4.58	9.67	17.67		16.09		16.85		11.35			6.15
12.10	34.49	2.63	31.42	7.95		5.65		8.71		1.98		4.40		19.49			
3.11	67.28	82.53	12.16	15.33		63.80		2.13		1.90		4.00		5.19			
5.98	17.71		6.86	10.29		1.75		1.91									
7.11	3.40.80		17.51			3.85		1.60									
4.90	44 94		1.10.98			8.94											
3.97	24.77																
2.13	30.28																
1.68																	
3.35																	
1.86																	
3.41																	
24.30																	
14.32																	
36.28																	
3.64																	
0.83																	
4.80																	
0.90																	
0.76																	
39.82																	
1.95.34	5.87.73	0.94.80	2.50.00	0.54.54		1.22.36	0.21.19	0.34.02		0.23.57		0.38.23		0.50.28	0.13 00		0.22.80

Ce qui, avec les congrégations de Toan-Chaû (19 ares 91 centiares); Phuoc-Chaû (14 ares 34 centiares); Ngai-an-Hoi-Quan (14 ares 10 centiares) et Phû-Dien-Hoi (5 ares 62 centiares), donne pour la totalité des biens de mainmorte appartenant aux Chinois dans la ville de Cholon.

Propriété bâtie.............................. 6 H. 67 a. 11 c.
Terrains vagues, jardins ou rizières............ 8 94 71

Les recettes prélevées sur la colonie chinoise (droit d'immatriculation, centimes additionnels, prestations) ont produit pour la ville de Cholon, en 1901 : 696.163 francs. Le nombre des Chinois patentés était pour la même époque de 2.272, représentant les 3/4 des patentes totales. Les principaux négoces auxquels ils se livrent sont, par ordre d'importance au point de vue des représentants :

		Nombre des patentés (approximatif)
1°	Petits marchands, poste fixe.............	650
2°	Marchands de détail....................	200
3°	Loueurs de voitures....................	150
4°	Décortiqueurs de riz....................	120
5°	Marchands de demi-détail................	90
6°	Débitants d'opium......................	80
7°	Magasins de dépôt......................	55
8°	Marchands en barques...................	50
9°	Entrepreneurs de transports fluviaux......	45
10°	Pharmaciens............................	36
11°	Barbiers................................	35
12°	Charcutiers.............................	33
13°	Teinturiers.............................	30

Si nous ajoutons que sur 9 rizeries contenant 20 machines d'une puissance de 5.900 chevaux, alimentées par 38 chaudières, 7 appartiennent aux Chinois et fonctionnent sous leur direction, que la régie d'opium a produit pour Cholon seulement, en 1900, 1.460.680 francs, il sera facile de se rendre compte, avec les chiffres ci-dessus, du mouvement commercial important de ce centre vivifiant, dont l'influence est capitale sur la ville européenne de Saïgon.

C'est au pavillon de l'agriculture de Cochinchine que nous pourrons étudier de près le mouvement commercial sur le riz.

La galerie U, dans laquelle nous nous trouvons, a été conçue pour le plaisir des yeux plus qu'au point de vue de la documentation pratique ; nous ne saurions en faire un reproche au commissaire, car l'effet est réellement pittoresque. Il est obtenu en majeure partie avec les poteries de Cay-May ; la frise qui surmonte le fond de la salle et les vases qui décorent les premiers plans en proviennent. Cette usine, que nous avons pu visiter en détail, fabrique à la fois des récipients grossiers et des faïences fines, des vases en grè vernissé, valant de 1 à 6 sous, et des frises, des amphores, des porte-bouquets, des éléphants avec vases à fleurs, des dragons, des chimères, le tout émaillé. Les procédés de fabrication sont très rudimentaires ; la terre bleutée est très fine : elle provient d'un gisement situé à 25 kilomètres de Cholon, où elle arrive par jonques. Elle est mise en fosse et reste dix-huit mois à pourrir.

Le procédé du tour est inconnu, du moins tel qu'il est appliqué en Europe. Tous les objets sont estampés sur des moules avec des galettes de terre préparées à l'avance. La besogne est ainsi répartie : un ouvrier broie la terre, la coupe et la recoupe ; un second la malaxe et la pétrit avec les pieds ; un troisième fait les galettes en les aplatissant à l'épaisseur voulue, un quatrième moule l'objet ; un cinquième fait les raccords, les vases étant faits en deux et parfois trois parties. Le tour sur lequel est donné le dernier polissage, est une simple plate-forme ronde, légèrement mobile sur son axe, autour de laquelle l'ouvrier tourne. Ses outils sont un morceau d'étoffe et un dégorgeoir-polissoir.

Les figurines et ornements divers sont rapportés et sculptés à la main sur place. Les pièces, après avoir subi un demi-séchage sur la partie supérieure du four, passent à l'émaillage, qui se fait dans une salle spéciale avec des ouvriers spéciaux. L'uniformité des modèles employés permet l'exécution rapide de cette opération. Quant au four, il est typique : c'est un boyau horizontal en briques, de 25 ou 30 mètres de longueur, incliné avec une flèche de 7 mètres environ à la partie haute. Une série de portes sont disposées sur le côté et des regards en dessus. Les pièces les plus grossières sont placées à la base, les plus finies dans le haut. Le four est allumé progressivement et éteint de même. Les regards servent à entretenir le feu. Les déchets sont nombreux et cependant ces poteries sont vendues très bon marché ; il est vrai que le salaire des ouvriers est infime.

Les pièces exposées à Hanoï étaient très belles, malheureusement, leur grande fragilité en empêche l'exportation. Elles sont d'un usage local très répandu du reste dans la Cochinchine.

De beaux bois sculptés par Than-Thi-Thu, 62, rue Gia-Long, parmi lesquels une frise, marquée 480 francs, encadrent les produits de Cay-May et les panneaux de papier peint, dont quelques-uns fort originaux. Des échantillons de verres de lampes et d'ampoules nous rappellent que les Chinois connaissent aussi cette industrie. Des masques, instruments de musique et costumes attestent la splendeur du théâtre de Cholon, connu de tous les voyageurs et qui vient d'être rebâti. Des livres gravés et imprimés par Trien-Vinh, 4, rue de Canton, des objets de culte en étain, des statuettes en terre cuite affirment la conservation de l'art national, tandis que les soies teintes de Yé-Chéong Yam, 41, quai de Mytho, des meubles en rotin et en bambou, des machines et instruments agricoles, des cartes à jouer, des objets de cuir, des soieries, des montres, de la quincaillerie, des sacs, des savons, des tonneaux et des barriques, etc., nous en disent long sur l'ingéniosité de cette race jaune, dont l'esprit souple se prête aussi bien à la compréhension et au maniement de nos grandes industries modernes, telles que les rizeries et les chaloupes, qu'à la fabrication de la bimbeloterie.

Le plan de la ville, exécuté en panneaux de terre cuite émaillée, nous fixe sur l'agglomération qui s'étend en bordure de la rive gauche de l'arroyo chinois, avec 46 kilomètres de rues et 4.000 mètres de quais, les ponts, les avenues et les centres usiniers. Mais, ce qu'il était impossible de rendre à l'Exposition, c'est l'animation extraordinaire de ces rues pleines de magasins de gros et de détail, surtout vers 6 heures du soir ; c'est le fourmillement sur l'arroyo des jonques et des sampans chargés de riz qui viennent débarquer sur les quais leur cargaison. C'est l'amoncellement de ces sacs formant de véritables forteresses qui vont s'engouffrer dans les usines en face pour en ressortir sous forme de riz blanc et de riz cargo constituant la vraie fortune de la Cochinchine et par contre-coup celle de l'Indo-Chine tout entière.

L'exposition des écoles municipales de garçons et de filles, avec ses cahiers de cours élémentaire, cours moyen et cours supérieur d'une part, pour la première, ses travaux de couture, pour la seconde, nous rappellent que la question de l'enseignement est loin d'être tranchée en Cochinchine. Aucun enfant chinois ne fréquente, en effet, l'école municipale de Cholon ; ils apprennent les caractères à la pagode. Or, si nous nous reportons au tableau ci-dessus des existants chinois au 31 décembre 1902, nous constatons la présence de 85.282 hommes et de 11.123 femmes ; il y a donc 74.000 célibataires en Cochinchine, dont environ le tiers, soit approximativement 24.000, pour Cholon. Or, ces derniers vivent avec des femmes annamites, dont ils ont des enfants : ceux-ci, d'après la loi de Minh-Mang, l'empereur d'Annam, loi toujours en vigueur, sont sujets annamites, classés dans la catégorie des Minh-Huong et exempts du droit d'immatriculation. Le Chinois étant excellent père de famille, voudrait faire donner à ses enfants une instruction complète. Naturellement, les autorisations qu'il demande pour les envoyer en Chine sont accordées très difficilement et le père ne se résout pas à les confier à l'école primaire, où rien de ses traditions sacrées ne leur est appris.

De l'avis de plusieurs personnes compétentes, il y aurait donc lieu d'installer à Cholon une école où, tout en apprenant à connaître la France et à parler sa langue, le Minh-Huong apprendrait aussi le chinois. Cette mesure serait peut-être le meilleur trait d'union entre le peuple conquérant et celui qui, devant être un jour conquis, est son coadjuteur futur. Car il est indéniable que les défenses n'apportent jamais une solution pratique à un état de choses existant. Il suffit, en effet, de consulter le tableau de la page 115 de l'état de la Cochinchine en 1901 pour constater que, dans la même année, il est sorti 5.348 enfants Minh-Huong alors qu'il n'en est entré que 1.817, soit un excédent de sorties de 3.531. Sur ces 3.531, beaucoup ont dû être envoyés en Chine par leurs pères et nous échappent par conséquent. Or, le métis chinois est un élément de colonisation appréciable, d'autant que le père dote toujours l'enfant au prorata de ses ressources. La situation réclame donc une solution urgente, et il est impossible d'admettre que, dans une ville de 61.000 habitants, les écoles primaires laissent de côté la moitié de la population et négligent le meilleur élément de colonisation, qui va chez le voisin.

La salle suivante est occupée par les territoires militaires. Si le côté ethnographique de cette exposition a été soigné, la documentation économique est restée absolument négligée. Des costumes et des ornements généralement grossiers, quelques objets ou instruments agricoles cherchent à caractériser les Mans, les Moïs et les Thôs qui constituent la population autochtone (?) des quatre territoires de Lang-Son, Cao-bang, Hagiang et Laokay. L'étude des deux territoires de Lang-Son et de Laokay devant trouver place dans la seconde partie de ce rapport, nous ne nous appesantirons pas sur ces collections peu documentées.

En jetant un coup d'œil sur le pittoresque ensemble des mannequins qui représentent les divers mandarins de la cour d'Annam en costumes d'apparat, fort curieuse reconstitution d'un passé qui tend, hélas, à disparaître, comme nous pourrons le constater à Hué, nous gagnons l'angle réservé à l'école professionnelle de Hué. Cette branche d'enseignement est pour nous d'un intérêt trop immédiat pour que nous n'y fassions pas une station.

Ecole professionnelle de Hué. — Créée en 1898, l'école professionnelle a trois ateliers : à bois, à fer et à pierre. Son budget annuel est de 20.000 piastres, soit 44.000 francs au cours du jour. Elle compte 200 élèves payés à raison de 10 sous par jour. Le produit des cessions est de 5.000 francs environ. La durée de l'apprentissage est de trois ans. L'école éprouve de grandes difficultés à recruter ses élèves. Située dans l'enceinte de l'ancienne citadelle, à proximité des jardins du palais royal, elle occupe à peu près l'emplacement de l'ancienne sapèquerie. Elle comprend trois corps de bâtiments, une maison d'habitation pour le directeur, un vaste hall de construction indigène dans lequel sont les machines, l'atelier à bois, l'atelier à fer, la fonderie et le magasin ; un autre bâtiment avec hangar, sous lequel travaillent les tailleurs de pierre. Le matériel et l'outillage sont de bonne qualité. Le directeur, homme du métier, a parfaitement compris la nécessité de développer les industries nationales; deux principalement ont retenu son attention : la fonderie et la taille de pierre. Malheureusement, le budget qui lui est alloué semble insuffisant pour lui permettre la production au point de vue instruction, et sa principale préoccupation semble être la vente. La rémunération de 200 élèves à 10 sous par jour absorbe, en effet, déjà près de 30.000 francs ; l'achat de matériel et des matériaux resterait limité à 14.000 francs, en admettant que les traitements des contremaîtres ne figurent pas dans ce chiffre. Il résulte de cette situation que les produits, fabriqués pour être de vente courante, sont tous à peu près du même modèle et que les élèves, par suite, ne font aucun progrès, leur champ d'action et d'initiative étant limité.

Les objets envoyés à Hanoï comprenaient : 1 buffet de salle à manger, 1 bureau-secrétaire, 2 panneaux d'outillage et de quincaillerie, un panneau de parquet en point de Hongrie, une voiture à quatre roues forme victoria, divers objets de ferblanterie, des instruments agricoles et des pierres taillées et sculptées, chapiteaux, corniches, frises, fontaines, etc. C'est dans cette dernière catégorie que les meilleurs résultats étaient obtenus. Le granit employé, d'un beau grain, mettait en valeur les arêtes très vives et très nettes des sculptures ou de la mouluration. Les modèles empruntés à l'art annamite étaient bien choisis. L'ensemble nous avait même tellement frappé que nous avons demandé à M. le résident supérieur de Hué, par lettre officielle, l'envoi à la colonie de Madagascar d'une fontaine en deux pièces avec bas-relief annamite. Il avait été décidé que cette cession nous serait faite gratuitement. Nous espérons que cette offre aimable sera promptement réalisée. Quant aux autres objets envoyés à Hanoï, ils eussent beaucoup gagné à être groupés et présentés avec plus de soin. Expédiés de Hué bien avant l'ouverture, après avoir subi comme toujours beaucoup de vicissitudes en cours de route, ils sont restés en souffrance plusieurs semaines, d'où des avaries. De plus, le directeur n'est arrivé qu'en décembre, trop tard pour veiller lui-même à l'installation. Toutefois, ces réserves étant faites, il nous a paru que les assemblages des travaux de menuiserie étaient encore défectueux et l'ajustage des pièces de forge imparfait, le tout dû à une surveillance insuffisante, sans doute par suite du manque de personnel.

Si le protectorat veut de meilleurs résultats, et ceux-ci sont dignes d'encouragement, il y a lieu d'augmenter le budget de l'école et de lui donner deux bons contremaîtres européens pour seconder le directeur. Un petit plan en relief reproduit le dispositif des bâtiments indiqué ci-dessus.

Thés de l'Annam. — Près de l'école professionnelle de Hué, voici la Société des thés de l'Annam Lombard et Cie. Cette société a eu la fourniture des troupes d'Indo-Chine : le thé, de bonne qualité, présente cependant un inconvénient, dû sans doute à la préparation, il est fort et légèrement amer, d'où l'avis des fabricants : « Ce thé, étant très riche en théine, demande à être dosé plus légèrement que les autres thés ».

Ce défaut, car c'en est un, a nui certainement à l'exportation des thés de l'Annam, et c'est à notre avis la cause de l'affaiblissement de celle-ci en 1901 (149.000 kilogrammes au lieu de 180.000 en 1900), beaucoup plus que la réclame faite par le thé de Ceylan. Le fait nous a été confirmé dans des pays producteurs (Ceylan et Maurice) par des gens absolument désintéressés dans la question. Il est à remarquer, d'ailleurs, en dehors de la question de fabrication, que les trois quarts de la production sont obtenus non pas sur les plantations des Européens, mais sur celles des indigènes, cultivées le plus souvent sans beaucoup de soins. Si ce procédé permet une augmentation considérable du produit, il en diminue singulièrement la qualité, et malheureusement il est général ; car, d'après le rapport de M. le directeur de l'agriculture, un exportateur aurait à lui seul 3 millions de pieds de thés en exploitation de cette façon. Le P. Maillard, MM. Leroy et Lombard, M. Dérobert sont actuellement les principaux fabricants de thé en Annam. N'ayant pas visité les plantations ci-dessus, nous ne pouvons à cet égard donner une impression personnelle. Toutefois, nous avons pu voir celle de M. Bertrand, à 7 kilomètres environ de Tourane. Sa concession comprend 400 hectares, il y emploie 24 engagés à raison de 5 piastres par mois, soit, au taux du jour, 11 francs. Ses cultures principales comprennent le café, le thé, le poivre ; les secondaires, le riz et l'aréquier. Un premier essai de café, planté dans la partie basse, n'a pas réussi : c'est une terre de rizière sablonneuse. Au bout de 3 ans, le propriétaire a renouvelé totalement la plantation en l'établissant sur la colline ; il a actuellement 30.000 pieds, dont 7.000 Arabica qui semblent pousser lentement, et le reste en Libéria de belle venue, qu'il se propose de greffer. Il veut planter 100.000 pieds de thé ; ses pépinières sont belles, les poivriers et les aréquiers viennent admirablement.

Qu'adviendra-t-il de cet essai mené consciencieusement et avec persévérance ? Il y a 8 ans que M. Bertrand a commencé ; courageusement, il avoue que les 4 premières années ont été perdues, et qu'il profite depuis 4 ans de l'expérience acquise. Les plus grandes difficultés le poursuivent : pauvreté du sol dans certaines parties, rareté de la main-d'œuvre, etc. Mais la plantation est bien tenue et mérite le succès ; sera-t-il complet ? Nous inclinerions à le croire plutôt partiel, surtout depuis que nous avons pu visiter les plantations de Ceylan. Comme je revenais à Tourane, mon compagnon de route m'avertit que la concession donnée autrefois à M. de Pongerville avait été rachetée par le Chinois Chan-go, qui y avait déjà planté, depuis 18 mois, 20.000 pieds de thé. M. Chan-go compte y dépenser 8.000 francs et faire venir des compatriotes pour la fabrication. La plantation, paraît-il, est fort belle et bien soignée. Si les Chinois entreprennent la culture du thé en Annam, ils estiment certainement le faire avec succès, ce peuple n'ayant pas l'habitude, bien qu'audacieux, de risquer inconsidérément des capitaux. Le développement de cette production sera une solution heureuse pour l'Indo-Chine qui, en 1900, a fait venir de Chine 1.093.000 kilogrammes de thé.

La Société civile du domaine de Kébao a réuni près de là ses produits : des fibres de bois et de lianes pour la fabrication des papiers, des bois à tanin et de teinture, du quassia-amara (?), 14 échantillons de bois, des bambous et des rotins, des fibres d'aloès, des échantillons de thé, puis des calcaires et du kaolin. Pas de renseignements économiques sur cette exploitation, qui semble en être encore à la période des recherches.

La chambre d'agriculture du Tonkin expose une carte générale des concessions données aux Européens dans les diverses provinces : le total se monte à 181.245 hectares ; les provinces les plus occupées sont : Thaï-Nguyen, avec 42.821 hectares ; Bac-Giang, avec 24.572 hectares ; Bac-Ninh, avec 20.831 hectares ; Quang-Yen, avec 20.003 hectares ; Tuyen-Quang, avec 13.892 hectares. Les propriétés acquises donnent un chiffre total de 5.113 hectares. Nous verrons plus loin ces résultats.

Exposition municipale de Hanoï. — La ville de Hanoï a réuni dans la même galerie une série de documents du plus grand intérêt. D'abord quatre plans à l'échelle du $\frac{1}{5.000}$ représentant la ville en 1885, 1890, 1894, 1902. Faits sous la direction de l'agent voyer, ces plans sont bien présentés, très nets et d'une réelle valeur. Ils donnent l'impression juste du développement extraordinaire pris par la voirie, développement à notre avis un peu prématuré : il eut été intéressant, en effet, à côté de ces voies nombreuses, larges et longues, d'indiquer la proportion des terrains bâtis par rapport à ceux qui restent vagues et surtout de faire ressortir, par quatre teintes différentes, les bâtiments militaires, les bâtiments civils, les constructions européennes et les constructions indigènes. Le plan joint aux annexes, établi sur ces données d'après celui du service géographique (édition de 1902), permettra de constater la charge considérable d'entretien des voies (7 kilomètres pour la zone urbaine et 52 kilomètres dans la zone suburbaine), supportée par la ville de Hanoï par rapport aux surfaces bâties. La faute n'en est pas à ceux qui sont obligés d'assurer chaque année l'exécution de cette charge, mais bien aux organisateurs du début, qui ont loti la citadelle, et aux continuateurs, qui ont lancé le mouvement d'expansion du côté opposé. Si Hanoï eut été limitée dans l'ancienne citadelle, combien l'aspect général de la ville y aurait gagné !

A côté de ces plans, figure le réseau des égouts au $\frac{1}{20.000}$, confirmant ce que nous venons de dire : un travail important a déjà été exécuté, mais il en reste un considérable à faire pour terminer, et les journées de *crachin* de janvier et février indiquent très nettement les points où l'œuvre est à parfaire, bien que déjà 18 kilomètres d'égouts soient en fonctionnement. Un plan de la canalisation du service des eaux complète ces données. L'usine et la canalisation ont été installées en 1896 ; les prises d'eau sur la nappe aquifère qui s'étend dans tout le sous-sol de la ville étant insuffisantes, ont dû être refaites et augmentées jusqu'en 1899 pour atteindre le total de 2.500 mètres cubes d'eau par jour. L'exploitation en a été concédée. La longueur totale de la canalisation est de 26 kilomètres environ, alimentant 85 bornes-fontaines et autant de branchements d'abonnés qui paient l'eau au compteur. La quantité fournie est encore insuffisante de près de moitié pour les besoins de la ville et le prix du mètre cube doit encore baisser. Différentes planches donnent des coupes des prises d'eau, des usines et des réservoirs.

Quant à l'éclairage électrique, il est assuré par 55 lampes à arc : le prix de revient dans les installations particulières est encore coûteux, cependant, celles-ci se multipliant, il y a lieu de compter sur une baisse progressive. L'ensemble de cette exposition municipale serait parfait si quelques graphiques nous renseignaient sur les mouvements de la population indigène et européenne depuis cinq ans. Malheureusement, rien sur ce chapitre n'a été fait ; si nous nous reportons au rapport de M. Doumer (page 550) le dernier recensement, pour la population européenne, aurait donné 1.238 habitants non compris les militaires. En ayant recours à l'Annuaire, nous trouvons pour Hanoï un total de 420 fonctionnaires, et, d'autre part, nous savons que la liste des patentés comprend, sauf erreur ou omission, 111 Européens se décomposant en :

Entrepreneurs	Négociants	Fermiers d'un monopole	Restaurateurs ou cafetiers	Pharmaciens	Docteurs	Dentistes	Tailleurs	Forgerons	Représentants, commissionnaires, transitaires	Libraires-imprimeurs	Photographes	Distillateurs	Industriels	Boulangers-pâtissiers	Bouchers	Bijoutiers-luthiers	Horticulteurs	Marchands de bois	Loueurs de voitures	Coiffeurs	TOTAL
38	17	5	5	2	2	1	2	3	7	4	2	4	5		2	2	2	1	1	3	111

La population indigène serait de 127.000 Annamites et 2.000 Chinois.

Il peut être intéressant de comparer les chiffres de Saïgon (ville) avec Cholon, pour la même époque, accusant un total de 3.162 Français, dont 250 patentés, 377 fonctionnaires et 1.800 électeurs pour le conseil municipal, contre 26.000 Annamites et 12.000 Chinois à Saïgon, plus 35.528 Annamites et 32.900 Chinois à Cholon.

Ecole d'agriculture de Hué. — Laissons de côté, pour le moment, la question de statistique que nous aurions désiré voir figurer à l'Exposition sous des formes définitives et officielles, car elle caractérise à notre avis la situation économique d'un pays, d'accord avec toutes les collections des produits fabriqués. Nous passons à l'école d'agriculture de Hué, en nous arrêtant devant quelques échantillons de bois, de soie végétale et de cannelle envoyés par la Société forestière et commerciale de l'Annam : l'exposition du service forestier d'Indo-Chine nous permettra d'apprécier de plus près et avec plus d'éléments les ressources particulières de l'Annam sur ce point.

L'école agricole de Hué, créée en même temps que l'école professionnelle, est installée à côté de celle-ci ; une partie des terrains et celle où se trouve précisément le jardin d'expériences, est située sur les débris de l'ancienne sapèquerie, et des scories de cuivre et de zinc rendent la terre très dure à travailler : d'autre part, au moment des grandes eaux, la surface est couverte par une inondation de 50 centimètres, qui rend toute culture impossible ; aussi, le directeur cherche-t-il à se spécialiser dans l'élevage, avec des prairies artificielles. Un troupeau de 50 têtes, dont les vaches donnent à peine un litre de lait, ce qui ne s'écarte guère de la moyenne de Madagascar, est en voie de progression.

Le haras, qui comprend pour la plupart des chevaux du pays, c'est-à-dire de petite race annamite, renferme de beaux produits. C'est de ce côté que sont dirigés les principaux efforts, car cette race vigoureuse des chevaux annamites tend malheusement à disparaître. Lorsque nous étions à Laokay, nous nous sommes rencontrés avec la commission de remonte, qui venait de faire une tournée générale dans les territoires militaires et n'avait pu acheter que 80 chevaux. La production du pays est donc très inférieure à la demande et l'administration militaire s'en est émue.

Enfin, dans le jardin potager attenant à l'école, parmi divers essais, nous trouvons l'ampemby, dont les graines ont été envoyées de Madagascar et qui semble réussir. En résumé, si le terrain actuel est conservé, on ne peut y pratiquer avec succès que l'élevage.

Quant à l'enseignement théorique et pratique, complément indispensable d'une école agricole, les mêmes difficultés que pour l'école professionnelle se retrouvent. Dans une juste compréhension de l'avenir, M. Doumer avait incité, par des mesures d'ordre administratif, les mandarins et divers fonctionnaires à prendre des concessions et à développer leurs cultures : d'autre part, l'empereur d'Annam s'était engagé par un décret à subvenir au recrutement des écoles par des lettrés. Les deux mesures sont restées sans résultat. Pour satisfaire à la première, les mandarins, avec les membres du Comat en tête, ont bien pris des concessions, mais celles-ci sont restées sans mise en valeur, ils cherchent aujourd'hui à se débarrasser : le ministre de la justice propose la sienne à tout le monde. Quant à la seconde mesure, les lettrés n'ayant jamais appris le français et ne se souciant pas d'apprendre une langue qui n'était pas encore officielle, ont été incapables de suivre les cours théoriques qui leur étaient professés ; leur orgueil, d'autre part, leur interdisait les travaux manuels.

Après un essai loyal, on a dû y renoncer et recruter non plus des élèves, mais des travailleurs. La commission s'est prononcée pour la suppression des cours théoriques et le service est fait par 150 linhs (miliciens) appartenant à l'empereur et qui sont relevés tous les six mois. Ce sont de simples manœuvres désintéressés absolument de ce qu'ils considèrent comme une corvée et il est difficile de leur rien apprendre. Une seule exception cependant, c'est l'adjoint du directeur : cet Annamite, ancien élève de l'institut agronomique, garçon intelligent, a pris son métier à cœur. C'est au directeur et à lui que nous devons les collections qui sont exposées à Hanoï et qui composent un répertoire courant des produits agricoles de l'Annam, parmi lesquels, en première ligne, de la soie et des tabacs, puis du coton, du poivre, de l'huile de sésame, du benjoin, différentes espèces de riz, de la gomme, de la laque, de la cire, du caoutchouc, du jute, etc., le tout complété par un échantillonnage des poissons usités dans la confection du Nuoc-Mam, cette sauce chère aux Annamites.

Près de l'école d'agriculture, nous retrouvons les produits de la concession Bertrand dont il a été question ci-dessus, c'est-à-dire du café, du thé, du poivre et des noix d'arec ; sur une table voisine, l'exposition du Comité de l'Alliance Française du Tonkin, qui a créé une école dans le delta et pourvoit à son entretien : un seul comité fonctionne au Tonkin, à Hanoï : Haïphong compte seulement un délégué. En nous occupant de l'enseignement nous reviendrons sur cette question.

Syndicat des planteurs du Tonkin. — Le Syndicat des planteurs du Tonkin, qui a pour président M. Lafeuille, a réuni dans l'entrée de la galerie T les produits des diverses plantations. Là figurent la concession Rémery, de Tuyen-Quang, plantée en caféiers et abacas ; celle de M. Chaffanjon, où le thé seul est cultivé ; la caféerie de M. Jung ; celle de la Société Lyonnaise de colonisation, à Phuc-Luong ; la plantation Ernest Borel, à Coc-nghia ; celles de M. Moutte, à Chi-né ; de MM. Roux et Schaller, à Coc-Thou ; de M. Magnan, à Ninh-Binh ; de MM. Perrin frères, à Tuyen-Quang ; de M. Lévy, à Ninh-Binh, et, enfin, les thés de M. Ivoir, à Quang-Soï, et Lafeuille, à Phû-Nho-Quan. Les échantillons présentés sont de belle qualité et nous serions tentés de voir dans cet ensemble un excellent résultat si M. Rémery lui-même, consciencieusement et franchement, n'avait pris soin de nous mettre en garde par un article paru dans l'*Avenir du Tonkin* sous le titre certainement trop pessimiste mais inquiétant de « La faillite de la colonisation au Tonkin ». Ayant été nous-même sur place voir précisément la concession de M. Rémery, nous avons pu apprécier le courage que ce colon avait eu de donner brutalement la note vraie, tout au moins pour la région de la Rivière-Claire. M. Remery est depuis 17 ans au Tonkin, il avait donc toute l'expérience voulue pour mener à bien ses essais. Ses cafés sont plantés depuis 8 ans ; il a récolté, en 1902, 2.000 kilogrammes, vendus à raison de 1 fr. 60 le kilogramme, croyons-nous ; le café, moisi, était médiocre. Deux hectares viennent d'être plantés en abaca. Les rizières ne peuvent être cultivées faute de bras : des Annamites pris en métayage se sont sauvés avec les avances et les outils qui leur avaient été donnés. Un troupeau de 150 bêtes vit sur la concession, mais des épidémies aux noms variés y sévissent fréquemment. Tel est le bilan de 17 années de travail. On comprend donc l'amertume avec laquelle M. Rémery confessait publiquement sa déception. Or, ni l'argent ni le labeur n'ont manqué à cet essai loyalement fait ; même maintenant, M. Rémery remplace chaque année consciencieusement le cinquième ou le sixième de ses plants de café tués par la maladie ou le climat. Il semblerait que la question soit tranchée, dans cette région du moins (car celle du Thanh-Hoa n'a pas encore fait ses preuves complètement), d'autant qu'un des membres de la chambre d'agriculture a spirituellement imprimé lui aussi : « J'ai toujours été convaincu, non de l'impossibilité de faire pousser du café ici (on fait bien pousser des ananas à Versailles) mais d'en faire une culture économique et rémunératrice ». Une polémique s'est engagée : les collègues de M. Rémery ont défendu leurs essais : l'un d'eux l'a même pris vivement à partie en contestant le succès de l'abaca. Quelle que soit l'issue de cette discussion entamée depuis 4 mois, nous avons personnellement l'impression sincère que le café dans le haut Tonkin ne réussira pas plus qu'il ne réussit sur les hauts plateaux de Madagascar. Certes, on peut boire de bon café à Hanoï, on en boit d'excellent à Tananarive, mais nous savons comment il y pousse : quatre ou cinq pieds dans un ancien fossé ou un jardin abrité sont chargés de fruits. Pour les plantations en grand, elles ont échoué dans la vallée de l'Ikopa comme elles échoueront dans la vallée du Fleuve-Rouge.

Quant au thé, nous ne pouvons que répéter ce que nous avons déjà dit à propos de celui de l'Annam. C'est, sans doute, nous inclinons à le croire, une question de préparation. Que nos compatriotes courageux et persévérants se hâtent donc d'introduire dans celle-ci les perfectionnements indispensables, afin d'éviter les conséquences des essais incomplets du début.

Industries diverses du Tonkin. — Contre l'exposition des planteurs, celle de M. Faussemagne, industriel à Haïphong, fait très bonne figure, bien différente d'ailleurs, car celle-ci ne comprend que des savons et des huiles : un étalage de pains et de blocs de savons blanc, bleu et marbré, voire même des figurines coulées en cette matière lui donnent une certaine originalité, et dans cette masse sculpturale des bouteilles d'huiles de sésame, de staglia, d'arachides, de lin, de bancoulier, de ricin jettent leur note claire et transparente, tandis que des huiles minérales y font des taches sombres. Une affiche nous apprend que la maison a des succursales à Quang-Tchéou-Wan et à Pakkhoi : on y fabrique aussi du bleu d'outre-mer en poudre. Les produits exposés sont beaux ; pas de renseignements sur la production ni les débouchés, mais nous savons, d'autre part, que les exportations du Tonkin ont atteint, en 1901 : sésame, 404 tonnes ; arachides, 300 tonnes, et huile de ricin, 182 tonnes ;

Plus loin, un nouveau procédé de M. Lejeune, à Hanoï, 33, boulevard Gambetta, pour la fabrication des laques avec les *Rhus vernicifoera* du Tonkin, pouvant être appliquées sur bois, métaux, porcelaine, verre, cuir, papier, etc., et séchant en 24 heures. Contre ce produit, d'avenir peut-être, MM. Duverger frères, propriétaires des mines d'étain et d'or de Tinh-Tuc (Tonkin). L'étain semble jusqu'à présent avoir été la principale préoccupation des propriétaires. Le minerai est la *cassitérite*, avec un rendement, paraît-il, de 35 0/0 d'étain pur. A la profondeur de 45 mètres, l'épaisseur de la couche serait de 30 mètres. La méthode d'exploitation employée jusqu'à ce jour paraît être purement indigène : aucun renseignement sur la production, pas plus que sur celle de l'or, représenté par quelques petites pépites, et, malheureusement, le rapport de M. Doumer, pourtant si documenté, ne contient aucune indication précise sur les ressources et la production minière de l'Indo-Chine, sans doute parce que ce service, qui comprend une circonscription unique, l'Indo-Chine, en est encore dans la période d'organisation. La même obervation s'applique à la collection minéralogique présentée près de là par M. Dupouy, pharmacien de 1re classe, chef du laboratoire des travaux publics. De beaux minerais, intéressants évidemment, mais qui le seraient plus avec une fiche de renseignements complète.

A côté de ces vitrines, une fort belle collection de papillons, exposée par M. Delaville, nous prouve que le Tonkin n'a rien à envier à Singapour ou à Ceylan sous ce rapport.

Enseignement public au Tonkin. — Ecoles officielles. — Immédiatement après, nous abordons l'enseignement avec l'exposition de l'école Puginier, de Hanoï, dirigée par les Frères de la Doctrine Chrétienne. Des dessins et des lavis soigneusement faits semblent être les seuls travaux un peu pratiques dont les professeurs se soient occupés. Mais, cette question étant générale et demandant à être étudiée d'ensemble, nous profitons de cette première exposition pour grouper toutes celles de l'enseignement du Tonkin qui, en réalité, étaient disséminées un peu partout. Les établissements représentés à Hanoï étaient donc : 1° Ecole Puginier (Frères de la Doctrine Chrétienne) ; 2° Ouvroir Sainte-Marie (Sœurs de St-Paul de Chartres) ; 3° Ecoles franco-annamites ; 4° Ecoles municipales de Hanoï ; 5° Ecole de l'Alliance Française. Si nous nous reportons au rapport de M. Doumer, nous constatons que l'enseignement était donné en 1896 aux Européens par les écoles municipales de Hanoï, Haïphong et Nam-Dinh et des écoles congréganistes, aux Annamites par des écoles de langue française au chef-lieu des principales provinces et dans quelques postes des territoires militaires. Un collège indigène était, de plus, chargé d'élever et de fournir des interprètes administratifs. Or, les programmes suivis dans les écoles primaires sont toujours ceux de l'enseignement primaire métropolitain. Redoutant à juste titre les conséquences de cette instruction généralisée, le directeur de l'enseignement du Tonkin a tenté une réforme partielle, ne pouvant ou ne voulant sans doute en faire une totale, par la création des écoles dites franco-annamites. L'innovation consiste dans ce fait que les élèves, tout en apprenant le français, étudient l'annamite et même le chinois usuel. Cette dernière réforme indique donc une tendance, accentuée du reste par le rapport même de M. Doumer, qui conclut : « Si la substitution générale de l'enseignement français à l'enseignement indigène, impossible dans le présent, paraît dangereuse dans un avenir prochain, il n'en est pas de même de la superposition de l'un à l'autre, *non pour la masse des enfants*, mais pour l'élite; ceux qui sont appelés à occuper les emplois publics, à servir sur les chantiers, dans l'industrie et le commerce ». Certes, l'idée est absolument juste et les résultats obtenus dans la voie contraire, en Cochinchine, sont peu encourageants, nous le verrons dans la suite.

Il faut donc rendre hommage à l'idée, pour l'exécution de laquelle un programme net et méthodique semble avoir manqué jusqu'à ce jour.

De ce qui existait en 1896, en effet, et de ce qui existe en 1903, il semble se dégager trois volontés suffisamment précises; 1° donner aux enfants européens l'instruction primaire, avec maintien des programmes métropolitains, et l'instruction secondaire dans un petit lycée qui fonctionne à l'école municipale de Hanoï ; 2° donner aux enfants indigènes de la masse une instruction en rapport avec leurs besoins par l'étude de l'annamite et du chinois, tout en les préparant à de nouveaux besoins par des rudiments de notre langue : c'est l'esprit des écoles franco-annamites ou écoles primaires indigènes ; 3° former des interprètes pouvant devenir des auxiliaires, c'est-à-dire des gens en état de comprendre la langue française et *peut-être* de penser activement dans cette langue : c'est le but de l'école des Hau-bô.

Une quatrième idée est venue se greffer brusquement sur les trois premières en 1898 : celle d'une instruction professionnelle, mais elle s'est localisée dans la création d'une école spéciale qui n'est en rien rattachée à l'enseignement et relève même de la chambre de commerce ; nous l'étudierons donc séparément. Constatons simplement que nulle tentative d'introduction de l'enseignement professionnel dans l'enseignement primaire n'a été faite ni prévue.

Quant aux trois idées maîtresses qui semblent devenir en 1903 les lignes directrices de l'enseignement au Tonkin, non seulement elles n'ont pas encore été nettement dégagées, mais les désignations laissées jusqu'à ce jour aux diverses écoles semblent prouver une certaine hésitation, un désir d'essayer avant de prendre une décision. Cette hésitation correspond d'ailleurs complètement à celle qui, en administration, s'est manifestée depuis que notre installation au Tonkin, avec la pacification, nous a permis de comprendre un peu mieux l'Annamite. Il est inutile de rappeler ici les essais du début, l'orientation nettement indiquée dans une première période vers l'assimilation du Tonkin à la Cochinchine, c'est-à-dire l'administration directe, puis, un brusque retour en arrière suivi de manifestations peut-être trop indigénophiles provoquant des à-coups en sens inverse, et une troisième période, enfin, de tendance raisonnée à un juste équilibre, à la recherche d'une méthode rationnelle s'inspirant à la fois et de nos besoins et de ceux de la population conquise.

C'est cette dernière période que traverse pour l'instant l'enseignement du Tonkin, cherchant encore sa voie, mais pourvu, par l'expérience, de cette arme défensive du doute, qui l'empêche d'achever de détruire par un légitime scrupule ce qu'il ne se sent pas encore en mesure de reconstituer sur des bases nouvelles nettement définies. Une échéance s'impose cependant sur un point qui peut précipiter la solution de beaucoup d'autres : par ses arrêtés des 6 et 7 juin 1898, le Gouverneur Général, en effet, a décidé que la connaissance de la langue française serait inscrite au programme du concours triennal pour les grades universitaires annamites, mais que jusqu'en 1903 cette connaissance serait facultative. A partir de 1903, elle deviendrait obligatoire pour l'accès aux emplois publics. Nous pouvons donc nous demander cette année quelle va être la consécration des arrêtés de 1898. S'ils sont appliqués à la lettre, la conséquence en est transparente : aucun fonctionnaire indigène ne peut être nommé s'il ne sait le français. L'école des Hau-bô devient donc une école normale indigène, une pépinière de recrutement administratif, où tous ceux qui se destinent aux emplois publics doivent faire leurs classes. A côté fonctionneront, si rien n'est changé, les écoles libres telles que le collège Puginier.

Notons cependant qu'aucun programme des études applicables à cet enseignement, qu'on pourrait appeller « primaire supérieur », n'a été promulgué, obligeant l'école des Hau-bô et les écoles privées à marcher dans la même voie.

Si cette éventualité se produit, la conséquence immédiate est également l'organisation des écoles primaires, actuellement appelées franco-annamites, qui doivent, elles aussi, être dotées d'un programme, et celui-ci différent du premier.

Donc, scission bien nette entre les deux enseignements : d'une part, celui destiné aux classes supérieures des mandarins, avec l'école normale divisée probablement en deux sections : l'une administrative, c'est-à-dire officielle ; et l'autre libre, c'est-à-dire privée ; d'autre part, celui destiné aux classes inférieures, avec les écoles primaires de villages, de districts, de provinces, programme uniforme et général.

La division de l'école normale en deux sections semble devoir s'imposer au Tonkin, comme à Madagascar, vu le nombre relativement restreint des fonctionnaires pouvant être placés annuellement, par rapport au nombre considérable des candidats aux examens des lettrés. Or, il serait prudent, personne n'en doute actuellement, de restreindre au strict minimum nécessaire la section administrative et d'imprimer à l'autre une direction nettement commerciale qui, étant donné les aptitudes de la race tonkinoise, peut assurer des débouchés dans les industries diverses créées par nos compatriotes au surplus des lettrés, demeurés sans place après leurs examens. S'inspirant de ce double but, le programme de l'enseignement primaire supérieur indigène donnerait satisfaction aux tendances des classes élevées, tout en les maintenant, car le danger existe de ce côté encore plus au Tonkin qu'à Madagascar.

Reste à savoir si l'école des Hau-bô, ainsi complétée, n'engloberait pas d'autres succursales comme celles de Nam-Dinh, Bac-Kân et Tuyen-Quang, par exemple, existant déjà en principe : notons que l'école de Nam-Dinh compte 300 élèves.

Telle est, rapidement résumée, la situation de l'enseignement au Tonkin. Il nous paraît à désirer que l'instruction professionnelle soit prévue aussi dans le programme de l'enseignement primaire des petites écoles, enseignement approprié aux ressources de la région, dans laquelle chaque école fonctionne. C'est un moyen sûr de développer l'esprit industrieux des indigènes et d'en faire des collaborateurs effectifs de notre colonisation.

Ceci posé, il nous semble inutile d'entrer dans le détail des diverses expositions officielles ou privées qui caractérisaient les écoles du Tonkin. Le manque d'unité dans la direction, ayant pour origine le manque d'unité dans des programmes, s'est fait jour. Tandis que l'enseignement officiel, se rendant compte du danger, essaie de modifier les programmes métropolitains par une interprétation plus large, l'enseignement privé, avec les missions, donne une instruction qui cherche à rester strictement emprisonnée dans les anciennes méthodes. Une profusion de dessins et d'aquarelles encombre les expositions des filles, aussi bien que celles des garçons ; un amoncellement de cahiers et de modèles calligraphiés prouve qu'on est encore loin d'appliquer dans les classes de ces établissements la méthode Berlitz. Il n'est pas jusqu'aux travaux de couture eux-mêmes qui ne révèlent des préoccupations retardataires. De l'ensemble se dégage l'idée que si les écoles officielles réussissent difficilement à faire de bons sujets annamites, les écoles libres sont loin d'obtenir de meilleurs résultats. Le collège Puginier marche dans une voie identique à celle de l'institution Taberd, de Saïgon ; nous verrons les difficultés que rencontre celle-ci, les mêmes sont à redouter pour le premier.

Industries diverses exploitées par des Européens. — Nous passons ensuite aux plans, coupes et profils que la Société des charbonnages de Hongay a envoyés. Un relief du terrain indique nettement les procédés d'exploitation à ciel ouvert et par étages, que des photographies développent. Des échantillons de charbon et de briquettes nous renseignent sur la production, qui s'est élevée dans la dernière année à 300.000 tonnes.

A côté des charbons de Hongay figurent, un peu désorientées de ce voisinage, l'exposition de la maison de modes A. Monlin, de Haïphong, avec des robes et des layettes ; puis celle de M. Lièvre, distillateur à Hanoï, tandis qu'un peu plus loin nous trouvons la très intéressante collection des céramiques fabriquées par la maison Bourgoin-Meiffre et Cie, dont l'usine se trouve à Hanoï, près du grand lac. Les produits sont variés et quelques-uns fort réussis ; des vases, des balustres, des motifs de décoration architecturale, des panneaux de couleur, sont d'une façon parfaite ; les émaux restent bien encore un peu criards de tons, mais le défaut est facile à corriger et le remède sera rapidement trouvé ; on s'en aperçoit, d'ailleurs, à quelques produits mieux venus.

L'usine céramique de Mme Vve Leroy, à Dap-can, est en réalité une tuilerie-briqueterie, bien que quelques essais de vases indiquent des tendances vers le développement de l'industrie primitive. Mais briques, tuiles et tuyaux sont de première qualité. La terre employée est très belle et la fabrication soignée ; aucun produit vernissé.

Filatures de coton. — La filature de coton Meiffre-Cousins et Cie, de Hanoï, avec ses broches et ses filés nous signale un relèvement notable ; cette industrie, en effet, avait périclité dans ces dernières années. Toutefois, il est juste de remarquer que, d'une part, la production du coton du Tonkin est encore très limitée, bien qu'elle semble se développer dans la région du Thanh-hôa, et que, d'autre part, les indigènes n'ont pas renoncé à leur fabrication primitive de cette cotonnade grossière, mais solide, avec laquelle tous les nhà-qués font leurs costumes. Or, il existe une autre filature de coton, ouverte en 1899, à Haïphong, et une troisième est en construction à Nam-Dinh. Nous comprenons fort bien qu'en présence du chiffre énorme des importations de filé écru simple (3.384.000 kilogrammes en 1900), nos compatriotes se soient préoccupés de la fabrication sur place d'autant que l'importation ne provenant pas de France, malgré les tarifs de douane, cette industrie locale ne peut faire concurrence à la métropolitaine ; elle concurrencie seulement l'industrie des Indes. Or, la filature de Haïphong, avec 20.000 broches, peut fournir un millier de tonnes par an, celle de MM. Meiffre-Cousins, avec 10.000 broches, peut en donner la moitié environ ; c'est donc 1.500.000 kilogrammes de filé écru qui peuvent trouver leur placement dans la Colonie. Malheureusement, nous le répétons, la production locale du coton est encore fort limitée. La Société cotonnière de Haïphong fait ses efforts pour la développer, en adressant gratuitement aux différents planteurs des graines de choix. Le résultat jusqu'à ce jour est resté médiocre, bien que la qualité du filé fabriqué n'exige l'emploi que d'un coton à fibres courtes. Le problème, comme on peut le voir, n'est donc pas encore résolu.

La filature de soie montée par M. Bourgoin-Meiffre à Hanoï attire ensuite notre attention: les mêmes remarques que nous avons faites à propos de l'établissement séricicole de Nam-Dinh s'appliquent à celui de Hanoï.

Ciments. — Voici également un essai fort intéressant, dont le résultat est consacré par un succès complet; ce sont les ciments portland artificiels de Haïphong, accompagnés des échantillons de terre et de roche employées pour la fabrication. Les produits sont de très bonne qualité: l'acceptation de la marque par la direction des travaux publics en est une preuve et nous les avons entendu vanter également par tous les constructeurs.

Albumine.—M. Siers, de Nam-Dinh, attire notre attention par ses échantillons d'albumine d'œufs de poule et de jaunes d'œufs de cane. Dans notre visite à l'exposition de Chine, nous avons relevé des produits similaires; ajoutons, spécialement pour le Tonkin, que les jaunes d'œufs de cane sont destinés à la mégisserie et que l'exportation de ce produit s'est élevée en 1900 à 237.000 kilos. C'est peu certainement, comparé à la production de Canton, autour de laquelle les immenses rizières à deux récoltes permettent l'élevage des canes en grand et la production continue des œufs; mais il y a là une industrie d'avenir certain pour le delta.

Nattes. — Des nattes de fabrication indigène exposées par Yang-Tsang-Pou, rue des Cantonnais, 36, à Hanoï, nous mettent au courant de l'origine véritable de beaucoup de nattes dites « de Chine». Fabriquées au Tonkin, elles sont expédiées par les Chinois sur Hong-Kong, où elles sont démarquées et expédiées à destination de l'Europe. Il en est sorti ainsi 2.884 tonnes en 1901 de Haïphong, dont 21 tonnes seulement étaient expédiées à destination directe de France.

Tabacs. — Les produits de la manufacture de tabacs installée au Tonkin par M. Lecacheux nous avertissent que l'utilisation du tabac indigène peut donner des résultats très satisfaisants; le propriétaire est allé d'ailleurs sur place étudier lui-même les procédés employés aux Philippines; aucune exportation n'a encore été faite, croyons-nous, mais nous souhaitons que la consommation locale, assurée jusqu'à ce jour par le tabac du « Globe », revienne à ces produits; les efforts réalisés méritent le succès.

Une série de photographies, envoyées par MM. Chesnay et de Boisadam, nous mettent mal au courant de leurs exploitations agricoles et forestières de la province de Bac-Giang; nous sommes certains qu'il y a eu beaucoup de travail fait sur cette concession et nous aurions voulu l'étudier plus complètement.

Dans le petit coin d'une fenêtre, sur une petite table, des petits échantillons de thé de la plantation Dong-Bam (Thaï-Nguyen) semblent indiquer que M. de Commaille ne veut pas faire trop de bruit autour de ses essais. N'aurait-il pas plus de confiance dans l'avenir du thé que dans celui du café? Il nous semble pourtant que son énergie et son activité doivent lui assurer un bon résultat.

Une suite de flacons contenant diverses essences a été envoyée par M. Morice, planteur et distillateur à Sontay: de la verveine, du vetiver, de la résine blanche, de la bruyère (?), du laurier, de la citronnelle, du santal, des pistils de nénuphars sont les principales matières employées par lui dans cette fabrication, qui n'a donné lieu jusqu'à ce jour à aucune exportation.

La féculerie de Luc-Nam, connue sous le nom de *Domaine de Croix-Cuvelier*, expose divers échantillons de tapioca brut, tapioca concassé, fécule de manioc, fécule de patates et fécule blutée. Elle a été dotée par son propriétaire qui, si nous ne nous trompons, touche de près au commissaire général de l'Exposition, d'un matériel perfectionné très complet. Cette industrie, qui prospère aujourd'hui à la Réunion, a-t-elle les mêmes chances de succès au Tonkin? Le manioc, là-bas, est d'un usage moins courant que dans les Mascareignes et à Madagascar; les produits cependant sont fort beaux et c'est le début de l'usine. Souhaitons-lui donc bonne chance.

M. Simonet nous présente à côté des fibres naturelles et teintes sous le titre « Jute et ramie du Tonkin. » Ces produits ont été jusqu'ici d'une culture très limitée. La ramie, dont nous avons vu de beaux spécimens à l'exposition de Chine, semblerait devoir réussir, surtout du côté du Bas-Laos; le jute paraît se contenter du sol tonkinois; mais ces deux produits ne figurent pas encore dans le commerce extérieur, bien que n'ayant aucune application locale.

L'Entreprise commerciale et industrielle du Tonkin et du Nord-Annam, dirigée par M. R. Debeaux, expose du sel aggloméré par le procédé Vincent et Cie; le produit vient sans doute de l'Annam, qui en exporte chaque année à destination de Singapour 20.000 tonnes environ. L'aggloméré aura l'avantage d'être d'un transport facile, qui en permettra l'introduction au Yunnan: c'est sans doute l'éventualité de cette hypothèse, retardée jusqu'à ce jour par des raisons diplomatiques, que M. Debeaux a envisagée. La société a plusieurs agences et comptoirs dans la Colonie: l'agence de Vinh s'occupe spécialement des huiles. Une série d'alcools à 45°, alcool de nénuphar, de camomille, etc., figure également dans son exposition, ainsi que divers produits importés de vente courante.

La Société Française des distilleries de l'Indo-Chine, dont les appareils et machines ont été vus ailleurs, a réuni ici ses principaux produits, au milieu desquels on trouve les lampes à alcool de Delamotte, 33, rue de Châteaudun, Paris; l'utilisation du riz préocupe donc nos compatriotes de Hanoï comme ceux de Tananarive.

Avec les distilleries se termine l'exposition que l'on peut appeler «collective» du Tonkin. Pour la résumer, notons que c'est du côté industriel que les efforts les plus sérieux semblent avoir été dirigés, à juste titre d'ailleurs, car il nous a paru que le champ d'action dans cette voie était beaucoup plus sûr que dans tout autre. Loin de nous la pensée de vouloir décourager ceux qui risquent leur vie et leurs capitaux dans la conquête matérielle du sol; celui-ci est assurément moins mauvais que le terrain (j'en excepte bien entendu celui des vallées) des hauts plateaux de Madagascar, «rongé par la lèpre de la latérite» comme le déclare spirituellement notre ami E.-F. Gautier. Toutefois, les conditions climatériques du Tonkin sont telles que, dans toute la vallée du Fleuve-Rouge au-dessus de Hanoï, vallée où se retrouve assez souvent aussi la latérite, la culture est indécise et cherche une orientation: on ne peut pas citer encore une plantation qui ait nettement réussi. Nous comprenons donc très bien que nos compatriotes cherchent de préférence aujourd'hui à placer leurs capitaux dans des entreprises industrielles: c'est la vérité que l'Exposition de Hanoï a démontrée; nous nous contentons donc de la souligner et nous passons à l'étude du territoire de Quang-Tchéou-Wan.

EXPOSITION DE QUANG-TCHÉOU-WAN

Notre nouvelle acquisition ou plutôt location, car il s'agit d'un bail dans la convention franco-chinoise, a été rattachée en janvier 1900 au Gouvernement Général de l'Indo-Chine. Le principe de l'administration adopté est celui d'un protectorat dont la commune chinoise représente les rouages indigènes avec un conseil des notables; une garde indigène recrutée sur place et fortement encadrée assure la police. Son budget, c'est-à-dire la subvention que fait l'Indo-Chine à ce budget, s'élève à 500.000 francs environ; une garnison européene réside à Fort-Bayard, où des casernes confortables ont été construites.

La situation de Quang-Tchéou, relativement à proximité de Canton, permet de compter sur son développement, surtout si les négociations engagées pour la relier à la capitale du Sud-Chinois par une voie de communication rapide aboutissent. D'ores et déjà, c'est pour nous la mainmise sur la province du Kouang-Toung, la plus turbulente peut-être, mais aussi une des plus riches.

La collection envoyée par l'administrateur, chef du territoire, a été judicieusement choisie pour nous en convaincre:

elle comprend peu de numéros, mais tous sont caractéristiques : d'abord des échantillons de riz : riz blanc variant de 0 fr. 16 à 0 fr. 23 le kilogramme, riz rouge de 0 fr. 15 à 0 fr. 19, riz glutineux de 0 fr. 23 à 0 fr. 26 ; les paddys comprennent deux catégories : paddy blanc variant de 0 fr. 10 à 0 fr. 15 le kilogramme, paddy rouge de 0 fr. 08 à 0 fr. 12. L'orge de belle qualité est payée de 0 fr. 93 à 1 fr. 03 et le sagou oscille de 1 fr. 10 à 1 fr. 26. La mesure de capacité est le tao, qui contient 6 litres. Différentes sortes de haricots variant du blanc au vert en passant par le jaune et le noir donnent lieu à un trafic important sur la base de 0 fr. 25 en moyenne le kilogramme ; le sorgho est payé 0 fr. 15 et le millet 0 fr. 10 environ le kilogramme.

Huilerie. — Le modèle d'une huilerie soigneusement établi nous remémore l'étude comparative que nous avons faite des procédés européens et indigènes pour le traitement des graines oléagineuses, dans la section de la Chine ; un manège pour broyer la canne à sucre et le modèle d'une installation pour le traitement des jus nous reportent également à la même section.

Soie. — La soie fabriquée dans la région est présentée en trois qualités sous forme d'étoffe tissée : la première vaut 0 fr. 54, la seconde 0 fr. 46 et la troisième 0 fr. 40 le mètre français. Le fil provient d'un ver indigène semblable au *landibe*, mais moins gros et sans épines, qui vit sur le carambolier.

Divers. — Plusieurs échantillons nous renseignent sur le papier ; des nattes et des sacs en jones sur la vannerie, assez grossière du reste. Quelques cuirs ou peaux tannées nous confirment l'infériorité des Chinois dans cette industrie. Des modèles de jonques et de sampans, des photographies des divers corps de métier nous prouvent la proximité de Quang-Tchéou avec Canton. Nous retrouvons également ces bijoux en argent, émaillés avec des plumes de martin-pêcheur, si chers aux jeunes Cantonnaises, ainsi que les petits souliers brodés bien au-dessous de la pointure de Cendrillon. Quelques modèles de charrues indigènes nous rejettent dans le terrain économique, où nous sommes heureux de trouver les produits de la briquetterie d'un de nos compatriotes, M. Landrieu, établi à Pou-Loc.

Voici des échantillons de chanvre de qualités et de prix différents :

1° Chanvre pour cordages coté à 23 francs les 100 kilogrammes ;
2° — blanc — à 53 —
3° — vert (1re qualité) — à 152 —
4° — (2e —) — à 106 —

Etoffes de coton et tissage. — Puis les cotons et les toiles de coton avec des fiches de renseignements bien complètes, qui nous apprennent que le coton brut vaut 6 francs les 100 kilogrammes. La toile de coton et de chanvre est payée 0 fr. 10 le mètre chinois mesurant 0 m. 37. Une autre en coton seulement vaut 0 fr. 08. La toile de coton blanche est cotée 0 fr. 06. Ces étoffes sont fabriquées avec un métier à tisser très rudimentaire dont le modèle réduit est exposé à proximité.

Sucre, sel, tabac, etc. — Nous abordons ensuite les sucres : la première qualité est vendue 0 fr. 40 le kilogramme ; la seconde vaut 0 fr. 23 et la 3e qualité 0 fr. 20 seulement. Le sel figure ensuite avec les prix de 10 francs les 100 kilogrammes pour le gros sel et 16 francs les 100 kilogrammes pour le sel de cuisine. Le tabac râpé en filaments minuscules comprend trois qualités : la première cotée 0 fr. 68 la livre chinoise de 0 kilg. 600, soit 1 fr. 10 environ le kilogramme ; la seconde à 0 fr. 96 le kilogramme ; la troisième à 0 fr. 70 le kilogramme. La farine de manioc se paie 23 francs les 100 kilogrammes. Le miel indigène est affiché 320 sapèques la livre chinoise ; or, en janvier 1903, la piastre, au cours de 2 francs, comptait à Quang-Tchéou 850 sapèques, ce qui donne 0 fr. 71 environ pour le kilogramme de miel. L'indigo préparé vaudrait 36 francs le kilogramme. Enfin, le sésame blanc est payé 0 fr. 33 le kilogramme et le sésame noir 0 fr. 23 le kilogramme. Quang-Tchéou étant port franc, il n'y a pas de douane et par suite pas de statistique sur le commerce local et de transit.

En somme, dans un espace relativement restreint, nous avons trouvé tous les renseignements qui nous intéressaient ; que n'en est-il ainsi partout ! Les autres provinces de l'Indo-Chine ayant envoyé leurs produits agricoles ou forestiers à l'exposition générale, soit de l'agriculture, soit des forêts, nous ne rencontrons dans les galeries que des documents etnographiques ou industriels. Si ce procédé rend possible la comparaison des divers produits entre les diverses provinces, il a le tort de supprimer la coordination des renseignements pour chacune d'elles. Or, il eut été très facile pour ces deux services généraux, au lieu de grouper dans une seule salle les éléments dont ils disposaient respectivement, de les réunir dans la salle de la province correspondante. Cette méthode nous aurait laissé une impression très nette et complète sur les ressources de chacune d'elles, impression qu'il est utile de recueillir, étant donné les différences caractéristiques que présentent entre elles les diverses parties territoriales de l'unité indo-chinoise.

En sortant de Quang-Tchéou-Wan, si bien présenté, nous sommes, en effet, étonnés de nous retrouver dans l'Annam, dont nous avons déjà vu ailleurs, près de Cholon, diverses collections. Mais ici, pas plus que là-bas, nous ne rencontrons de documents économiques : ils sont tous au pavillon central des forêts. C'est la province de Ha-Tinh qui occupe ces quelques mètres superficiels avec des figurines et des coffrets en bois sculpté, des modèles de jonques, des crânes d'animaux, des arbalètes, des arcs et des flèches, des haches préhistoriques, des porcelaines bleues, des cloisonnés grossiers, quelques étoffes sans intérêt, des nattes, des billes de bois et des poissons salés, le tout un peu pêle-mêle et sans aucun renseignement.

LAOS

Nous passons donc à l'exposition voisine, où le Laos, incomplet lui aussi, se présente à nous. Sa principale richesse, les bois, est au pavillon du service forestier ; nous ne trouvons ici que des étoffes et des objets qui, tout en caractérisant les tribus qui habitent ce vaste territoire de 270.000 kilomètres carrés encore mystérieux, nous laissent ignorants des ressources qu'il renferme. Et, cependant, les efforts qui ont été faits depuis 1895, l'organisation de l'administration générale en 1899, les travaux et les études poursuivis sur le Mékong, les bâtiments construits dans les divers commissariats ou résidences, les routes muletières et charretières reliant les centres administratifs, ainsi que les lignes télégraphiques, prouvent que l'œuvre de pénétration n'a pas été négligée. Pourquoi ne pas avoir renseigné les visiteurs sur la situation actuelle de ce pays inconnu de la plupart. Nous ne pouvons également relever aucune trace du rendement de l'exploitation des gisements d'étain du Nam-Hin-Boun, qui figure seulement avec des échantillons de minerais bruts de montagne, dont la teneur serait de 4 1/2 0/0 (?) en métal. Rien sur les autres concessions minières.

Nous savons évidemment que les recettes du budget local sont encore faibles (500.000 francs environ) mais, pour caractériser les progrès qui, au dire général, se continuent, il aurait été excellent de marquer l'étape de 1902. Tout ce que nous pouvons constater dans l'exposition laotienne, c'est le manque d'industrie locale : les produits doivent être abondants si nous en jugeons par quelques spécimens, mais ils restent inexploités. Voici des échantillons de riz de plaine et de montagne provenant de Stung-Treng, des résines brunes et blanches sans indication d'emploi, des écorces à parfums et à teinture, de la gomme laque, du cachou et du caoutchouc. Des modèles de bâts pour éléphants, des mortiers et des pilons à riz, des rouets à dévider la soie. Une collection de photographies de Vien-Tane nous fait apprécier le charme de ce pays, si bien décrit par M. Raquez dans ses *Pages Laotiennes*, pays de rêve et d'indolence où les orages seuls rompent l'uniformité des journées — un coin de la baie d'Antongil sans doute. Une série de paniers et de vannerie fine, en rotin, prouve que parfois, dans les heures perdues, cette indolente population cherche à s'occuper.

De la province des Huaphans quelques étoffes, des jupes en coton brodé dont le prix varie de 3 à 6 francs, des tissus en soie et coton vendus 5 francs par pièce, qui correspond sans doute à la largeur et à la longueur du métier employé ; de la soie brute à 4 francs le kilogramme et une étoffe plus riche, en soie relevée de fil d'or, cotée 40 francs la pièce de 4 m. 50 environ. Sur l'étagère au-dessous, quelques modèles d'instruments aratoires voisinent avec des flûtes, des tambours, des haches et des couteaux ; des sagaies et des arcs complètent les panoplies de la muraille.

La province de Cammon a envoyé des écharpes de coton broché de soie d'une largeur de 0 m. 50 sur 1 m. 10 de longueur, dont les dessins constituent l'intérêt : ce sont des théories de bonshommes aux poses hiératiques ressemblant aux archers du palais de Darius. Une jupe, avec des dessins du même genre rehaussés de bordures en boutons de porcelaine blanche, est affichée 5 francs. Un bon point à M. l'administrateur du Cammon, qui nous donne quelques renseignements sur les importations, consistant principalement en tissus de coton qui proviennent des Indes anglaises et sont vendus avec une majoration de 1 fr. 20 à 2 francs sur les prix de Bangkok. Un article d'importation courante est également le chapeau de feutre à larges bords.

Au point de vue ethnographique, une intéressante reproduction de village Thaï-hua, de la province des Huaphans, nous montre un groupement de cases sur pilotis, dont les toits s'arrondissent aux deux extrémités sur les vérandas. Un type de ce genre figurait du reste à l'exposition dans le village indigène (Voir photographies) ; puis une case de Thaï-tai du Bas-Laos, une maison kha des Huaphans et des échantillons de poteries diverses. Les poids, mesures et monnaies usités dans ce pays sont d'origine siamoise. Des bois et des bijoux en argent dénotent une influence birmane prononcée, qui se retrouve d'ailleurs dans l'architecture. Nous pouvons nous en rendre compte dans les belles photographies exposées par M. P. Cousin, administrateur.

Tel est l'ensemble du Laos, auquel s'ajoutent diverses figurines, des bronzes anciens et des bouddhas anciens, dont un très intéressant monté sur un éléphant. La galerie, vue de loin avec toutes ses panoplies, produit bon effet ; le délégué a évidemment tiré le meilleur parti possible des éléments qui lui avaient été envoyés.

Malheureusement ces éléments étaient insuffisants et n'ont guère augmenté nos connaissances.

Service géologique. — Toute différente est l'exposition du service géologique, qui continue la galerie. Ce service, créé au commencement de 1898 et rattaché à la direction de l'agriculture et du commerce, comprenait en 1901 un directeur de laboratoire résidant à Marseille, M. Vasseur, docteur ès sciences ; un pétrographe, M. Gentil ; un paléobotaniste, M. Laurent : un préparateur, M. Mansuy ; un chef de service, M. Cormillon, et un chef-adjoint, M. Monod. Plusieurs publications ont caractérisé son activité depuis 1899, et la collection réunie à Hanoï présente le plus grand intérêt. En première ligne nous y trouvons l'exposition des documents rapportés par M. Mansuy de son exploration des stations préhistoriques du Cambodge. Les deux principaux points visités par lui sont : Somron-seng et Long-prao. Dans les exemplaires de la faune figurent des ophidiens, des bovidés, des canidés, des cervidés et des suidés, crocodile, tortue, tigre, buffle et rhinocéros, puis des ossements humains : mâchoires, tibias et humérus avec traces de lésions traumatiques ou de maladies.

De nombreux spécimens de poteries, des polissoirs en roches diverses, des ornements auriculaires semblables à ceux que portaient autrefois les indigènes de Madagascar (Voir *Ouvrages anciens* et collections du musée historique de Tananarive) des haches, des flèches et des grattoirs accompagnent ces documents, et le tout bien coordonné et bien présenté occupe de larges vitrines plates où il est facile d'étudier chaque objet.

A la prochaine exposition, l'Académie Malgache pourra sans doute à son tour constituer une collection d'ensemble, moins riche assurément que celle-ci pour la période préhistorique, mais appréciable cependant avec les subfossiles de Miarinarivo. De la belle exposition de M. Mansuy nous passons aux documents coordonnés par M. Monod sur la géologie. Une carte indiquant l'esquisse géologique de l'Indo-Chine, accompagnée d'un tableau fixant les limites de la mer dévonienne vers Laokay, Yunnan-Sen, Cao-Bang, Lang-Son, Hué, Tourane, nous donnent une idée nette de la formation récente des deltas et nous expliquent la présence de ces massifs calcaires érodés qui surgissent, particulièrement dans la plaine de Lang-Son, semblables à leurs contemporains de la baie d'Along. Peut-être est-ce en suivant la sécession de cette mer, de Laokay à Haïphong, que les tribus primitives sont descendues des hauteurs centrales de l'Asie ; la vallée du Fleuve-Rouge a été certainement l'exutoire de ces migrations jusqu'au jour où elle en devint au contraire le refuge, quand celles-ci se furent heurtées aux immigrations annamites. Que de découvertes réserve encore à la science toute cette région, où tant de civilisations se choquèrent ! Mais c'est peu à peu par les investigations approfondies que le sous-sol révélera ses secrets aux chercheurs du service géologique qui, pour le moment, n'ont pu faire que des voyages, alors qu'un pareil travail exigerait des séjours. La collection géologique est, cependant, importante déjà. Une collection de grès de Tulotoma à Yen-Bay et des bois silicifiés de la période pliocène ; des calcaires et des galets calcaires de la période pleistocène avec des échantillons de tourbe, une collection de roches et de minéraux de Bac-Kan (Tonkin) composée de calcaire, de quartz et de galène. Une série de fossiles végétaux de la période jurassique, comprenant des schistes avec empreintes végétales, permet une comparaison entre les gisements de Hongay (Tonkin) et ceux de Ngoc-Kinh (Annam). Une belle collection de la période jurassique (série liasique) réunit des charbons de Vinh-Phuoc, de Hongay, de Nong-Son, avec des schistes couverts d'empreintes végétales appartenant principalement à l'espèce des fougères. La période précambrienne est représentée par des schistes des environs de Hué, des phyllades et des calcaires cipolins, des grès micacés et quartzeux, des calcaires partiellement métamorphosés, des calcaires de Hon-Chong avec des tiges d'encrines et des calcaires avec polypiers. La collection de la période archéenne et précambrienne offre à l'étude des gneiss à grains fins et granitoïdes, des pegmatites avec mica palmé, des quartz de filon, des micaschistes, des graphites, des quartzites et des grès quartzeux, des asbestos (amiantes), des fluorines, des micas, des quartz aurifères de Luang-Prabang (Laos) des pyrites avec quartz, des cuivres carbonatés de la Rivière-Noire, des fers magnétiques de Ban-Vuoc, les fers peroxydés et les hématites du Cambodge et du Yun-nan, des massicots, des pyrites, des galènes de Hua-Pham, de la barytine, du mélaphyre, de l'amphibolite, des diorites, du granite et du porphyre.

Cette fois nous voici renseignés par un travail consciencieux, incomplet encore sans doute mais réfléchi et véridique sur les minerais et les roches de l'Indo-Chine. Ce qui ne figure pas dans cette collection, dont chaque échantillon est de grandes dimensions, peut donc être considéré comme une exception. C'est la confirmation de ce que nous avions avancé plus haut au sujet des expositions particulières qui sont tentées souvent de généraliser un peu trop des découvertes isolées. C'est donc exclusivement dans les expositions des services spéciaux que les visiteurs doivent chercher leurs renseignements, car le chef de service qui établit une collection de ce genre sait que sa responsabilité morale est engagée et que son devoir est de donner la vérité, sans hyperboles. Une très complète collection de coquilles marines clôt ce compendium de la géologie indo-chinoise par la conchyliologie.

Etablissements zootechniques. — Dans la galerie voisine ce sont les établissements zootechniques de Hanoï qui attirent notre attention, avec une série de photographies de chevaux indiquant les progrès faits par l'élevage. A propos de l'école d'agriculture de Hué, nous avons signalé l'intérêt qui s'attachait à la conservation d'abord, à l'amélioration ensuite du petit cheval de cette race annamite, qui disparait de plus en plus. Jusqu'en 1892, le service zootechnique, assuré par les vétérinaires militaires du corps d'occupation de l'Indo-Chine, s'était limité à quelques tentatives d'élevage du cheval en Cochinchine dans des haras privés, soutenus par des subventions. Le résultat avait été médiocre, le sol et le climat de cette riche province convenant plus à la culture qu'à l'élevage. A la fin de l'année 1892, un haras était créé dans la citadelle de Hanoï, avec mission de fournir des reproducteurs ; il était placé sous la direction de M. Lepinte, vétérinaire principal de l'armée. La désaffectation de la citadelle de

Hanoï, en 1894, entrava les progrès de ce haras et mit même en danger ses produits, car ce ne fut qu'en 1896 que sa réinstallation sur la route mandarine fut décidée. Dès lors, chaque année, l'établissement améliora et augmenta ses résultats, ne se limitant plus aux chevaux, mais étendant son action sur tous les animaux domestiques. C'est à son initiative qu'est due l'introduction du mouton du Yun-nan et de Mongolie croisé avec des moutons d'origine anglaise, et celle de la pintade qui, jusqu'alors, n'existait qu'en Cochinchine. Il faut souhaiter que cet établissement, avec les dépôts d'étalons créés en Annam, au Tonkin et au Cambodge, avec la jumenterie installée à Darlac (Laos) produise la quantité de chevaux nécessaire à l'Indo-Chine, celle qui existe étant actuellement insuffisante, comme nous l'avons constaté. L'amélioration s'est faite assurément, mais la production est encore inférieure. Or, l'Annamite aime le cheval en tant que monture et objet de luxe qui flatte son amour-propre, mais il ne sait ni le soigner ni l'entretenir. Que de bêtes en mauvais état nous avons rencontrées dans nos excursions ! Il est donc indispensable que les établissements zootechniques aient une action aussi étendue que possible et assurent, non seulement par les primes des concours agricoles et par l'appât du gain dans les courses, la sélection de la race, mais aussi sa propagation par des visites aux éleveurs indigènes et des primes à l'élevage. A côté de la question des établissements zootechniques devrait être placée celle du service des épizooties, réorganisé en 1902 avec un personnel de 9 vétérinaires. Mais aucun document ne figurait à l'Exposition de Hanoï sur ce côté intéressant de l'élevage, ou du moins nous n'en avons vu aucun. Ce n'est qu'au cours de voyages que nous avons pu nous rendre compte de la nécessité impérieuse où se trouve l'Indo-Chine de combattre, par des mesures énergiques, les épizooties fréquentes qui sévissent dans certaines parties de son territoire. Quand nous sommes passé dans le haut Cambodge, toute la région de Kompong-thom était dévastée par la fièvre aphteuse, au point qu'il était impossible de trouver des buffles pour les transports. Le vétérinaire inspecteur stagiaire attaché au Cambodge pour ce service ne pouvait suffire à la tâche.

Service des forêts. — Nous avons atteint le pavillon central S, réservé au service des forêts. Elégamment construit à l'extérieur et habilement aménagé à l'intérieur par le chef de ce service, M. R. Ducamp, un travailleur consciencieux qui aime son métier, le pavillon des forêts constituait une des bonnes parties de l'Exposition de Hanoï. Le seul reproche à faire a déjà été formulé par nous ; il vise l'organisation générale : le classement des richesses forestières ou agricoles dans l'exposition particulière à chaque province aurait eu, croyons-nous, l'avantage de présenter une documentation complète pour chacune. M. Ducamp a préféré la réunion globale de tous les produits forestiers de l'Indo-Chine. C'est une opinion défendable. Toutefois, le classement en souffre, c'est incontestable.

Exposition forestière du Laos. — Au dehors dans le parc et devant le pavillon sous des annexes légères figurent les bois du Laos, une voiture à bœufs de Cochinchine assez semblable à la cambodgienne dont nous avons déjà célébré les avantages, un piège à tigres formé par des troncs d'arbres alignés en couloir, la voiture à buffles du Cambodge dont nous voudrions voir expédier un modèle à Madagascar, une voiture du même pays encore plus légère, mais qui sert surtout pour les courses, et des appareils élévatoires, fonctionnant avec une « guerba », installés par un administrateur au poste de Ta-Lung. La différence de niveau entre le fleuve et le point d'écoulement de l'eau est de 30 mètres ; la hauteur de la charpente servant à l'élévation est de 5 m. 50. La contenance de la « guerba » ou récipient est de 60 litres ; elle peut faire à l'heure 45 voyages complets et débiter par conséquent 2.700 litres. L'élévation est effectuée par la traction d'un buffle sur un câble. C'est, en somme, un perfectionnement, à cause de la hauteur de la charpente, de la machine élévatoire employée dans l'Inde du Sud pour l'irrigation. Une série d'échantillons de bois et de billes non étiquetés, rebut sans doute du pavillon central, figure à côté. Rentrons donc dans celui-ci pour l'examiner en détail.

Exposition forestière de Cochinchine. — En première ligne figure la collection des bois de la Cochinchine ; chaque échantillon, représenté par une bille à trois sections, est accompagné de son herbier, d'une photographie du rameau en végétation et d'une photographie de l'arbre en forêt. C'est une excellente présentation, où chaque spécialiste peut trouver les renseignements qu'il cherche. Les spécimens qui y figurent avec leur identification sont : *Tetranthera laurifolia* (Laurinées), *Synapteon ostrotricha* (Diptérocarpées), *Calophyllum Thorelii* (Guttifères), *Cyanodaphne cuneata* (Laurinées), *Melaleuca cajetputi* (Myrtacées) *Lingoum cambodianum* (Légumineuses) *Dipterocarpus tuberculatus*, *Dipterocarpus insularis*, *Dipterocarpus Dyeri*, *Dipterocarpus alatus*, *Alstonia scholaris* (Apocynées), *Hopea odorata* (Diptérocarpées), *Garcinia Benthami* (Guttifères), *Diospyros decandra* (Ebénacées), *Terminalia Chebula*, *Carallia Sinensis* (Rhyzophorées), *Syndora maritima* (Légumineuses), *Mangifera Indica* (Anacardiacées), *Shorea vulgaris* (Diptérocarpées), *Lagestroemia hirsuta* (Lytranées), *Mangifera Duperreana* (Anacardiacées) *Berrya Mollis* (Tiliacées), *Baryxylum inerme* (Légumineuses). *Xylia Dolabriformis* (Légumineuses), *Brownlowia Denysiana* (Tiliacées). Plusieurs autres billes sans désignation figuraient à côté de celles-ci. Rappelons que les *Dipterocarpus*, les *Calophyllum* et les *Diospyros* sont largement représentés à Madagascar et qu'il y aurait grand intérêt à posséder l'ouvrage de M. Pierre sur la flore de la Cochinchine dans la bibliothèque de l'Académie Malgache. Cette cession ne pourrait-elle être obtenue du Gouvernement Général de l'Indo-Chine, soit à titre gratuit, soit dans des conditions avantageuses ? Un pareil ouvrage faciliterait singulièrement nos recherches et compléterait pour un travail de comparaison celui de M. Grandidier spécial à Madagascar. Ce travail d'identification, d'ailleurs, n'a encore été fait complètement que pour la Cochinchine.

Expositions forestières de l'Annam et du Tonkin. — Voici, en effet, la collection des bois du Tonkin, représentée également par des billes, mais qui ne portent que le nom indigène et l'indication de l'emploi. La collection des bois de l'Annam contient encore moins de renseignements : il en est de même de celles du Laos et du Haut-Laos, sur lesquelles figure seulement le nom indigène de chaque spécimen. Décidément, sous le rapport de l'identification des espèces forestières, nos colonies en sont encore presque toutes au même point et il reste partout beaucoup à faire. Plusieurs espèces ont certainement été déterminées dans les laboratoires de Paris et de Londres, mais aucun catalogue pratique n'a encore été publié dans chaque colonie. Il ne s'agit, bien entendu, que des espèces forestières dont les documents semblent plus difficiles à se procurer que les autres, tant à cause des obstacles inhérents à la forêt qu'à la hauteur des arbres et aux différences dans les époques de la floraison. Espérons que l'Académie Malgache, avec la précieuse collaboration de M. Baron, mènera à bien pour notre Colonie ce répertoire qui serait d'une utilité pratique directe dans la Colonie elle-même.

Une collection des graines forestières d'espèces indigènes au Tonkin figure près des collections de bois sans plus de renseignements. Des nattes et paniers, des rotins et des bambous de Cochinchine nous indiquent la source première des chaises longues et des fauteuils de bord que les Chinois fabriquent à Saïgon. Une vitrine est consacrée aux caoutchoucs et aux écailles (?) une autre abrite les gommes et résines, le benjoin, le stick laque, des huiles diverses. Notons en passant l'intérêt qu'il y aurait à étudier les arbres à laque et à rechercher si dans nos forêts nous ne possédons pas les équivalents.

Les médicaments composés avec ces produits forestiers et les simples occupent une assez grande vitrine : comme dans l'exposition chinoise, ceux-ci sont nombreux et les Annamites ont suivi en cela aussi les traditions de leurs initiateurs. Les bois de teinture sont groupés près de là, les poisons végétaux moïs et cambodgiens sont sous clef à proximité.

Les murailles de cette vaste salle et certaines parties de sa charpente apparente sont décorées de panoplies d'armes diverses : coupe-coupe, couteaux et haches provenant des tribus de l'intérieur, alternant avec des faisceaux de fibres et d'écorces textiles qui produisent le meilleur effet. Au centre, d'énormes billes et de grands plateaux nous donnent une idée des dimensions atteintes dans certaines régions par les arbres de la forêt : ces colosses proviennent de la Cochinchine, de l'Annam et du Tonkin et appartiennent à certaines espèces qui figurent dans les collections d'ensemble. La pyramide qu'ils composent est surmontée d'oiseaux et de fauves empaillés, de crânes d'éléphants et de rhinocéros qui complètent l'aspect pittoresque de cette salle.

Une série de blocs d'argent nous ramène aux renseignements économiques ; chacun d'eux représente la somme annuelle produite par les permis de coupe, dans le Tonkin seulement : 1.581 piastres pour 1897, 1.749 piastres pour 1898, 2.101 piastres pour 1899, 4.505 piastres pour 1900 et 5.990 piastres pour 1901. Notons que, de 1897 à 1901, la piastre a varié de 3 francs à 2 francs.

Le service forestier a été rattaché à cette date à la direction de l'agriculture : il comprend 5 inspecteurs-adjoints dont 1 chef de service, 6 gardes généraux chefs de cantonnement, 56 gardes forestiers européens et 83 gardes indigènes. Son rôle s'est borné jusqu'ici à assurer la perception des redevances fiscales : il semble désormais vouloir se préoccuper de la protection des surfaces boisées. L'évaluation de celles-ci est intéressante ; elles seraient :

Cochinchine	6 millions	d'hectares
Cambodge	12	id.
Tonkin	12	id.
Annam	20	id.

Ces chiffres, nous devons l'avouer, nous semblent énormes.

Les recettes forestières, comprenant : 1° le montant des permis de coupe ; 2° le montant des redevances ; 3° la valeur des sous-produits concédés ou affermés ; 4° le produit des transactions et amendes forestières, ont donné les résultats suivants :

1897 : 179.176 piastres. — 1898 : 212.874 piastres. — 1899 : 247.863 piastres. — 1900 : 254.732 piastres. — 1901 : 235.096 piastres.

La perception est souvent difficile et les agents de ce service postés sur les grands fleuves sont obligés de faire des vérifications de tous les trains de bois qui descendent, tâche ingrate et pénible entre toutes. Avant de quitter cet intéressant pavillon, notons encore une collection de la province de Bac-Kan, bien faite et documentée, la reproduction au 1/10 d'un poste forestier, une vitrine contenant des objets tournés en bois de trac et surtout les superbes échantillons de teck, grand teck, teck brun et bois de Maï Khi-leck, qui proviennent de l'exploitation forestière de Xung-Khong (Haut-Laos). La société possède une concession de 11.500 hectares : des photographies nous renseignent sur les difficultés de l'exploitation. Les éléphants seuls peuvent extraire de la forêt les bois en grume et les transporter jusqu'à la voie praticable. N'oublions pas non plus de signaler l'exploitation de M. Ducamp, frère du chef du service forestier, à Tan-my (Annam). Ce colon a eu l'heureuse idée d'aménager et d'augmenter d'anciennes plantations indigènes de cocotiers abandonnées. De belles photographies nous indiquent les procédés de culture et d'exploitation employés. Une collection de coprah et de cordes en fibres nous renseigne sur les produits. A noter aussi l'utilisation de l'écorce des noix pour la fabrication d'objets divers, cerclés en argent, du genre de ceux que nous avons vus dans l'exposition de l'île de Haïnan.

Enfin, pour terminer, constatons que les chiffres d'importation et d'exportation nous donnent un renseignement précieux sur la situation vraie du commerce des bois en Indo-Chine. Il a été importé, en effet, en 1900, pour 1.241.000 francs de bois et il en a été exporté pour 100.000 francs environ ; la production, en dehors de la consommation locale, reste donc encore très faible.

Agriculture de la Cochinchine. — En sortant du pavillon des forêts, nous gagnons la galerie R, réservée à l'agriculture de la Cochinchine et où se trouve l'ensemble le plus documenté, le mieux présenté et le plus abondant en renseignements économiques. Après un retard qui s'est prolongé jusqu'à l'ouverture, la Cochinchine s'est décidée à faire à Hanoï une œuvre en rapport avec ses ressources et son expérience : nous l'étudierons consciencieusement, car c'est un modèle dont nous pourrons nous servir ultérieurement.

A l'entrée du pavillon, à droite, l'exposition du laboratoire d'analyses et de recherches agricoles et industrielles de Saïgon, de création récente (15 février 1898), à la tête duquel se trouve un ingénieur agronome déjà connu de nous, M. Morange, qui a organisé à Paris, en 1900, les collections du service de l'agriculture de Madagascar. Le laboratoire nous présente une série de gutta-percha en feuilles étirées : celle de Sarawak (Bornéo), cotée 750 francs les 100 kilogrammes ; celle de Sulu (Philippines), cotée à Singapour 250 francs les 100 kilogrammes ; celle de Kuantan, cotée à Singapour 950 francs les 100 kilogrammes ; celle de Palembang, vendue 2.260 francs les 100 kilogrammes, est évidemment la plus recherchée ; la gutta blanche de Boulongan atteint le prix de 750 francs ; la gutta mérah, de Pakan, est vendue à Singapour 850 francs, tandis que celle de Bornéo ne dépasse pas 200 francs, étant de qualité inférieure. Juxtaposés à ces échantillons, figurent ceux obtenus par le traitement à l'éther du *Dichopsis Krantziana* et du *Palaquium Krantzianum*, ainsi qu'une feuille de la gutta de Kuantan obtenue par le même procédé. Le *Dichopsis Krantziana*, dont M. Pierre a le premier signalé la présence en Cochinchine, est répandu également dans le Cambodge et jusque dans le Laos. Son latex renferme une proportion moyenne de 30 0/0 de gomme à l'état brut.

Justement préoccupés de cette même question, qui semble à l'ordre du jour en Indo-Chine, nous avions emporté à l'Exposition de Hanoï deux échantillons d'un latex et d'une gomme blanche recueillis aux environs d'Analamazaotra et qui nous avaient été signalés comme pouvant être une gutta. Très obligeamment, M. Morange a bien voulu nous faire l'analyse de ces produits, dont voici le résumé :

Perte à 100°	Échantillon 1	Échantillon 2
Humidité et substances volatiles	20,91	3,51
Résines solubles dans l'éther	77,09	86,92
Impuretés (débris d'écorces, etc.)	1,86	8,95
Matières minérales	0,14	0,62
	100,00	100,00

Observations. — Ces deux produits ne contiennent pas de gutta-percha. L'échantillon n° 1 se présente sous l'aspect d'une masse blanche friable et graveleuse, légèrement visqueuse. Cette masse se ramollit facilement dans l'eau chaude, mais ne peut s'étirer en feuilles minces. Après refroidissement, elle ne durcit qu'imparfaitement et ne possède ni tenacité, ni souplesse. A signaler la perte de poids assez considérable qui se produit sous l'influence de la chaleur.

L'échantillon n° 2 est un mélange d'un latex filant brunâtre et du produit précédent. Comme pour l'échantillon n° 1, on n'y constate aucun des caractères fondamentaux de la gutta-percha.

Saïgon, le 28 Avril 1903,

Le Directeur du Laboratoire,

Signé : MORANGE.

Nous sommes donc maintenant fixés sur cette espèce portant le nom indigène de Montakalana et dont la feuille, de grandes dimensions, a une certaine analogie avec celle du *Palaquium*.

Une série de bocaux avec divers échantillons de terres, sur lesquels figure le bulletin d'analyse, nous prouve que l'étude des terrains, commencée depuis quatre ans à Madagascar, est poursuivie également à Saïgon : la plupart des échantillons relevés appartiennent à des terres d'alluvion. Les travaux du laboratoire en 1901 se résument dans le tableau suivant :

Nature des échantillons soumis a l'analyse	Nombre
Terres	49
Amendements et engrais	6
Eaux	11
Produits agricoles et alimentaires	13
Minerais et combustibles	16
Produits industriels	23
Produits divers	5
Total	123

Les principaux instruments employés pour les recherches de produits spéciaux figurent à côté de cette intéressante exposition.

A gauche de la porte d'entrée, la collection des différentes espèces de poissons secs vendus à Saïgon, dont les prix varient de 30 francs à 133 francs les 100 kilogrammes, ce prix maximum étant atteint par les poulpes, très recherchés sur le marché de Canton. Nous avons déjà indiqué l'importance considérable que les pêcheries avaient dans les ressources de la Cochinchine ; quelques chiffres nous fixeront mieux.

Moyenne annuelle de l'exportation des pêcheries, par province, en 1901

NOMS DES PROVINCES	NATURE DES PRODUITS EXPORTÉS	EXPORTATION évaluée EN FRANCS	OBSERVATIONS
Bac-Lieu	Crevettes sèches en majorité	50.000	En dehors de l'exportation, la consommation totale annuelle de la Cochinchine peut être évaluée à une valeur de 725.000 francs, ce qui donne pour les pêcheries sur mer un produit total de 1.800.000 francs.
Baria	Poissons salés	60.000	
Bentré	Tous les produits	15.000	
Cantho	Poissons salés en majorité	4.000	
Cap-St-Jacques	Poissons frais (sur Saïgon)	3.500	
Chaudoc	Poissons (exclusivement)	205.000	
Giadinh	Crevettes sèches	235.000	
Gocong	Tous les produits	16.000	
Hatien	Crevettes sèches et nuoc-mam	65.000	Les provinces qui n'ont pas de pêcheries ne sont pas portées dans le tableau ci-contre, mais elles figurent dans le chiffre de consommation générale.
Rachgia	Poissons frais et salés, nuoc-mam	175.000	
Longxuyen	Poissons frais et secs	100.000	
Sadec	Poissons frais et salés	50.000	
Soctrang	Poissons frais en majorité	45.000	
Tanan	Poissons frais et salés	15.000	
Travinh	Tous les produits	30.000	
		1.073.500	

Ce qui nous frappe ensuite dans le dispositif adopté, c'est le classement des produits par province, nous donnant pour chacune d'elles l'ensemble de ses ressources, sauf le riz, pour lequel une exposition à part, que nous résumerons dans un tableau, a été organisée. C'est donc une documentation sérieuse en présence de laquelle nous nous trouvons et que nous allons essayer de condenser dans un tableau d'ensemble, reproduction des documents publiés dans l'état de la Cochinchine mais où nous n'avons fait figurer, bien entendu, que les produits exposés à Hanoï.

PRODUCTIONS SPÉCIALES A CHAQUE PROVINCE DE LA COCHINCHINE

Evaluation en hectares cultivés

NOMS DES PROVINCES	MAIS	HARICOTS	PATATES	ARACHIDES	SÉSAME	COTONNIER	CANNE A SUCRE	TABAC	INDIGOTIER	CACAOYER	COCOTIER	MURIER	CAFÉIER	POIVRIER	ARÉQUIER	PRODUITS INDUSTRIELS	PRODUITS de la FORÊT	TOTAUX sans les ARÉQUIERS
Bac-Lieu	»	182	31	7	»	»	2	28	»	»	41	26	»	»	212		Miel et cire.	317
Baria	870	160	5	4	13	430	70	26	7	»	11	»	12	16	22		Résines et médicaments.	1.624
Bentré	509	1.610	1.510	350	15	356	550	100	»	12	6.115	395	6	4	5.015	Fécules, fibres d'aloès.		11.532
Bienhoa	151	40	11	454	5	3	2.390	93	»	6	39	9	10	20	969		Gommes et résines.	3.233
Cantho	50	30	10	»	»	»	15	»	»	»	650	5	10	»	1.600			770
Cap-St-Jacques	1	»	2	»	»	»	»	»	»	»	11	»	»	»	1			14
Chaudoc	1.116	2.156	1.154	3	9	8	128	35	191	»	14	268	4	4	59		Miel et cire.	5.090
Cholon (P.)	»	»	»	»	»	»	»	»	»	»	»	»	»	»	114			»
Cholon (V.)	»	»	»	»	»	»	»	»	»	»	»	»	»	»	»			»
Giadinh	2.287	2.822	400	5.000	»	600	1.272	1.000	20	15	110	160	45	16	2.263			13.747
Gocong	4	»	2	»	»	»	1	14	»	»	16	»	»	»	186			37
Hatien	18	15	27	3	»	12	15	3	»	»	50	1	50	730	110			924
Longxuyen	780	1.808	247	»	»	»	2.942	150	352	»	126	155	10	125	250	Sauces de poissons.	Miel.	6.695
Mytho	400	500	300	30	»	35	400	300	200	»	4.600	50	2	»	6.500	Huiles de coco, alcool de riz.		6.817
Poulo-Condor	»	»	2	»	»	»	»	»	»	»	2	»	1	7	»			12
Rachgia	15	36	19	3	»	6	5	»	»	»	20	»	1	4	50		Miel et cire, plumes.	109
Sadec	275	360	670	185	90	295	340	101	480	1	730	43	2	»	2.847			3.572
Saïgon	»	»	»	»	»	»	»	»	»	»	»	»	»	»	»			»
Soctrang	5	20	20	2	»	»	15	»	»	»	50	5	»	»	395			117
Tanan	80	»	125	»	»	»	230	25	»	»	740	»	»	»	850			1.200
Tayninh	31	26	20	29	»	5	29	89	»	»	4	1	1	»	38		Huiles et résines	235
Thudaumot	215	10	15	856	»	6	1.147	912	»	6	15	87	50	150	1.157			3.469
Travinh	102	700	1.052	72	13	252	152	125	»	»	842	140	40	»	1.109			3.490
Vinh-Long	39	53	75	»	»	16	20	15	»	»	1.534	10	16	»	3.598			1.778

Il résulte de ce tableau que les provinces, au point de vue de la culture, riz et aréquiers exceptés, peuvent être classées dans l'ordre suivant, pour l'importance de leur production : 1° Giadinh ; 2° Bentré ; 3° Mytho ; 4° Longxuyen ; 5° Chaudoc ; 6° Sadec ; 7° Travinh ; 8° Thudaumot ; 9° Bienhoa ; 10° Vinh-Long : 11° Baria ; 12° Tanan ; 13° Hatien ; 14° Cantho ; 15° Bac-Lieu ; 16° Tayninh ; 17° Soctrang ; 18° Rachgia ; 19° Gocong ; 20° Cap-St-Jacques ; 21° Poulo-Condor. Cholon province, Cholon-ville et Saïgon ne comptant aucune des cultures indiquées ci-dessus.

Quant aux riz de différentes qualités, ils étaient groupés dans la partie centrale : les échantillons d'analyse étaient contenus dans des bocaux sur lesquels figuraient les renseignements ci-dessous : d'autre part, des gerbes, des tas combinés en dessins symétriques, des tiges enroulées autour des colonnes donnaient à cette exposition un dispositif pittoresque faisant nettement ressortir l'énorme production à laquelle l'Indo-Chine doit sa prospérité.

Résumons cet ensemble dans un tableau synoptique :

NOMS DES PROVINCES	SURFACES en hectares des rizières cultivées	PRIX MOYEN au chef-lieu par 100 kilogrammes (en octobre 1902)	RENDEMENT moyen à l'hectare en kilogrammes	NATURE du SOL
Bac-Lieu	51.342	6.00	1.500	Alluvion
Baria	7.863	9.00	800	Argileux
Bentré	83.762	10.60	700	Sablonneux
Bienhoa	23.679	11.60	600	Sablonneux
Cantho	124.548	6.60	1.200	Argileux
Cap-St-Jacques	177	»	»	
Chaudoc	19.004	9.00	850	Sablonneux
Cholon (P.)	62.152	8.30	1.050	Argileux
Giadinh	57.241	8.60	800	Alluvion
Gocong	36.930	7.30	1.500	Rizière haute
Hatien	1.182	5.00	600	Argileux
Longxuyen	44.901	6.00	1.200	id.
Mytho	89.957	14.30	1.500	Sablonneux et argileux
Poulo-Condor	84	»	»	
Rachgia	84.198	10.60	900	Argileux peu inondé
Sadec	63.940	7.30	1.800	Alluvion
Soctrang	151.169	6.30	2.400	id.
Tanan	49.194	7.30	1.400	Argileux
Tayninh	14.039	8.00	1.000	id.
Thudaumot	11.027	8.60	900	id.
Travinh	119.904	7.60	1.350	id.
Vinh-Long	77.631	12.30	600	Sablonneux

Il résulte de ce tableau que les provinces, au point de vue de la culture du riz, peuvent être classées dans l'ordre suivant : 1° Soctrang ; 2° Cantho ; 3° Travinh ; 4° Mytho ; 5° Rachgia ; 6° Bentré ; 7° Vinh-Long ; 8° Sadec ; 9° Cholon (P.) ; 10° Giadinh ; 11° Bac-Lieu ; 12° Tanan ; 13° Longxuyen ; 14° Gocong ; 15° Bienhoa ; 16° Chaudoc ; 17° Tayninh ; 18° Thudaumot ; 19° Baria ; 20° Hatien ; 21° Cap-St-Jacques ; 22° Poulo-Condor.

Il pourra être intéressant de comparer aux classements par importance des cultures des provinces, le classement par importance de population : nous l'extrayons du tableau figurant aux pièces annexes :

1° Mytho ; 2° Cantho ; 3° Giadinh ; 4° Bentré ; 5° Sadec ; 6° Cholon (P.) ; 7° Travinh ; 8° Vinh-Long ; 9° Longxuyen ; 10° Chaudoc ; 11° Soctrang ; 12° Bienhoa ; 13° Thudaumot ; 14° Rachgia ; 15° Tanan ; 16° Gocong ; 17° Bac-Lieu ; 18° Tayninh ; 19° Baria ; 20° Hatien ; 21° Cap-St-Jacques ; 22° Poulo-Condor.

Il est facile de voir que, sauf pour Rachgia et Longxuyen, les premières places dans le deuxième classement (riz) sont sensiblement en fonction de la population, ainsi que les dernières. La carte d'ensemble jointe à ce rapport, indiquant la composition de cette population pour chaque province, complètera ces renseignements : nous regrettons que les éléments ne nous soient pas encore parvenus pour faire le même travail sur le Tonkin, l'Annam et le Cambodge.

Cette forme de tableaux nous a paru devoir résumer convenablement l'exposition agricole de la Cochinchine. Nous y ajouterons les quelques renseignements complémentaires suivants : Une collection de médicaments indigènes très complète, soigneusement repérée et étiquetée, comprenant plus de 200 échantillons, nous rappelle l'influence chinoise et les nombreux pharmaciens de Cholon, tandis qu'une collection de carpologie, réunissant tous les fruits de la Cochinchine, nous reporte aux environs de Saïgon, à ces jardins d'une végétation si puissante dont les produits tropicaux vont figurer jusque sur les tables des riches Anglais de Hong-Kong et de Shangaï, juxtaposés aux fruits européens récoltés en Chine.

Tandis que les provinces respectives présentaient sur les côtés l'ensemble de leurs ressources, dans un groupement central étaient sélectionnés les plus beaux spécimens des résines, des sucres, des fruits et légumes, des tabacs, des graines oléagineuses, des épices, des fécules, des fruits confits et des engrais commerciaux, ainsi qu'une collection considérable de toutes les graines des plantes indigènes ou introduites dans la Cochinchine. La superstructure de cette masse de bocaux était surmontée par des produits de l'usine céramique de Cay-May, dont une frise de pagode de grandes proportions et d'une rare perfection.

Des conserves d'ananas, des confitures de pamplemousses, de papayes et d'ananas provenant de la plantation de Thu-Duc (Cochinchine), l'exposition particulière de M. Gelleau, à Bien-hoa, contenant des échantillons de gutta-percha, de gomme naturelle (?) de brai gras, de brai sec et d'une huile spéciale (?) constituaient les deux seules expositions de colons européens figurant dans cette galerie. La série des alcools de riz distillés par les Annamites complétait l'échantillonnage général.

L'ensemble de cette exposition faisait grand honneur au service de l'agriculture de Cochinchine et spécialement au directeur du jardin botanique de Saïgon, qui en avait été le principal organisateur : l'impression de tous ceux qui l'ont visitée a été unanime.

Enseignement mutuel au Tonkin. — En sortant de la galerie R', pour ne pas revenir ensuite sur nos pas, nous gagnons les pavillons H' et I' (Voir photographies). Le pavillon H', exclusivement construit en bambous, ceux-ci recoupés en deux constituant même les tuiles creuses, était réservé à l'enseignement mutuel du Tonkin et avait été édifié par les membres indigènes de la société. Fondé en 1892 par quelques interprètes et instituteurs annamites, ce groupement, d'abord limité, fut étendu à une véritable société dont le but est la connaissance du français et sa propagation. Quelques fonctionnaires français prêtèrent leur appui à cette initiative, qui prospéra bientôt. En 1897, un comité de patronage fut institué à Hanoï et, en 1898, l'association polytechnique de Paris prit l'œuvre sous sa protection effective. Successivement des sections furent créées à Haïphong, à Tuyen-Quang, Phu-lien, Sontay, Bac-ninh, Ninh-Binh, etc.; leur nombre s'élève actuellement à 17. Onze cours gratuits furent ouverts et trois écoles, à Thuongtin (Cando), Thai-ha (zone suburbaine) et Tozky (Haiduong). Les cours sont gratuits, on y enseigne les éléments de la langue française, du calcul, de la grammaire, de la géographie et du système métrique, sans condition d'âge d'entrée. Un cours spécial est professé à Hanoï. dans un immeuble que la société à fait construire; le nombre des adhérents est de cinq cents. Le président de l'œuvre est M. Avril, conseiller à la Cour d'appel de Hanoï. Les objets variés qui figuraient dans ce pavillon avaient été pour la plupart fabriqués par les membres de la société qui compte de nombreux artisans annamites. Ils comprenaient des dessins et des peintures, une collection de tous les instruments de musique indigènes en réduction et en grandeur naturelle, divers travaux scolaires des sections et des écoles, trois méthodes de langage et de lecture pour la langue française, un recueil de connaissances usuelles, un compendium de système métrique en français et en annamite, un intéressant dialogue entre plusieurs notables d'un village roulant sur les questions relatives à la commune annamite et à ses perfectionnements, texte français et traduction annamite de Bùi-Dinh-Tà ; des recueils de contes annamites, de poésies, de proverbes et d'énigmes ; un vocabulaire franco-chinois-annamite, quatre brochures sur le savoir-vivre, l'hygiène privée et publique, l'agriculture, la comptabilité commerciale; une collection de norias et d'engins de pêche annamites en réduction ; divers meubles, coffrets et objets incrustés, bibelots en bois et en bambous sculptés, nattes en bambous; des albums instructifs de dessin pour les incrusteurs, des broderies de tout genre, un herbier des plantes médicinales annamites (400), des pâtes de papier estampées et laquées et même des modèles de chaloupes à vapeur construits de toutes pièces par un Annamite et fonctionnant, ainsi que l'étiquette nous en avertit. La diversité des professions qu'indique l'énumération ci-dessus prouve le rôle bienfaisant qu'est appelée à jouer cette société en permettant à ses membres un échange de connaissances susceptibles de les faire progresser. C'est la justification de son titre et la mutualité s'y manifeste dans ses réunions de camaraderie, où le français est parlé. Nous comprenons que plusieurs hautes personnalités se soient intéressées à cette œuvre de saine propagande, et la tentative est assurément digne d'être encouragée, car son exposition de Hanoï a nettement mis en valeur ses efforts et son but.

Ecole professionnelle. — Le pavillon l'élégamment contruit en modern-style, abritait l'école professionnelle. La charpente de ce pavillon avait été faite par les élèves de l'école : c'était assurément la meilleure partie de son exposition. Nous avons dit déjà à maintes reprises ce que nous pensions de la direction donnée à l'enseignement professionnel au Tonkin : les collections contenues dont l'intérieur ne viennent que trop confirmer les appréhensions déjà exprimées.

Cette création est due au vœu émis, en 1898, par la chambre de commerce de Hanoï, qui demandait qu'une école professionnelle, instituée spécialement pour les indigènes, fût placée sous son patronage et sous sa direction. Le programme comportait des leçons de dessin, d'art décoratif, d'architecture et de construction pratique, de comptabilité. Le but était spécialement de « *rénover et de développer les diverses branches de l'art indigène au point de vue des travaux d'incrustation, de laquage, de sculpture sur bois, de broderie sur tissus, d'orfèvrerie, etc...* » Comment, dans ces conditions, avec une ligne de conduite aussi nette, a-t-on abouti au résultat qui nous a été présenté ? Quelques cadres, en effet, dont un consacré au greffage, d'autres à une collection de papillons ; une panoplie avec des fibres végétales et des cordages, une série de bocaux contenant des fruits et des graines occupaient le panneau principal. Pourquoi ces objets indiquant un enseignement dont il n'est nullement fait mention au programme ? Quelques cubes de pierre et quelques assemblages, des albums et des cahiers sur une table au centre, deux broderies et des dessins nous ramènent vaguement à ce programme : mais tout le reste de la salle est encombré de laques plus ou moins ébauchées, à divers degrés de fabrication, prouvant que toute l'attention s'est absorbée dans cette branche industrielle et que les autres ont été traitées comme des accessoires négligeables. Ceci est le résultat de la venue à l'école, en 1900, de deux laqueurs japonais qui y ont été attachés. L'idée a été malheureuse, croyons-nous, car, loin *de rénover* l'art indigène, on risque *simplement de le tuer*. Tous les spécimens exposés sont des pastiches de modèles japonais plus ou moins bien copiés : c'est de la japonaiserie de bazar, aucune idée annamite ne s'y fait jour ; aucune tentative originale ne décèle une étude. Nous tenons donc à le dire nettement : il y a dans cette méthode un danger menaçant, auquel la chambre de commerce fera bien de parer d'urgence. Son programme n'est pas suivi et c'est un autre but que le sien vers lequel tend pour le moment l'école professionnelle de Hanoï.

EXPOSITION DE LA DIRECTION DE L'AGRICULTURE ET DU COMMERCE

Revenant dans le pavillon des forêts, nous pénétrons dans la galerie où se trouve l'exposition de la direction de l'agriculture et du commerce, c'est-à-dire la centralisation des produits et des documents agricoles provenant des diverses parties de l'Indo-Chine. Nous retrouvons d'abord des échantillons déjà vus pour les cafés, les thés et les sucres. Pour les premiers, c'est le Libéria que présente la Cochinchine, et l'Arabica qu'expose le Tonkin; le Cambodge figure avec un échantillon de la plantation Kieffer, l'Annam est représenté par du café sauvage, épave sans doute de plantations faites au siècle passé et qui semble s'être multiplié en s'atrophiant légèrement cependant. Suit une collection de paddy ayant figuré au concours régional de 1901. Mais l'intérêt principal de cette salle réside surtout dans les graphiques ou tableaux de grandes dimensions résumant la situation économique des différents pays pour leurs principales productions.

Voici d'abord le tableau comparatif de superficie et production rizicole du Tonkin (delta) et de la Cochinchine :

Tonkin		Cochinchine	
Superficie	4.729.500 hectares	Superficie	5.693.062 hectares
Rizières	859.620 —	Rizières	1.183.425 —
Production totale en paddy	1.232.000 tonnes	Production totale en paddy	2.221.737 tonnes

De la comparaison des chiffres de ce tableau ressort tout d'abord la différence de production au Tonkin et en Cochinchine. Dans le premier l'hectare donne environ 1.433 kilogrammes de paddy ; dans la seconde il produit près de 2.000 kilogrammes.

Un deuxième tableau vient compléter celui-ci, c'est celui de la marche progressive de l'exportation du riz.

1894	1895	1896	1897	1898	1899	1900	1901
740.765 tonnes	681.953 tonnes	570.315 tonnes	775.154 tonnes	804.578 tonnes	894.954 tonnes	915.635 tonnes	911.754 tonnes

Mais, ce que ces deux tableaux ne nous donnent pas, ce sont les chiffres respectifs de la population dans les deux pays, en fonction de cette production.

La Cochinchine fournit :	2.221.737 tonnes de paddy pour	2.722.886 habitants	consommant cette denrée.
tandis que le Tonkin fournit :	1.232.000 id.	6.000.000 d'habitants dans le delta	

Ce qui revient à dire :

Qu'en Cochinchine chaque habitant a environ 1.000 kilogrammes de paddy.

Tandis qu'au Tonkin id. id. 200 id. id.

Ces deux chiffres indiquent suffisamment que le Tonkin fournit sa consommation et que l'exportation est assurée surtout par la Cochinchine.

En comparant les superficies de terre cultivables à la population qui habite respectivement au Tonkin et en Cochinchine, il apparaît également que pour la Cochinchine il y a 2 hectares 9 ares par habitant, tandis que pour le Tonkin il y a 78 ares par habitant : cette constatation explique la pléthore de population du delta.

Ce fait est confirmé, du reste, par la contribution respective de la Cochinchine et du Tonkin aux totaux d'exportation de riz, que nous trouvons dans le rapport de M. Doumer (page 301) et que nous résumons dans le tableau ci-dessous :

ANNÉES	1894	1895	1896	1897	1898	1899	1900	1901	OBSERVATIONS
Cochinchine ..	636.777	630.214	545.680	637.570	715.318	798.794	739.503	758.539	La différence entre les totaux de ce tableau et ceux du N° 2 donne l'exportation, infime du reste, des autres régions.
Tonkin	99.429	48.435	23.215	136.692	88.620	95.296	168.622	150.818	
TOTAUX.....	736.206	678.649	568.895	774.262	803.938	894.090	908.125	909.357	

On peut se rendre compte ainsi de la fluctuation de la production du Tonkin : il n'y aurait même pas d'exportation si l'alimentation dans certaines parties ne comptait des légumes indigènes autres que le riz, et si les rizières des régions hautes ne produisaient pas plus que la consommation de leurs habitants, dont le nombre peut-être évalué à 400.000 seulement (Voir carte de la population). Un fait est également intéressant à relever : c'est la forme sous laquelle se produit l'exportation du riz. Alors que le riz sortant du Tonkin comprend surtout du paddy, la Cochinchine, en 1901, a exporté presque exclusivement du cargo et du riz blanc (620.974 tonnes de riz contre 2.698 tonnes de paddy). Ceci tient à ce que le Tonkin ne possède pas de décortiquerie mécanique, alors que la Cochinchine possède neuf usines dont quelques-unes, avec 16 paires de meules, peuvent décortiquer 200.000 tonnes de paddy par an ; aussi, avant de laisser cette question du riz, nous semble-t-il indispensable de fournir sur le décorticage mécanique quelques détails complémentaires qui peuvent intéresser Madagascar, bien que nous comptions nous étendre encore plus longuement sur ce point dans la seconde partie de ce rapport.

L'industrie du décorticage du riz au moyen de machines à vapeur n'existe en Basse-Cochinchine que depuis 1874 : jusque là, elle était pratiquée avec le moulin indigène (Cai-coi-xay) composé d'une meule fixe et d'une mobile supérieure mue à la main. Ce décorticage, qui ne donne qu'un rendement de 40 %, laisse le riz imparfaitement débarrassé de son enveloppe et avec de nombreuses brisures. Il est blanchi ensuite dans des mortiers avec pilon, soit à bras soit à levier, comme ceux des Chinois. Il existe 200 de ces industriels, possédant 725 mortiers, et environ 300 dans l'intérieur, possédant 1.000 mortiers. Sur les usines à vapeur 7 fonctionnent avec des capitaux chinois et deux autres avec des capitaux allemands, français et chinois. Les trois espèces de riz les plus recherchées sont celles de Baixau, à grains longs et minces ; celles de Vinh-Long, à grains gros et longs ; celles de Gocong, à grains gros et courts. Commercialement, le riz décortiqué se présente sous trois formes : 1° le cargo non blanchi, où il reste du paddy ; 2° le riz blanc ordinaire N° 2, contenant 45 à 55 % de brisures ; 3° le riz blanc trié N° 1, contenant environ 20 % de brisures. Les usines produisent mécaniquement les trois qualités dont le triage est opéré par un système d'élévateurs.

Les machines se composent : de meules, de cônes à blanchir, de cônes à polir, de tamis et de ventilateurs. Malheureusement, la presque totalité du matériel des usines de Cholon vient d'Angleterre, quoique nous comptions en France plusieurs fabricants.

Le rendement du paddy en cargo ou riz blanc varie naturellement suivant la qualité du riz et sa siccité. Il est en moyenne pour le cargo de 75 % de riz pour 25 % de balle (déchets et poussières). Le riz blanc sort à 65 %, le reste étant composé de brisures, de farine et de balle. La façon est estimée à un prix moyen de 0 fr. 46 pour 100 kilogrammes ou 4 fr. 60 la tonne pour le cargo, et 0 fr. 50 pour le riz blanc, soit 5 francs la tonne. Les déchets restent la propriété de l'usine ; la balle est employée comme combustible.

Les usines sont soumises aux taxes suivantes en Cochinchine : 1° Patente hors classe, 1.000 francs environ ; 2° un impôt sur la valeur locative évalué à 250 francs ; 3° 0 fr. 05 additionnels sur le droit fixe au profit de la ville de Cholon et 1 fr. 50 % pour la chambre de commerce. En sus, l'impôt foncier établi suivant la nature du sol sur lequel l'usine est installée. Les décortiqueurs indigènes paient un droit fixe de 6 fr. 25 par mortier, plus une patente proportionnelle à leur chiffre d'affaires.

Afin d'augmenter le nombre des usines, la Colonie, par arrêté du 31 décembre 1895, a frappé l'exportation des paddys d'un droit de sortie supplémentaire : c'est ce qui explique le chiffre insignifiant atteint par les sorties du riz non décortiqué en 1901, 2.698 tonnes ; le riz à destination de l'Europe, de l'Amérique et de l'Australie paie 2 fr. 60 par tonne, alors que le paddy avec même destination paie 3 fr. 50. De même, le riz pour la France et les colonies paie 1 fr. 70 par tonne, tandis que le paddy paie 2 fr. 60. Les riz cargo paient également plus cher que les riz blancs.

Nous tenons ces détails intéressants de M. Passerat de la Chapelle, secrétaire de la mairie de la Cholon, un des hommes les mieux au courant de toutes les questions intéressant la Cochinchine et qui a bien voulu être à Saïgon notre guide aimable et éclairé ; nous tenons à l'en remercier ici.

Un dernier tableau mettra en valeur la progression croissante de l'exportation de l'Indo-Chine, par la comparaison entre celle-ci et les pays producteurs de riz.

Exportations comparatives. — Maxima atteints par les différents pays producteurs en 5 ans

Birmanie	Indo-Chine	Indes	Siam	Japon	Java
1901	1900	1899	1897	1899	1899
1.550.000 tonnes	915.000	605.000	557.000	147.000	43.965

La seconde denrée qui, après le riz, entre pour la plus forte part dans l'exportation de l'Indo-Chine est le poivre, provenant presque exclusivement de la Cochinchine (province de Hatien) et du Cambodge (résidence de Kampot). Le tableau suivant indique la progression constante de la production pour une période de huit années.

Exportations du poivre par la Cochinchine et le Cambodge

1094	1895	1896	1897	1898	1899	1900	1901
1.559 tonnes	1.578	1.481	1.324	2.325	2.017	2.539	2.647

Cette exportation grandissante indique une production qui ne cesse de se développer, et commence à inquiéter même les producteurs. D'après l'enquête personnelle que nous avons pu faire sur place, il y aurait actuellement en effet au Cambodge plus d'un million de pieds en rapport, alors que la consommation de la Métropole qui, en 1900, atteignait 2.857 tonnes seulement, menacerait de ne plus laisser de place à l'exportation indo-chinoise, en supposant que celle-ci occupe à elle seule le marché, ce qui n'est pas. En 1899, les poivres indo-chinois étaient représentés par 1.814 tonnes, contre 1.052 de poivres indiens. Le traitement de faveur dont jouissent les poivres de nos colonies à leur entrée en France (détaxe de 50 0/0), n'empêche donc pas que l'Indo-Chine ne prenne place qu'au 4e rang parmi les pays producteurs qui, d'après M. Brenier, se classeraient ainsi :

Exportation du poivre. — Maxima atteints par les pays producteurs de 1890 à 1901

Péninsule malaise 1898	Indes 1899	Indes néerlandaises 1898	Indo-Chine 1901	Bornéo 1899	Siam 1898
17.095 tonnes	5.328	3.930	2.647	1.133	907

Il y a donc certainement encore un débouché dans la consommation pour le développement de cette culture et de son exploitation en Indo-Chine. Seulement la surproduction va amener la baisse. Celle-ci s'est déjà manifestée et c'est précisément ce qui inquiète les planteurs du Cambodge : de moins en moins rémunératrice, la culture du poivre pourrait bien ne plus l'être du tout ; car il ne faut pas perdre de vue que si l'exportation de l'Indo-Chine sur France s'est accrue, elle le doit à la détaxe ci-dessus, qui a produit à Cholon, par exemple, en 1900, un singulier choc en retour dont le résultat fut de faire monter le cours du poivre noir de 15 fr.40 à 16 fr. 55 les 100 kilogrammes, tandis que le prix de la même qualité variait à Singapour de 9 fr.43 à 10 fr. 26 les 100 kilogrammes. Les conditions économiques dans lesquelles s'effectue la production sont donc telles qu'elles ne permettent pas à l'Indo-Chine la lutte dans les pays étrangers et compromettent même la lutte de ses poivres avec ceux de provenance étrangère sur le marché de France. Nous comprenons dès lors fort bien l'inquiétude des planteurs du Cambodge, surtout si nous ajoutons que la consommation du poivre ne peut pas grandir dans les proportions de celles du café ou du thé, dont l'usage se généralise de plus en plus.

La troisième denrée qui nous occupe ensuite est le thé. Nous avons donné déjà notre impression à ce sujet à propos des cultures de l'Annam et du Tonkin. Nous allons pouvoir constater que si l'exportation de ce produit a augmenté, c'est surtout et même exclusivement en France que cette exportation a été dirigée. Ce thé, provenant de la province du Quang-Nam, est sorti par Tourane dans la progression suivante :

Exportation du thé d'Annam pendant une période de cinq années

1897	1898	1899	1900	1901
kilos 10.000	kilos 32.000	kilos 137.000	kilos 180.000	kilos 149.000

Or, la consommation de la France a suivi pendant la même période la marche ci-dessous :

1897	1898	1899	1900	1901
kilos 774.700	kilos 828.500	kilos 839.000	kilos 1.093.000	kilos 1.160.000

Certes, l'Indo-Chine est encore loin de fournir à la consommation de la France, et, d'autre part, la baisse, en 1901, attribuée à la vente à perte du thé de Ceylan et qui, à notre avis, aurait aussi pour cause une préférence du consommateur, semble indiquer que le thé d'Annam n'a pas encore conquis le marché français. Il y a donc intérêt à ce que la préparation soit aussi parfaite que possible, et le débouché sur la France de cette denrée vaut la peine que tous les efforts de nos colons soient concentrés sur son exploitation. La production, d'ailleurs, est encore bien faible, si on la compare à celle des pays étrangers en 1901 :

INDE	CHINE	CEYLAN	JAPON	JAVA	INDO-CHINE
tonnes 81.512	tonnes 69.942	tonnes 59.162	tonnes 20.080	tonnes 3.000	tonnes 149

Notons en dernier lieu que l'exportation du Tonkin a été de 4.000 kilogrammes en 1899 et de 4.566 kilogrammes en 1900, dont 695 kilogrammes pour la France et 3.751 pour Hong-Kong ; relevons enfin la consommation, c'est-à-dire l'importation en Indo-Chine des thés de provenance chinoise : 1.093 tonnes.

A côté des graphiques dont nous venons d'étudier les détails, figuraient trois cartes indiquant respectivement la répartition des concessions agricoles dans l'Annam, le Tonkin et la Cochinchine ; ces trois cartes peuvent se résumer dans le tableau suivant, donnant, sinon la répartition, tout au moins les totaux ; nous y avons joint le Cambodge.

Colonisation française en Indo-Chine

ANNAM		TONKIN		COCHINCHINE		CAMBODGE		TOTAL	
NOMBRE des EXPLOITANTS	SUPERFICIE en HECTARES	NOMBRE des EXPLOITANTS	SUPERFICIE en HECTARES	NOMBRE des EXPLOITANTS	SUPERFICIE en HECTARES	NOMBRE des EXPLOITANTS	SUPERFICIE en HECTARES	NOMBRE des EXPLOITANTS	SUPERFICIE en HECTARES
58	37.972	219	209.075	415	89.408	20	21.044	712	357.499

En comparant ces superficies aux productions respectives de chaque région, on peut se rendre compte que les grandes superficies n'indiquent pas le maximum de production, loin de là : nous en savons quelque chose aussi à Madagascar. Sur les 90.000 hectares de Cochinchine, il y en a à peu près 11.000 actuellement en valeur ; sur 210.000 du Tonkin, il y en a 20.000 ; sur les 38.000 de l'Annam, il y en a 1.200 ; sur les 21.000 du Cambodge, 2.000 environ.

Une carte à grande échelle de l'Indo-Chine, sur laquelle étaient collées des bandes de papier indiquant les productions spéciales à chaque région, nous a semblé peu en rapport avec les documents précis que nous venons d'étudier ; si ce système de vulgarisation est défendable et même utile dans des atlas comme ceux de M. Vidal-Lablache, destinés à donner aux élèves des écoles primaires des notions générales sur la France et ses colonies, il ne se prête pas à la documentation précise qu'exige une exposition, où tout visiteur doit être regardé comme un colon possible en quête de renseignements. Avec ces belles écritures en exergue, qui commencent et finissent on ne sait où, le danger de faire naître des idées fausses est singulièrement augmenté : le seul moyen de fixer des données est l'emploi de teintes différenciant les productions et limitées aux régions de production ; il est indispensable de plus que chaque teinte soit accompagnée d'un chiffre ou d'une figure représentative mathématiquement exacte de cette production. Le défaut de la carte exposée était encore plus sensible à Hanoï qu'à Paris, c'est-à-dire dans une exposition nettement coloniale par principe.

Venaient ensuite les diverses collections des plus beaux spécimens de chaque région, classées en : 1° produits alimentaires ; 2° graines diverses ; 3° textiles ; 4° tabac ; 5° soie et cocons ; 6° caoutchoucs et produits guttoïdes ; 7° essences, parfums et alcools, 8° écorces et fibres textiles ; 9° produits tinctoriaux ; 10° produits médicinaux ; 11° colles, résines et gélatines ; 12° tissus de coton et soie d'importation. Il nous semble superflu d'entrer dans le détail de chacune de ces catégories, dont nous avons déjà eu l'occation d'étudier pour la plupart des spécimens dans les expositions des provinces. Nous croyons plus utile d'établir dans le tableau ci-dessous le mouvement d'exportation auquel ils ont donné lieu en 1901, défini par la valeur en francs, en les rangeant dans les catégories qui correspondent aux tarifs douaniers.

EXPORTATION EN 1901 (en francs)

1re CATÉGORIE FARINEUX alimentaires	2e CATÉGORIE DENRÉES coloniales	3e CATÉGORIE PRODUITS de la pêche	4e CATÉGORIE CHARBONS	5e CATÉGORIE HUILES et sucs végétaux	6e CATÉGORIE DÉPOUILLES d'animaux	7e CATÉGORIE SPARTERIE et vannerie	8e CATÉGORIE FILAMENTS FRUITS ET TIGES à ouvrer	9e CATÉGORIE FRUITS et graines	TOTAL
100.252.000	12.166.000	8.454.000	5.948.000	4.562.000	3.129.000	2.670.000	2.232.000	1.136.000	150.549.00

La 1re catégorie est représentée presque en totalité par le riz, avec 911.754 tonnes ; la seconde comprend le poivre, avec 2.647 tonnes ; le sucre, avec 12.200 tonnes dont 3.073 pour la France ; la cannelle, avec 221 tonnes ; le cardamome, avec 185 tonnes, le café et le tabac ne donnant lieu à aucune exportation. Dans la 3e catégorie, l'exportation des poissons secs et salés figure avec 20.945 tonnes et le sel avec 21.762 tonnes. La 4e catégorie comprend exclusivement les charbons du Tonkin et de l'Annam, avec 172.251 tonnes. Dans la 5e catégorie se rangent l'huile de coco, avec 180 tonnes ; l'huile d'arachides, avec 50 tonnes ; l'huile de ricin, avec 182 tonnes ; le caoutchouc, avec 236 tonnes ; la gomme-gutte, avec 8 tonnes ; la gomme laque, avec 365 tonnes ; le benjoin, 15 tonnes ; l'huile de badiane, 45 tonnes ; les huiles à laquer, avec 551 tonnes ; le cunao (tubercule tinctorial) avec 6.566 tonnes. Avec la 6e catégorie viennent les soies grèges et bourres de soie pour un total de 136 tonnes se décomposant en : Cochinchine et Cambodge, 3 tonnes ; Annam, 77 ; Tonkin, 56 ; puis les peaux, comportant environ 1.000 tonnes, et les plumes, 60 tonnes ; enfin, les jaunes d'œufs de cane, avec 450 tonnes. Dans la 7e, les joncs, avec 250 tonnes ; les rotins et les bambous, avec 2.000 tonnes ; les nattes, avec 2.800 tonnes ; les rotins et les bambous préparés, avec 443 tonnes. Dans la 8e catégorie figure le coton : 1° celui du Cambodge, dont l'exportation est en baisse, avec 1.601 tonnes en sortie et 205 tonnes en cabotage ; 2° celui de l'Annam, avec 119 tonnes en sortie et 60 tonnes en cabotage ; 3° celui du Tonkin, avec 259 tonnes. La 9e catégorie comprend le coprah, avec 1.456 tonnes ; les arachides, avec 250 tonnes ; le sésame, avec 610 tonnes.

Tel est le bilan de l'exportation en 1901, au moins pour les produits dont la sortie a été supérieure au chiffre de un million de francs. Il y a lieu de remarquer la hausse sur certains produits et la baisse pour beaucoup d'autres du chiffre d'exportation.

Produits dont l'exportation augmente		*Produits dont l'exportation baisse*	
Riz.	Rotins et bambous.	Poissons secs et salés.	Coprah.
Poivre.	Nattes.	Sel.	Arachides.
Thé (?).	Sésames.	Cannelle.	Huile de coco.
Sucre.	Caoutchouc.	Cardamome.	Huile d'arachides.
Jaunes d'œufs.	Huile de badiane.	Soies grèges.	Huile de ricin.
Charbons.	Huile à laquer.	Peaux.	Gomme-gutte.
Cunaô.		Coton.	Gomme laque.
		Jonc.	Benjoin.

Nous passons maintenant à l'importation, la condensant sous la même forme que l'exportation.

IMPORTATION EN 1901 (en francs)

1re CATÉGORIE Tissus	2e CATÉGORIE Ouvrages en métaux	3e CATÉGORIE Métaux	4e CATÉGORIE Fils	5e CATÉGORIE Charbons, pétroles, etc.	6e CATÉGORIE Denrées coloniales	7e CATÉGORIE Boissons	8e CATÉGORIE Ouvrages en matières diverses	9e CATÉGORIE Huiles et sucs végétaux	10e CATÉGORIE Farineux et produits alimentaires	TOTAL
50.651.000	25.792.000	17.308.000	12.256.000	10.090.000	11.302.000	8.554.000	5.565.000	5.721.000	4.892.000	152.131.000

La 1re catégorie comprend: 1° les tissus de coton, figurant avec 5.800 tonnes, dont 5.017 pour la Cochinchine et le Cambodge et 783 seulement pour l'Annam et le Tonkin. En nous reportant au tableau des productions en riz de la Cochinchine et du Tonkin, qui nous faisait constater la pauvreté de ce dernier, nous relevons à nouveau cette pauvreté dans l'importation de cette denrée, spéciale à l'indigène et disproportionnée totalement avec le chiffre de sa population; 2° les tissus de lin, de chanvre, etc., avec 105 tonnes; 3° les sacs de jute pour l'emballage des riz, du coprah, du poivre, etc., avec 9.061 tonnes; 4° les tissus de laine, avec 299 tonnes; sur cet article également, contrairement aux prévisions qu'on pourrait faire, c'est la Cochinchine et le Cambodge qui importent le plus de couvertures: 121 tonnes sur 140 tonnes d'importation totale; 5° les tissus de soie, avec 150 tonnes environ de provenance chinoise (on remarquera que ce fait est d'accord avec la remarque formulée par nous au sujet de la production de soie en Indo-Chine) et les confections de soie avec un chiffre faible.

La 2e catégorie comprend les machines à vapeur et autres, les chaudières à vapeur, les outils, les constructions métalliques, la serrurerie, la quincaillerie et les articles de ménage, avec un chiffre de 26.943 tonnes, dont 18.408 pour les constructions métalliques, ce qu'expliquent les grands travaux en cours à cette date au Tonkin. La bijouterie et l'horlogerie représentent une valeur de 1.400.000 francs environ.

Dans la 3e catégorie figurent: l'or battu en feuilles avec 3.200 kilogrammes; les fers de construction et les rails, avec 24.471 tonnes, expliquées par la même observation que ci-dessus.

La 4e catégorie comprend les fils, représentés à peu près exclusivement par les filés de coton, avec 4.608 tonnes (nous avons étudié cette question à propos des filatures du Tonkin).

Dans la 5e catégorie nous trouvons en première ligne le pétrole, avec 29.953 tonnes, dont 19.555 pour la Cochinchine et le Cambodge, 7.097 pour le Tonkin et 3.305 pour l'Annam (même observation que pour les tissus de coton), puis les ciments, avec 259 tonnes, et les chaux hydrauliques avec 3.266 tonnes, chiffres expliqués par les grands travaux en cours. La houille figure seulement pour un chiffre de 16.147 tonnes.

La 6e catégorie comprend les sucres raffinés, avec 3.606 tonnes; le café, avec 228 tonnes; le thé, avec 1.264 tonnes; le tabac, divisé en tabac européen, avec 148 tonnes, et en tabac chinois, avec 250 tonnes, et l'opium, avec 135 tonnes, dont 95 pour la Cochinchine et le Cambodge, et 40 tonnes pour le Tonkin. C'est cette marchandise qui forme le plus fort appoint pour la valeur en francs de la 6e catégorie.

Dans la 7e catégorie figurent les vins, avec 84.263 hectolitres; les eaux-de-vie, avec 3.796 hectolitres; les liqueurs, avec 46.495 litres, et les bières, avec 2.412 tonnes. Les ouvrages en matières diverses comprennent les objets les plus disparates, dont il est impossible de donner un tonnage représentatif; les huiles et sucs végétaux comprennent des articles de table. Quant aux farineux et produits alimentaires, la farine y figure en première ligne pour 7.174 tonnes, les viandes en boîte avec 200 tonnes, et le lait concentré avec 458 tonnes.

Après cette rapide revue commerciale, due aux renseignements de M. Brenier, nous abandonnons la salle où la direction de l'agriculture et du commerce de l'Indo-Chine avait groupé son intéressante exposition, pour gagner la galerie réservée au Cambodge.

CAMBODGE

Plus rapidement que par les Fluviales et sans crainte d'échouages sur les bancs de sable du Mékong, nous voici transportés à Pnom-Penh. Si les produits agricoles et forestiers ont subi, en effet, la loi générale de concentration et brillent par leur absence, là comme dans les autres provinces, les documents d'architecture et les souvenirs archéologiques nous permettent de nous faire une idée très nette de cette vieille civilisation cambodgienne, avec ses épaves de l'art khmer. Voici d'abord la collection des instruments de musique, cet ensemble de cuivres et de bambous dont les sons harmonieux et mélancoliques nous ont tant de fois réveillé et tenu méditatif dans les solitudes du Haut-Cambodge, à l'abri des vieilles pagodes. Toute une série de peintures murales nous reporte aux anciennes légendes, aux vieilles traditions du Ramayana, dont l'épopée, dans la cour de la pagode royale à Pnom-Penh, se poursuit sur les murs de la galerie pendant 600 mètres au moins, avec ses princes, ses géants, ses singes et ses monstres, ses visages blancs, roses ou verts, sa recherche de couleur et sa lubricité de détails. Une collection de bouddhas de toutes formes et de toutes poses, placides et pas méchants du tout, puis des bâts d'éléphants, avec tous leurs ornements et leurs garnitures, arrêtent nos regards. Dans tous ces objets on sent bien les traces du vieil art robuste auquel nous devons les sanctuaires de Pra-Khan, de Beng-Méaléa, d'Ang Kor Wat et d'Ang Kor Tom, sur lesquels nous pourrons à loisir, dans la seconde partie de ce rapport, développer nos remarques et notre étude. Une belle reproduction au 1/20e (?) remet sous nos yeux la pagode royale du Wat Pra keo, soigneusement rebâtie par le roi Norodom, suivant une superstition populaire, pour renfermer le fac-similé (en verre, hélas !) de la statue d'émeraude enlevée par les Siamois.

Comme nous regrettons que la reconstitution du Pnom, avec ses jardins et ses dagobas, si bien exécutée sous les ordres de notre confrère des bâtiments civils et camarade M. Fabre, n'ait pas figuré à l'Exposition. Comme nous regrettons aussi de n'y pas voir un plan complet de cette ville, aménagée en totalité par lui et le docteur Hahn, remarquablement propre et aérée, qui a remplacé l'ancienne ville indigène, dont les cases sur pilotis en bordure du fleuve étaient des foyers pestilentiels. Si Pnom-Penh n'a pas le développement de Hanoï, on y a rudement travaillé aussi et tranquillement, sans presse et sans bruit. C'est un hommage qu'il est juste de rendre à nos compatriotes du Cambodge, ouvriers dévoués de la colonisation, tous attachés à leur pays d'adoption et qui lui ont donné libéralement leur activité et leur intelligence (Voir photographies).

Des modèles de cases flottantes, de Phtéa et de Sala, ces gîtes d'étapes qu'on est si heureux de rencontrer, même rudimentaires, dans les solitudes de la rive droite du Mékong, à partir de Kompong-Chnang, et des réductions de charrettes à bœufs, nous rappellent les voyages fatigants et pénibles, mais dont la peine était amplement compensée par le spectacle de belles choses. Des modèles de pêcheries, des moulins à paddy de formes diverses, des mortiers et des pilons à riz du modèle chinois, des métiers à tisser les nattes et le coton, deux modèles de noria nous avertissent que sur cette vieille civilisation cambodgienne l'élément chinois est venu incruster sa puissante immigration, et le Cambodge est loin de s'en plaindre.

Pnom-Penh, en effet, suivant les renseignements que nous devons à l'obligeance de M. le docteur Hahn, résident-maire, un de ces coloniaux énergiques et convaincus dont je parlais plus haut, compte 8.081 Chinois se décomposant d'après le dernier recensement en congrégations de :

Canton	Trieu-Chau	Pho-Kien	Hakkas	Haïnan	Divers
4.150	2.638	552	491	126	124

La majeure partie de la culture du poivre dans les régions de Kampot, Peam, Banteay, Meas, Triang, est faite par eux en grand. La ferme des pêcheries est presque en totalité dans leurs mains et rapporte au Cambodge 543.800 francs. Mais, ce qui rend cette immigration particulièrement intéressante, c'est que peu de femmes chinoises viennent au Cambodge : elles sont remplacées par de jeunes Cambodgiennes. Or, celles-ci étant de teinte foncée, le métis l'est aussi et ne peut par suite retourner en Chine ; c'est donc un élément qui reste dans le pays et constitue, de l'avis général, un ferment de colonisation d'autant meilleur que le Chinois, bon père de famille, lui assure un petit patrimoine et qu'il a les qualités d'initiative, d'activité et de souplesse de la race de ce dernier. Si l'on songe que la population mâle de Pnom-Penh pour 8.000 Chinois comprend 7.795 Cambodgiens et 3.479 Annamites, on comprend sans peine la valeur et l'intérêt de la remarque ci-dessus. Aussi envisage-t-on en haut lieu la colonisation du Cambodge par le Chinois, non seulement comme possible, mais même comme probable, et nous croyons savoir que M. le Gouverneur Général se préoccupe de lui assurer une solution pratique.

A l'Exposition même, nous trouvons la confirmation de cette constatation dans les produits de l'usine de Ksach-Kondal. Cette industrie était anciennement dans les mains d'un Français, M. P..., à l'usine duquel on apportait du dehors le coton pour l'égrenage par machines. Malgré la diminution des droits, notre compatriote a dû fermer ses portes ; l'industrie a été reprise par les Chinois. Montée d'abord en société, elle été a rachetée par le Comprador de la *Hong-Kong et Shangaï Bank* qui, avec des machines perfectionnées, a réussi à absorber les 9/10 de la production du Grand-Fleuve.

Une série de modèles de bateau pour le transport des poissons, de barques de pêche, de jonques, de sampans et de pirogues complète nos renseignements sur cette industrie de la pêche dans le Mékong et le Tonlé Sap, ainsi que des filets, des nasses, des poissons secs et fumés, des ailerons de requins, etc. Nous nous rappelons qu'à notre passage les rives du fleuve étaient couvertes de claies sur lesquelles les poissons séchaient en nombre infini, tandis que des nuées de corbeaux et d'oiseaux de proie tourbillonnaient au-dessus de la nappe liquide, cherchant à prendre eux aussi leur part de la récolte.

Des collections d'étoffes diverses, d'objets en écaille, nous signalent les industries locales ainsi que des poteries, des bronzes assez grossiers, de la bijouterie d'argent, dont la plus grande partie est fabriquée par les Chinois sur d'anciens modèles cambodgiens ou plutôt khmers. Une intéressante collection de bijoux faite par M. Pallier, résident de Kampot, nous met au courant des principaux modèles : des objets en argent et bois, argent et ivoire, y figurent également. A côté d'une belle série de nattes et de bibelots en cuivre et en laque, M. Martial Dupuy, éditeur à Pnom-Penh, nous expose ses livres cambodgiens que Plon, Nourrit et Cie impriment à Paris.

Dernière évocation du passé, contenue dans ces caractères aux formes étranges, de ce passé qui revit de temps en temps dans les fêtes du palais royal, à Pnom-Penh, quand les danseuses aux costumes étincelants, reproduction exacte mais spontanée des tiares et ornements hiératiques qui caractérisent les bayadères des frises du grand temple d'Ang Kor Wat, se déroulent et se replient en lacets chatoyants comme des *nagas* d'or. Nous quittons à regret le Cambodge attirant et nous pénétrons dans la Cochinchine française.

Expositions privées de la Cochinchine. — La première vitrine que nous rencontrons, élégante et bien remplie, est celle de M. Claude, imprimeur-éditeur à Saïgon, établi depuis de longues années en Indo-Chine, et qui, à force de labeur, s'est fait là-bas une situation prépondérante; ses affiches, ses diverses plaquettes, ses menus nous renseignent sur la valeur de ses presses et de ses ouvriers.

Vient ensuite l'institution Taberd, dirigée par les Frères de la Doctrine Chrétienne, à Saïgon. Les dessins industriels et d'architecture qui, soit en planches, soit en albums, garnissent leur exposition, rachètent la malheureuse tentative faite par leurs élèves dans le pastel. L'institution Taberd est un véritable lycée, avec 3 corps de bâtiments dans lesquels se trouvent 12 classes, 2 dortoirs et 2 classes pour les enfants européens. Il y a 2 classes supérieures pour préparer aux examens, mais aucune tentative d'enseignement professionnel. L'institution compte 450 élèves, dont 109 métis. Nous aurons à revenir longuement, dans la 2e partie de ce rapport, sur la question des enfants métis, qui est de grande importance en Cochinchine, étant donné l'ancienneté de la conquête. Il existe à Saïgon une Société des enfants métis, active et généreuse, qui se donne beaucoup de mal pour arriver à la solution du problème. Malheureusement, jusqu'à ce jour, le résultat n'a pas répondu aux efforts et une grande partie des métis, ayant reçu de l'instruction, ont fait des déclassés.

Le directeur de l'institution Taberd et le directeur de l'enseignement en Cochinchine, que nous avons entretenus sépatément de cette question, sont tombés d'accord.

Le Frère directeur m'a avoué que les services publics ne voulaient plus de métis; le directeur de l'enseignement m'a confessé qu'on en retrouvait plusieurs sur les bancs de la correctionnelle. La voie suivie ne semble donc pas être bonne. Justement préoccupée de ces résultats et désireuse de donner à son œuvre une méthode consacrée par l'expérience, la Société des enfants métis a provoqué en septembre 1901, par l'intermédiaire de M. le Gouverneur Général de l'Indo-Chine, une consultation près de M. le consul de France à Java, avec un questionnaire détaillé. La réponse est intéressante et nous l'étudierons à sa place; elle pose ce principe : *l'enfant naturel qui n'a été reconnu ni par l'un ni par l'autre de ses auteurs, s'il est né aux Indes néerlandaises, est Néerlandais aux yeux de la loi; dans ces conditions, les métis non reconnus, ni par le père, ni par la mère, sont Hollandais de plein droit, alors même que notoirement aucun de leurs auteurs n'aurait possédé le statut personnel hollandais; pareillement tout métis à filiation inconnue : dans ce cas, l'indice extérieur du mélange des sangs crée la présomption favorable.* Ce qui revient à dire qu'il n'existe pas de métis. C'est peut-être la vraie solution.

Pourquoi, en somme, infliger à l'enfant non reconnu une étiquette qui le classe à la fois en dehors de la société indigène et de la société européenne? Pourquoi surtout lui donner, à cet être mis déjà à part, dans un rang social particulier, une instruction que nous ne pouvons, quels que soient les efforts faits par les sociétés, mener à terme et continuer ensuite par un appui moral et financier! Nous achevons ainsi le déclassement de cet individu qui, rejeté par les plus forts, ne pense qu'à exploiter les plus faibles. Voilà comment le métis de Saïgon, renié par les Européens, va rançonner l'indigène des campagnes qu'il renie : il semble donc que tout métis non reconnu devrait rester indigène et être élevé comme tel.

Près de l'institution Taberd, l'exposition de la Société des travaux en fer, 93, rue Taitbout, qui construit les ponts de la ligne du chemin de fer de Tourane à Hué; en mars 1903, lors de notre passage à Nam-O, on fonçait les piles de l'un de ces ponts.

Un peu plus loin, la collection Planus, de Saïgon, nous offre de beaux spécimens d'anciennes porcelaines de Chine et du Japon, des bouddhas, de vieilles incrustations annamites, une suite très complète de médailles et monnaies de l'Annam, du Siam, du Laos, du Japon et de la Chine, etc.; la collection est à vendre en totalité ou en partie.

La Société de constructions de Levallois-Perret expose les dessins du pont de Thanh-Da, du pont sur l'arroyo chinois, à

Saïgon, qui doit être ouvert à la circulation en ce moment, du pont sur le Rach-Cantho, à Cai-Rang, des réservoirs de Cholon montés sur pylônes métalliques (Voir photographies).

Près d'un meuble sculpté signé Nguyen-Van-Duong, de la province de Giadinh et affiché 900 francs, nous trouvons l'exposition de la Société des études indo-chinoises, comprenant la collection de son bulletin de 1883 à 1901. En saluant cette aimable correspondante de notre Académie Malgache, devant l'ancienneté et la compétence de laquelle nous nous inclinons, rappelons que son abondante bibliothèque nous a été d'un grand secours à Saïgon avant et après notre voyage au Cambodge. Pourquoi son musée est-il aussi mal présenté; il a besoin d'un remaniement complet qui en exclue hors de la portée du regard certains dons, précieux comme souvenir, mais médiocres comme intérêt.

Après les travaux de couture et de broderie de l'orphelinat de Cù-lao-Gieng, les objets en écaille et écailles de tortues de Hatien. Il est à remarquer, en effet, que l'Annamite de Cochinchine porte toujours un peigne d'écaille, absolument comme le Cinghalais de Ceylan, du moins celui des régions basses : y aurait-il entre ces deux races si éloignées une parenté réelle ou une affinité ?

Des pièces de coton indigène de Longxuyen, de la soie de Chaudoc, des sampots brodés et imprimés, des turbans moïs forment un assemblage étrange et original, que complètent des dessins et modèles d'instruments agricoles de Cantho. Puis, des éventails en plumes, des instruments de musique, des brûle-parfums en bois sculpté, des écrans incrustés et des objets en bois tourné nous servent de guide pour chercher les différences entre l'art annamite du Tonkin et celui de Cochinchine. Elles existent ces différences, mais légères : une influence autre que la chinoise s'y manifeste, peut-être celle des îles de la Sonde rappelant l'infiltration malaise encore si tenace au Cambodge, où, dans chaque village le long du Tonlé Sap, de Pnom-Penh à Kompong-Chnang, la population compte les deux tiers de cette race : la bourgade de Lovek, même, est entièrement malaise. Une belle collection d'armes annamites en cuivre et fer, des modèles de charrue en fer et bois, des réductions de barques, de jonques, des charrettes à bœufs nous retiennent un moment.

La poterie de Giadinh a envoyé quelques pièces intéressantes, entre autres des phénix aux plumes multicolores servant de bougeoirs, affichés 2 fr. 20 l'un, et une pagode très amusante avec raccourcis, pour laquelle on demande 44 francs.

Des chaises et fauteuils en rotin à 5 francs, des canapés ou chaises longues à 18 francs nous rappellent les fabricants de de la rue Catinat. Une très complète vitrine renferme différentes pièces de soie façonnée de Longxuyen, dont le prix moyen est de 44 francs la pièce.

L'imprimerie commerciale de L. Ménard, à Saïgon, a rassemblé près de là divers échantillons sortis de ses presses. A côté, toujours par les hasards du classement, des courroies en coton écru, coupons de cuir à l'écorce de chêne, courroies Balata, courroies en poil de chameau (?) de Emile Perrot, de Bellegarde (Ain), et les carreaux et les balustrades en ciment de E. Bonade et Cie.

Enseignement en Cochinchine. — Après cette légère distraction dans le classement, nous reprenons le cours de l'exposition de Cochinchine avec le service de l'enseignement. Celui-ci était représenté à Hanoï par un choix de cahiers des différentes écoles provinciales et cantonales des provinces de Tay-Ninh, Thudaumot, Giadinh, Travinh, Cholon, Chaudoc, Bien-Hoa, Bentré, Baria, Bac-Lieu ; 54 photographies des écoles cantonales de la province de Giadinh faites par M. Flavien Obscur, professeur à l'école normale de Giadinh; puis 7 photographies de l'école de Vinh-Long; 2° les cahiers de cours du collège de Mytho; 3° les cahiers et dessins industriels du collège Chasseloup-Laubat; 4° divers travaux en bois et fer de l'école d'apprentissage de Saïgon. Il est donc nécessaire d'examiner séparément les installations et le fonctionnement des écoles de chacunes de ces catégories. La première comprend les écoles provinciales, les écoles cantonales, les écoles communales et les écoles municipales.

Les écoles provinciales sont celles qui existent dans les chefs-lieux des provinces, à la charge du budget local. Elles sont au nombre de 19, y compris l'école primaire de Saïgon, et sont dirigées par 19 instituteurs français : celles de Saïgon, Bentré, Chaudoc et Vinh-Long en comptent 2; celles de Cantho, Cap-Saint-Jacques, Longxuyen, Tanan n'en ont pas. Le personnel comprend en sus 74 instituteurs indigènes. Si l'on y ajoute le personnel en congé, on arrive au total de 34 instituteurs français et 83 indigènes. Ces écoles donnent l'instruction primaire, à peu près conforme au programme officiel de France, mais comportent en sus l'étude de l'annamite par le Quôc-ngu. Elles comptent 5.011 élèves, tous annamites, sauf 5 français instruits à l'école de Bentré. Viennent ensuite les écoles cantonales placées sous l'autorité des administrateurs, l'entretien et la solde du personnel étant à la charge des budgets régionaux. Dans ces écoles on enseigne l'annamite, écriture et lecture, le calcul et les éléments de la langue française. Elles sont au nombre de 150 pour les garçons et comprennent 12.006 élèves, avec 275 instituteurs indigènes. Les écoles communales sont au nombre de 122 dirigées par 133 instituteurs et comptent 2.697 élèves garçons, plus 79 filles à Gocong, Poulo-Condor, Thudaumot et Vinh-Long. Les écoles municipales sont : 1° celle de Cholon, avec 2 professeurs français et 10 annamites, comptant 397 élèves; 2° l'école municipale de Saïgon, pour les filles, avec 15 maîtresses françaises; 3° l'école maternelle de Saïgon, avec 4 maîtresses françaises et 45 élèves françaises. A la même catégorie de l'enseignement primaire se rattachent : 1° les écoles des chrétientés, au nombre de 156, dont 36 de garçons, 23 de filles et 97 mixtes, avec 275 instituteurs ou institutrices : elles comptent 4.759 élèves garçons et 3.430 filles, soit 8.189 élèves, dont 1.523 apprennent le français; 2° les écoles de filles des sœurs de Saint-Paul de Chartres, au nombre de 20, établissements donnant l'instruction à 190 élèves européennes et 1.065 annamites.

Cet ensemble donne pour l'enseignement primaire en bloc les résultats suivants :

INSTRUCTION PRIMAIRE

POUR EUROPÉENS					POUR ANNAMITES					
NOMBRE	NOMBRE DE PROFESSEURS		NOMBRE D'ÉLÈVES		NOMBRE	NOMBRE DE PROFESSEURS			NOMBRE D'ÉLÈVES	
D'ÉTABLISSEMENTS	MAITRES	MAITRESSES	GARÇONS	FILLES	D'ÉTABLISSEMENTS	EUROPÉENS	MAITRES ANNAMITES	MAITRESSES ANNAMITES	GARÇONS	FILLES
4	1	29	5	302	449	36	816	40	24.685	4.574

A leur sortie des écoles provinciales, les élèves peuvent passer un concours à la suite duquel des bourses sont données aux plus méritants, soit à l'école normale de Giadinh, soit au collège de Mytho. L'école normale de Giadinh est destinée à former des instituteurs. Elle compte 4 professeurs français, 2 professeurs annamites et 60 élèves. Les cours sont de 3 ans. Le collège de Mytho compte 4 professeurs français, 7 annamites et 128 élèves. Ces deux établissements reçoivent exclusivement des indigènes. Les cours suivent sensiblement le programme officiel de l'enseignement primaire supérieur de France.

En troisième lieu, nous trouvons le collège Chasseloup-Laubat : bien installé sous de beaux ombrages, à proximité du Gouvernement Général, à Saïgon, cet établissement comprend deux corps de bâtiments, l'un pour les Européens et assimilés, l'autre pour les indigènes. Les cuisines, des cours et des préaux couverts, des lavabos et des piscines occupent la partie centrale. Le collège a actuellement 200 élèves, dont 60 internes ; il pourrait en contenir 100. L'instruction des élèves européens est poussée jusqu'à la cinquième, celle des indigènes jusqu'à l'obtention du brevet supérieur. Le personnel comprend : 1 directeur, 11 professeurs, 2 institutrices titulaires, 3 institutrices provisoires et 4 surveillants d'études. Cet établissement constitue pour les indigènes le degré supérieur, au même titre que l'institution Taberd étudiée plus haut et qui compte 25 maîtres et 450 élèves. Il y a lieu enfin de noter, bien que tendant à un résultat différent, le séminaire de Saïgon, avec 6 professeurs et 104 élèves.

Quant à l'école d'apprentissage, elle en est à la période de début ou plutôt de rénovation. Etablie primitivement, en effet, aux ateliers de l'artillerie, puis à côté du collège Chasseloup-Laubat, elle est actuellement en installation définitive. Une salle de cours et un atelier divisé en deux parties, l'une pour le fer, l'autre pour le bois, existent déjà. Elle compte 60 élèves, répartis en 4 années. Primitivement, l'instruction donnée dans les cours était très complète : il en est résulté que les premiers élèves, à leur sortie, se sont faits comptables ou fonctionnaires, s'empressant de renoncer à leur métier manuel. Actuellement, on se contente de leur apprendre le français parlé, le calcul et le dessin géométrique. Les machines-outils, actionnées par une machine à vapeur, sont de premier choix ; les ateliers bien installés et bien dirigés. L'externe seul y est admis en demi-pension, les élèves n'étant pas rétribués, mais nourris seulement pour leur repas du jour.

Tel est l'ensemble de l'enseignement public en Cochinchine; il convient cependant d'ajouter aux établissements d'instruction primaire les écoles libres, où les enfants apprennent ordinairement les caractères chinois. Malheureusement, épaves de l'ancienne civilisation annamite, elles disparaissent peu à peu, les maîtres étant très âgés et le recrutement étant désormais difficile. Ces écoles, qu'il y aurait lieu vraisemblablement de développer en les perfectionnant (c'est, d'après plusieurs personnes ayant vécu en Cochinchine, une des causes de cette désagrégation de la commune annamite, que M. le lieutenant-gouverneur déplorait devant le Conseil supérieur cette année), sont au nombre de 345 pour les garçons et 52 pour les filles, comptant environ 360 maîtres et 105 maîtresses, 8.200 élèves garçons et 2.500 élèves filles.

L'examen de ces différents établissements nous permet de suite de constater ce fait, qu'accusait nettement l'Exposition de Hanoï : l'effort considérable effectué par notre Colonie pour la généralisation de l'enseignement français, c'est-à-dire de notre instruction primaire et primaire supérieure dans toutes les régions de la Cochinchine et dans toutes les classes de la société indigène.

Les résultats de cette diffusion de l'enseignement sont visibles : 1° à l'heure actuelle, on ne peut plus recruter de maîtres pour les écoles libres, dites de caractères ; 2° les services publics sont encombrés d'interprètes ou plutôt demi-interprètes, arrogants et souvent nuls, dont le cerveau, bourré de notions en dehors de leur civilisation, n'a pu rien s'assimiler, le temps de l'évolution manquant ; 3° pas de préoccupation pour généraliser l'enseignement professionnel, dont une seule école à Saïgon forme ou devra former 20 contremaîtres par an.

Les indigènes instruits dans nos écoles ont deux débouchés, en effet : instituteurs ou fonctionnaires; la déconsidération atteindra forcément ceux qui ne pourront se faire jour dans ces deux catégories. Nous comprenons donc fort bien que nos compatriotes de Saïgon commencent à jeter des cris d'alarme : l'un deux, en mars de cette année, écrivait que « l'instruction primaire donnée en Basse-Cochinchine constitue une lourde faute ». Pour porter remède à cette situation, il suffirait, semble-t-il, toujours d'après les gens compétents, de reconstituer les écoles de caractères et d'en assurer le fonctionnement, puis de restreindre au nombre fixé à la fois par les places disponibles annuellement et par la situation de fortune des candidats, le chiffre des entrées dans les écoles primaires provinciales. L'idée qui a présidé à la création de ces dernières est évidemment excellente, mais le développement qu'elles ont pris est cause de tout le mal. Celles-ci déversent chaque année, en effet, leurs 5.000 élèves dans la société indigène, alors que l'école normale de Giadinh et le collège de Mytho ne peuvent offrir que 200 places environ aux aspirants instituteurs ou fonctionnaires.

Quant aux écoles cantonales, les écoles de caractères remaniées, mais gardant pour base l'enseignement de la langue annamite, des caractères et de la morale chinoises, semblent pouvoir les remplacer. Ce sera le vrai moyen, semble-t-il, de ramener l'Annamite à sa terre et aux métiers manuels, de le mettre en état de se mesurer avec son concurrent redoutable, le Chinois, qu'on ne pourrait supprimer maintenant en Cochinchine sans attaquer, bouleverser et ruiner peut-être l'économie du pays.

Service de l'immigration et de l'identification. — Avant de quitter la Cochinchine, il nous reste à passer en revue l'exposition du service de l'immigration, chargé de l'identification des indigènes. Cette exposition comprenait un viseur de mise en plaque pour la photographie, une chaise de pose inventée par M. Pottecher, un banc spécial pour la mensuration de la coudée, un appareil pour le relèvement du Diêm-Chi, une collection de photographies anthropométriques, de signalements, des empreintes de mains et de pieds et des graphiques relatifs à l'immigration. Les services rendus par cette création relativement récente sont trop importants pour que nous ne nous y arrêtions pas. Grâce à l'obligeance de son directeur, nous avons pu voir fonctionner de près, à Saïgon, et l'immigration et l'identification : nous sommes donc en mesure de comprendre la méthode et d'en reconnaître les qualités.

Pour l'immigration, d'abord, voici la marche suivie : à l'arrivée d'un paquebot chargé d'immigrants asiatiques, ils sont débarqués à Xom-Chieu dans des hangars aménagés pour les recevoir et y classer leurs bagages, ceci pour éviter l'encombrement. Le service peut faire passer en une journée six cents immigrants par ses bureaux ; c'est donc le surplus qui attend son tour à Xom-Chieu. Les autres sont conduits dans les bâtiments de la rue d'Adran, munis chacun respectivement d'un billet de constatation qui lui a été délivré à Xom-Chieu par le délégué de l'une des 13 congrégations reconnues. A l'arrivée rue d'Adran, chaque immigrant présente à un 1er bureau son billet qui est traduit du Chinois en Quôc-ngu (transcription de l'annamite en caractères latins), reprend ce billet et reçoit 3 fiches, un bulletin individuel et une carte, le tout contenu dans une pochette. Passant au bureau de sa congrégation (les 13 se suivent au-rez-de-chaussée) il y fait établir son état civil sur les fiches et le bulletin individuel, puis muni des pièces en règle renfermées dans l'enveloppe, il monte au premier étage où se fait le travail technique spécial dans dix bureaux, munis chacun d'une toise pour la taille, une pour le buste, deux tables et quatre tabourets. Le relèvement du Diêm-Chi comporte trois opérations : 1° la marque ; 2° la perforation ; 3° le timbrage, dans le détail desquels il serait trop long d'entrer, mais qui permettent la détermination mathématique de la longueur de l'index gauche sur des bases fixes et le classement de cet indice.

Le relèvement des empreintes digitales constitue la base du système employé à Saïgon ; les doigts du sujet sont successivement appliqués sur un plateau en métal poli, enduit d'une mince couche d'encre d'imprimerie, puis sur les trois fiches et le bulletin. Les empreintes sont classées en sept catégories, ayant pour types les dessins formés à l'extrémité des doigts par les filigranes de l'épiderme : c'est la méthode connue sous le nom de Galton.

En résumé, avec les mesures anthropométriques, les renseignements descriptifs et les marques particulières que complète le relèvement du Diêm-Chi, c'est la méthode Bertillon qui est appliquée, tandis qu'avec les empreintes digitales celle de Galton est suivie. Cette double source de renseignements, qui paraît compliquer la besogne au premier abord, simplifie les recherches en provoquant des éliminations successives qui réduisent le nombre des fiches à consulter.

Reprenons maintenant notre immigrant muni de toutes ses pièces ainsi complétées : il les porte à un dernier bureau où elles reçoivent toutes un numéro identique, porté également sur une fiche index qui lui est remise et sur un registre d'ordre.

De là il passe au contrôle où son bulletin individuel et sa carte sont signés par un employé européen qui les lui remet en lui reprenant le reste du dossier gardé pour le classement signalétique. Dès lors, l'immigrant est libre, le reste étant fait dans les bureaux du service. Nous avons vu passer ainsi devant nous 240 Chinois en 2 heures : ce service fonctionne avec la perfection mécanique d'une horloge de précision.

Quant au classement signalétique, comprenant les fiches N° 1, il comporte deux grandes divisions : 1° les non adultes de 15 à 23 ans exclus, où ne se trouvent que des fiches vertes ou jaunes ; 2° les adultes à partir de 23 ans, comprenant des fiches blanches ou jaunes. La couleur jaune représente les fiches des Minh-Huong (métis Sino-Annamites) dont les signalements sont classés avec ceux des Chinois, distinction rendue nécessaire par la tendance qu'ils ont à revendiquer la nationalité chinoise. Le classement ordinal comprend les fiches N° 2 classées d'après le numéro d'immatriculation, qui constituent le registre des mutations pour chaque immigrant. La fiche N° 3 sert de feuille matriculaire à celui qui se déplace ; elle est envoyée dans la province où il se rend à son départ de Saïgon. Un classement alphabétique complète les classements signalétique et ordinal.

La section de l'identification servant aux recherches judiciaires fonctionne également rue d'Adran. Chaque détenu y est amené de la prison voisine ; une liste dressée par le service judiciaire est fournie chaque jour au service de l'identification. Un premier triage alphabétique est fait d'après cette liste, toutes les fiches répondant au nom donné sont extraites ; les signes particuliers, les mensurations et les empreintes à l'aide des repérages par classification servent à éliminer successivement celles qui ne s'appliquent pas à l'individu recherché. Si aucune fiche n'est trouvée s'appliquant exactement au détenu, celui-ci passe à la salle de mensuration et à l'atelier de photographie.

Le classement adopté dans ce service se compose : 1° du classement phonétique comprenant les noms et prénoms ; 2° du classement anthropométrique avec les mensurations ; 3° du classement digital. Le premier de ces classements donne le signalement d'un individu dont l'état civil est connu. Les deux autres servent à trouver le nom d'un sujet vivant ou mort ; un simple signalement, relevé d'après la méthode enseignée aux agents mensurateurs, sert à trouver les accusés en fuite. Enfin, tout mandat d'amener ou autre pièce de justice sert à un quatrième classement porté sur la fiche N° 2.

Un cinquième et dernier, dit d'attente, comprend les fiches des individus sous le coup de mandats d'amener ou simplement recherchés, qui sont conservées jusqu'à leur arrestation. Remarquons que la fiche N° 2, avec ses inscriptions, constitue le sommier judiciaire de chaque individu.

Il est fort difficile, à moins d'entrer dans de longs détails, d'exposer ici de façon précise le fonctionnement de ces deux services, compliqué en apparence, mais bien simple en réalité, puisqu'ils sont assurés, en dehors des trois employés européens qui servent surtout de contrôleurs dans cette besogne essentiellement délicate, uniquement par des indigènes, parfaitement dressés du reste. L'ensemble de ses diverses opérations, dont la description est longue, se fait en quelques minutes ; l'expérience suivie par nous-mêmes a permis en cinq minutes d'identifier un individu mort et de déterminer son nom, différent d'ailleurs de celui qui avait été signalé. Au point de vue de l'immigration, le graphique ci-contre (Voir aux pièces annexes) de l'immigration chinoise permettra de comprendre le rôle du service, son utilité et son développement.

Si nous nous sommes étendu sur son fonctionnement, c'est qu'une installation du même genre a été décidée et organisée à Madagascar, pour l'identification et les recherches judiciaires. Or, nous estimons que son application générale aux cartes d'identité des indigènes serait une heureuse innovation, facile et peu coûteuse, offrant toutes les garanties voulues de sécurité, à la condition, bien entendu, d'être pratiquée totalement et non partiellement. On ne saurait, en effet, prendre trop de précautions en pareil cas, lorsqu'il s'agit de l'honneur et de la vie des gens, pour assurer le maximum de documentation aux recherches. Jusqu'à ce jour, nous n'avons ici, sur les cartes dites d'identité, aucune possibilité d'identification réelle, la photographie étant un moyen peu sûr, difficile et coûteux, d'autre part le nombre croissant des immigrants chinois exige, dans l'intérêt même de nos commerçants, que nous constituions des états-civils signalétiques à ces Asiatiques, qui disparaissent dès que leurs affaires périclitent, pour reparaître ailleurs sous un autre nom. Il peut donc y avoir quelque utilité à connaître le résultat auquel on est arrivé en Cochinchine après vingt ans d'expérience et les procédés dont l'usage a consacré la valeur.

Exposition du Siam. — Avec cette intéressante exposition, nous avons terminé la galerie de la Cochinchine. C'est au Siam que nous passons, dans une vaste et belle salle élégamment décorée par son commissaire, en blanc et rouge, les couleurs nationales de notre voisin en Asie. Les questions qui préoccupent en ce moment le Gouvernement Général de l'Indo-Chine, Bangkok et le quai d'Orsay sont trop importantes pour l'avenir de nos frontières cambodgiennes et laotiennes, pour que cette exposition, de pleine actualité, ne soit pas fréquentée : aussi l'avons-nous trouvée toujours encombrée. Bien caractéristique d'ailleurs par sa présentation et les objets qu'elle contient, la collection du Siam est éminemment pittoresque ; il a fallu évidemment à M. Dauphinot, avec sa connaissance parfaite du pays, une patience et une activité de plusieurs mois pour recueillir et grouper tout cet ensemble. C'est à lui qu'est dû le rapport sur notre situation commerciale en 1901 à Bangkok dont les chiffres, s'il faut en croire les gens compétents, concordent peu avec ceux contenus dans un rapport étranger ; ils seraient dans ce dernier singulièrement diminués à notre désavantage.

L'Indo-Chine, d'ailleurs, se préoccupe d'assurer la liaison de ses lignes de chemins de fer avec Bangkok, par l'Annam et le Laos, ce qui prouve que nous avons dans la capitale du Siam des intérêts actuels et des espoirs à venir suffisants pour justifier cette liaison. Au point de vue de la colonie elle-même, ce tracé semble préférable à celui des côtes, pour plusieurs raisons ; la meilleure est de desservir un hinterland dont les richesses restent inexploitées faute de moyens de transports. Peut-être est-ce là, avec quelques rétrocessions de territoires autour du grand lac, parties de provinces qui feront au Cambodge légitimement retour, la solution pratique de cette question du Siam, qui reste toujours à l'état latent mais irritant : nous le souhaitons. Car il est évident que la voie de Singapour étant plus directe et par conséquent moins chère que celle de Saïgon, beaucoup de nos marchandises passent actuellement par ce premier port à destination du Siam, où elles entrent sous une autre étiquette, pour se répandre ensuite, par la voie intérieure, jusque dans le Laos ; les rapports commerciaux en font foi. Si les maisons françaises ne sont pas nombreuses à Bangkok, nous y comptons beaucoup de Chinois, protégés français, et il faut, n'en déplaise aux sinophobes acharnés qui les ignorent, reconnaître que ces Célestes travaillent sous notre pavillon. En souscrivant en masse pour les sinistrés de la Martinique, ils ont prouvé qu'ils connaissent les obligations que cette protection leur impose. D'ailleurs, ainsi que nous l'avons signalé plus haut, le Chinois est pour nous au Cambodge, par lui-même et ses métis, un excellent agent de colonisation ; le Cambodge étant à côté du Siam, c'est le moyen de pénétration qui nous est réservé. A nous d'y songer et d'en tenir compte, tant par notre attitude à son égard en Indo-Chine que par le maintien de ses droits sous notre égide dans les traités que nous passerons ailleurs, soit à l'Est, soit à l'Ouest, comme disent les Malgaches.

M. Jourdan, un de nos compatriotes établi depuis de longues années à Bangkok, expose une belle collection des bois du Siam. Bonne présentation, avec étiquettes indiquant le nom siamois, le nom laotien, le nom scientifique, les dimensions atteintes par l'arbre, son usage et ses qualités.

Ceux que la question des produits du Siam intéressent trouveront dans le bulletin économique de l'Indo-Chine, sous la signature de M. Dauphinot, des renseignements précis sur les prix et la production. Nous nous contentons de relever successivement plusieurs collections de bois et de médicaments végétaux, une série de meubles fabriqués à Bangkok, dans un style simili-anglais, déplorable d'ailleurs; un ensemble de peaux de rhinocéros, de cerf, de buffle, de vache, etc., séchées avec une demi-préparation, le tannage étant inconnu ou peu familier aux Siamois, trois peaux de tigre, dont une affichée 800 francs, superbe d'ailleurs; une série de trois qualités de cafés à gros grains, deux qualités de riz blanc, des poivres blancs, du benjoin, de la racine de punktaira, des farines siamoises; puis des peaux de raie et des os de tigre, employés comme médicaments *d'un genre très spécial*, des graines de niger, des farines de riz diverses, du paddy, des brisures de riz. Chacune de ces expositions étant faite par des négociants chinois, nous retrouvons les mêmes produits dans plusieurs. Voici encore des poissons secs, des crevettes et des moules desséchées, des nids d'hirondelles, puis des cardamomes, du poivre noir, du benjoin, de la gomme laque, du tamarin, de la gomme-gutte, du cachou, des haricots et des pois verts, du sel, du pla-heng, du pla-salit et du pla-too, poissons séchés pris comme médicaments.

Une collection de soies grèges nous renseigne sur les préoccupations du gouvernement siamois qui, avec le concours d'artisans et d'ingénieurs japonais (on sait que ces derniers pénètrent et s'agitent à Bangkok), cherche à développer la culture du ver à soie et la fabrication de la soie. Des essais de plantation de mûrier et des filatures fonctionnent près de la capitale : les soies exposées sont de belle qualité. Nous avons vu au Cambodge, en remontant le Mékong, des mûriers abondants sur la rive gauche du fleuve. Dans l'île de Culao-Gien, où la mission possède des établissements, un séminaire et un orphelinat, des jeunes filles sont occupées à élever le ver à soie et à tisser, avec les produits récoltés sur place, des soieries réputées à Saïgon ; ceci nous prouve que le Siam a beaucoup de chances de succès dans cette voie.

A noter également les beaux échantillons de coton exposés : encore un produit important du Cambodge, nous l'avons signalé.

Un commerçant italien, M. Ed. Fornoni, agent commercial, expose des peaux de tigre, des cornes de cerf et de buffle fort belles. La maison Windor et Cie, de Bangkok, avec 50 espèces de riz bien cataloguées et bien présentées, parmi lesquelles nous relevons le riz Koune-tchout, le Ké-Soune et le Soc-Woie comme les plus recherchés, nous donne une idée des productions énormes qui restent cantonnées en ce moment, à Battambang par exemple, faute de moyens de transport, le grand lac restant à peu près à sec pendant une partie de l'année.

De l'étain, des cigarettes, des tabacs, de la cire vierge et des bois précieux, palissandre, bois de rose et santal, avec l'exposition des bois de teck de la *Siam Forest Company limited*, provenant de sa concession de Me-Ngow (province de Lakhone) ; les échantillons de teck de Kim-Seng-Lee qui, avec une scierie à vapeur, alimente en bois la ville de Bangkok, complètent les produits agricoles ou industriels, l'industrie étant, d'ailleurs, comme on peut le voir, encore très restreinte. A noter des pieds d'éléphant, dont la peau cerclée d'argent garde sa forme et constitue des vases orginaux.

Une belle collection de photographies présentées par le photographe officiel de la cour, M. Antonio, nous initie aux charmes de la ville et de la campagne siamoises, aux types masculins et féminins intéressants pour l'ethnographie, aux procédés employés pour la culture du riz, aux péripéties de la chasse aux éléphants, aux scènes de la vie quotidienne dans ce pays resté encore si caractéristique et si original malgré les tendances progressives de S. M. Chulalongkorn.

L'exposition du Siam abondait également en documents artistiques : des toiles peintes extraites de la collection Teutsch reproduisent les positions hiératiques du Bouddha dans ses différents états, la trinité cambodgienne, l'enfer bouddique. Des stèles portant de petites statues de Bouddha rappellent un détail des cérémonies funéraires siamoises, de belles panoplies avec des lances, des sabres, des couteaux, dont beaucoup de forme nettement malaise, alternent avec des théories de bouddhas dont la plupart en bronze doré. Nous y relevons Civa, avec ses dix bras, le Bouddha assis sur le naga, dont les neuf têtes se redressent en éventail au-dessus de lui, un Bouddha adoré par un singe et un éléphant, pièce très rare ; un Bouddha d'argent, un Bouddha chinois, etc. Tandis que dans les vitrines des coupes incrustées d'or et d'argent, de vieilles monnaies, des boîtes niellées étalent leurs richesses de forme et de matière. Nous remarquons dans l'une de ces vitrines, la plus grande, la belle collection de Mme de Costa, de Bangkok, comprenant une série d'objets niellés : plats, ciseaux, rasoirs, vases, tous destinés à la tonte du toupet de l'enfant quand il atteint l'âge adulte, cérémonie faite avec autant de pompe et de détails typiques au Siam que celle de la circoncision à Madagascar, puis une suite de monnaies siamoises en petits lingots, dont certaines pièces remontent à l'an 1350, et enfin des bois en faïence particulière, très originaux, ayant un caractère birman prononcé.

C'est un volume qu'il faudrait pour décrire toutes ces pièces et donner les détails historiques, archéologiques ou ethnographiques qu'elles comportent. Ces collections ont été proposées au Gouverneur de l'Indo-Chine, nous ne savons à quel prix : souhaitons que celui-ci ait été assez raisonnable pour en permettre l'achat et que nous puissions les revoir un jour plus complètement et aussi avec un peu plus d'expérience et de compétence.

Avant de quitter Bangkok, nous indiquons à titre de renseignement que sa population, évaluée à 350.000 habitants, est composée de 180.000 Chinois environ, le reste comprenant des Siamois, des Cambodgiens, des Annamites, des Birmans, des Hindous et des Malais. Les étrangers établis au Siam se répartissent en 200 Français, 200 Anglais, 180 Américains, 150 Allemands, 80 Danois, 70 Japonais, 60 Portugais, 30 Autrichiens, 20 Hollandais, 15 Russes, ces chiffres étant approximatifs.

INDES NÉERLANDAISES, INDES ANGLAISES, SINGAPOUR ET QUEENSLAND

Dans le pavillon voisin sont exposées, nous pourrions dire entassées, les collections des Indes néerlandaises, des Indes anglaises, de Singapour et du Queensland. Il eût fallu à la fois et plus de place et plus d'ordre : c'est un chaos dans lequel nous renonçons à chercher un classement et nous présentons les objets au fur et à mesure que nous les trouvons, au hasard de la rencontre. D'abord, sur la muraille, une superbe panoplie d'armes de Sarawak (Bornéo), puis une collection de vêtements malais tissés de soie et or exposée par le sultan de Sumatra. Nous sautons de là aux Straits sttlements : la Société d'*Alma Estate*, dirigée par MM. Chasseriau frères, planteurs de Wellesley, province de Penang, nous expose une série de fort beaux produits : les variétés du tapioca jaune fin, médium jaune, flake jaune, perles fines, perles médium, perles, perles extra-fines nous mettent au courant des procédés perfectionnés employés pour la fabrication de cette denrée alimentaire ; puis, des clous de girofle, des muscades, du thé des hautes terres, du poivre noir en grains et en poudre, du poivre blanc. De nouvelles variétés de tapioca nous signalent une autre préparation : du flake en morceaux, de la farine, du tapioca fin, du fin rose, de l'extra fin siftings et de la fécule. De beau café en grains (Arabica et Libéria), des essences de vanille et de citronnelle, des conserves d'ananas et de papayes, enfin des fibres d'ananas.

Près de là, le *Caledonian Estate* présente des sucres et des rhums ; la maison Hack, Leong et Co, 23, Pack road, Singapour, expose des savons et des dragées multicolores anglaises, tandis que MM. Dupère et Cie, de Singapour, ont réuni des graines de ricin, du café Palembang avant et après triage, du café Bally dans les mêmes conditions, du poivre noir, du tapioca, des muscades N° 1 et N° 2, de la gomme copale ; tous ces produits sont représentés par de superbes échantillons, il faut l'avouer.

Notons au même point une belle collection d'armes polynésiennes réunie par M. Jouffroy d'Abbans : flèches, haches de pierre, lances de bois doré et pagaies de bois orné : ces dernières offrent une grande ressemblance avec ces planches sculptées et décorées qui figurent sur les tombeaux sakalava de Morondava et dont j'ai donné un dessin dans une communication faite à la revue *L'Anthropologie*.

Nous nous arrêtons près de là, devant les échantillons des mines d'étain de Perak, dont la production est devenue formidable et qui emploie uniquement des Chinois, que les vapeurs embarquent à Pakkhoï, à Haïnan, etc., par paquebots entiers. C'est le succès de cette main-d'œuvre qui a certainement décidé la *Rhodesian mines Chamber* à prévoir la possibilité, dans un avenir prochain, d'amener dans les mines du Transwaal des ouvriers chinois en grande quantité, et par suite la nécessité de favoriser d'ores et déjà leur immigration dans l'Afrique du Sud. Cet élément serait, en effet, plus résistant que le Malais ou l'Indien.

L'exposition de Leng Cheak et Co, comprenant diverses espèces de riz et de tapiocas, une collection de 13 espèces de thés, des huiles de coco d'une limpidité parfaite, suit cette dernière.

Une maigre collection de coquillages, peu en rapport avec celle que nous avons vue au musée de Singapour, alterne avec ces produits.

Des conserves d'ananas de Landau et Cie, de Clouet et Cie, deux maisons françaises réputées, nous tenons à le reconnaître, ferment l'exposition de Singapour qui, bien présentée et surtout bien groupée, aurait été intéressante.

Près de là, une vitrine contient toute une série d'objets fabriqués avec des clous de girofles par les indigènes des Moluques : des bouquets, des fleurs, des bateaux, des paniers.

Nous revenons aux îles Malaises par une collection d'armes indigènes d'Atcheen (Sumatra), cette région turbulente qui constitue une menace perpétuelle pour l'occupation hollandaise. Au-dessous, l'exposition de l'institut botanique de Buitenzorg réunit, non plus en plaques étirées comme au laboratoire d'analyses de Saïgon, mais en boules, des échantillons de gutta-percha : 1° Gutta du Palaquium ; 2° Palaquium Borneense ; 3° Palaquium oblongifolium ; 4° Payena Leerii ; 5° Palaquium Treubii ; et du caoutchouc : 1° Hevea brasiliensis ; 2° Ficus elastica ; 3° Castilloa elastica ; 4° Willughbeia termiflora ; 5° Manihot Glaziovii ; 6° Ficus vogelii. A ces échantillons est joint un album de photographies prises dans les plantations correspondant à ces divers échantillons.

Contre cette intéressante exposition, celle de MM. Gaireau frères, négociants français en vins et liqueurs, qui dirigent un hôtel à Batavia ; une suite de chapeaux de rotin et de bambous envoyés par M. Petitjean, un autre Français de Batavia, tous d'une forme élégante et d'une façon irréprochable.

La vitrine de la Compagnie agricole Swaroe Bœloerotto réunit des cafés et des thés de première qualité, des clous de girofle, du piment, de la cannelle, de la vanille, des muscades, du coco, du poivre blanc et noir, du cacao et enfin des comprimés de thé qui nous semblent très pratiques pour les voyageurs, surtout ceux habitués à courir la brousse.

Dans une autre vitrine pourvue de brochures explicatives, M. Prinsen Geerligs nous initie à l'industrie du *Batiq* à Java. Ce mot javanais, qui signifie *dessiner*, désigne le travail spécial auquel sont soumises des toiles de coton. Elles sont enduites d'une couche de cire légère, suivant des dessins déterminés, que la Javanaise grave sur la toile à l'aide d'une sorte de tube, terminé à la partie supérieure par un petit récipient qui reçoit la cire liquéfiée ; le même travail doit être répété de l'autre côté de la toile afin de ne pas présenter d'envers. La complète analogie des deux faces en dessin et en couleurs caractérise les vraies *toiles batiquées*. Après la peinture à la cire, la toile passe dans des cuves où elle est teinte en bleu, en rouge ou en brun. Pour obtenir plusieurs teintes sur la même étoffe, il faut refaire pour chacune le travail à la cire. Un dernier lavage à l'eau bouillante fait disparaître la cire : les couleurs, fixées par des mordants végétaux, restent inaltérables. Une série d'étoffes ainsi préparées dont le prix est assez élevé, une collection des instruments et des produits employés, puis des photographies indiquant les phases du travail, accompagnent cette intéressante exposition.

Des objets divers en bois sculpté, des masques, des objets en perles de Sarawak nous reportent à Bornéo, ainsi que des étoffes et des corsets en anneaux de cuivre servant d'ornements aux femmes dayaks. En parcourant cette exposition, M. Raquez, l'auteur des *Pages Laotiennes*, a trouvé plusieurs analogies entre les usages des Dayaks et ceux des Khas du Laos. A signaler également que ces sortes de cottes de mailles en usage chez les femmes dayaks ressemblent absolument à celle trouvée dans la tombe de Ralesoka, la sœur d'Andrianampoinimerina, et qui figure dans les collections du musée de Tananarive. Notons aussi des bambous sur lesquels sont tracés, avec une pointe de feu, des dessins dans le procédé et la forme de ceux que fabriquent au marché de Tananarive nos Malgaches de l'Imerina.

Les Dayaks constituent une tribu du Nord de Bornéo, tribu belliqueuse et turbulente, sur les instincts de laquelle une panoplie d'armes terribles nous renseignent. Il est vrai que celles des Monrouts, tribu voisine, ne semblent valoir guère mieux. Quant aux Pou-nangs, des flèches empoisonnées leur semblent préférables. Relevons encore les boucles d'oreilles des femmes de Sarawak, semblables à celles déjà citées, encore en usage aujourd'hui à Madagascar sur la côte Ouest, et jadis dans toute l'Imerina.

Des modèles de différentes cases, dont l'ensemble constitue la reproduction d'un village batak, figurent près de là, réunissant : 1° La maison où l'on écrase le riz ; 2° la case pour recevoir les voyageurs ; 3° la case des femmes du chef de village ; 4° la grange pour le paddy ; 5° la maison d'habitation partagée en deux parties : une moitié pour les gens mariés et l'autre pour les célibataires ; 6° la porcherie ; 7° le poulailler et, enfin, dominant le tout de sa protection, la maison du chef du village, avec trois toits élevés, superposés comme des toits de pagode cambodgienne. Les deux extrémités du faîtage sont terminées par des pièces de bois en forme de tête de bœuf, dont les cornes s'allongent effilées. La communauté d'origine de cet ornement avec celui des cases en bois de l'ancienne Tananarive saute aux yeux : il est à remarquer que la fortune du propriétaire malgache était représentée par la longueur de ces bois et que cette fortune consistait en bœufs. D'ailleurs, ce village batak ressemble fort à l'ancien Rova d'Andrianampoinimerina, tel que nous pouvons nous le figurer avant les constructions de Legros et de Laborde.

Sur une série d'agrandissements de vérascope qui nous représentent les installations de la Compagnie des pétroles à Palembang, les puits, les réservoirs auxquels sont jointes des vues de danses, de paysages et de villages malais, nous quittons les Indes néerlandaises pour aborder les Indes anglaises.

De Colombo, grâce à notre aimable consul, M. Labussière, sont arrivés quelques échantillons de thé, de coco, de coprah, de cannelle, de cordages en fibres de coco, des huiles de coco, de la citronnelle et deux billes d'ébène ; c'est une simple carte de visite avec celle de la plantation de M. Bonaparte Wyse, dont les thés de Lindula ont fait apprécier la marque Holbrook. Nous devons savoir gré à ces messieurs de n'avoir pas délaissé Hanoï, mais, franchement, le total est insuffisant pour caractériser cette superbe île de Ceylan que nous étudierons longuement dans la troisième partie de ce rapport. Donc, à regret, nous lui disons au revoir pour passer rapidement en revue les envois de l'Inde anglaise.

Une très intéressante vitrine contient la contribution de notre consul à Rangoon, M. Claisse. Malheureusement rejetée dans un coin, derrière d'autres, c'est à grand peine que nous pouvons en approcher. A signaler une cire minérale fondant à 40° (Burma Oil C^o), des échantillons de jade de montagne et de rivière, des haricots, du millet, etc., du caoutchouc, du cachou en tablettes et en blocs ; une très belle collection de riz malheureusement restés en sacs et différentes espèces de coton ; quel dommage d'avoir laissé en vrac tous ces échantillons, qui auraient pu être utilement étudiés ; mais, nous l'avons déjà dit, mal inspirés sont toujours ceux qui envoient aux expositions des produits sans délégué pour les présenter.

Un échantillonnage de cotonnades anglaises de Nagpur et une très belle collection de filés de coton envoyés par l'*Empress mills Nagpur India et Svadeschi mills*, de Bombay, sont destinés au musée commercial de Hanoï, qui va s'augmenter de toutes ces richesses documentaires. Félicitons-le et jetant un dernier coup d'œil aux tabacs, cigares et cigarettes de Macropoulo et Cie, ainsi qu'aux luxueuses étoffes chargées de broderies de Dhirajial Nutiwarial Brothers and Co ou à leur orfèvrerie massive et mièvre, nous gagnons le pavillon monumental en bois, élevé au milieu de la galerie, dans lequel la *Queensland Meat export agency Company Limited* expose des pyramides de corned-beef, des kilogrammes d'os de bœufs, de tendons desséchés et de cornes, des flots de graisse et des tonneaux d'endaubage. Décidément les Australiens voient grand et sans cette machine monumentale, qu'un simple prospectus aurait pu remplacer, les belles collections des Indes eussent été à l'aise.

EXPOSITION DES PHILIPPINES

Nous abordons, enfin, le dernier pavillon, celui qui, à l'extrémité de la galerie annexe de gauche, fait face au pavillon de Madagascar. Il est consacré à l'exposition des Philippines. Cette section, dont l'installation était dirigée par M. Lelorrain, vice-consul de Manille, a bien mérité de la reconnaissance des Hanoïens, tant par son exposition que par ses indigènes, Négritos et Tagals, ses attractions du village philippin et surtout sa musique qui, tous les soirs de beau temps, réussissait à attirer quelques personnes dans le vaste parc de l'exposition.

Nous ne pouvons mieux commencer notre visite que par la Compagnie générale des tabacs des Philippines, qui régnait en maîtresse dans le pavillon, très bien représentée par son délégué, M. de Loma. En première ligne, une carte générale de l'archipel philippin nous renseigne sur les emplacements des plantations, établissements, comptoirs et dépendances de la compagnie. Une collection d'armes, de vêtements et d'objets divers des indigènes des îles de Jolo et de Mindanao, puis une série de vues photographiques des diverses exploitations.

Les collections des produits fabriqués dans le pays comprenaient en première ligne : les tissus faits en fibres d'abaca dont de jolies et jeunes Philippines reproduisaient la fabrication sous les yeux des visiteurs. Ces tissus, extrêmement légers, se divisent en plusieurs qualités ; le *fusi*, première qualité, coté 50 francs les 24 mètres ; le *fusi*, deuxième qualité, coté 44 francs les 24 mètres ; le *sinamay*, à 10 francs la pièce ; le *pina*, à 30 francs la pièce. Le *fusi* avec soie, ressemblant beaucoup à la rabane mélangée de soie que tissent nos Malgaches, se vend de 8 à 10 francs les cinq mètres. Le *fusi* de troisième qualité est affiché 36 francs les 24 mètres, et le *cativo* 10 francs la pièce. Des magasins généraux de la même compagnie, voici du coprah blanc supérieur de Cébu et du coprah de Lucena courant, des fibres d'abaca de deux qualités, des tabacs en feuilles marqués Isabella 1°, 2°, 3°, 4° G et 4 aC ; Cagayan 1°, 2°, 4° C, 4° G ; Union 1°, 2°, 3°, 4° ; Ilocos Norte 1°, 2° ; Abra 1°, 2° ; Iloilo 1°, 2° ; Cebu 1°, 2° et une pyramide de *Tabaco empacado en sayuran* pour l'Exposition.

La fabrique « La flor de la Isabela » nous présente un grand tableau montrant les armes de l'Espagne et de la compagnie, ainsi que les prix obtenus par celle-ci, le tout fait en tabac, un arc avec inscriptions fait en cigarettes et soutenu par deux colonnes formées de boîtes de cigares, de paquets de cigarettes, de paquets de tabac, etc. Les fumeurs doivent être contents, mais pas ceux qui ont l'odeur du tabac en horreur.

Une maison philippine avec tout son mobilier, personnel et accessoires, toujours en feuilles et côtes de tabac ; une case, des rizières, un magasin, puis des cannes toujours en tabac. Dans une grande vitrine en noyer mouluré et sculpté 49 espèces de cigares sont exposées (*vitolas habanas*) ; 60 classes différentes de *menas filipinas*, 59 genres de cigarettes et de tabacs. Sur une table, 13 échantillons de cigares de luxe dont certaines boîtes en contiennent 12, pas plus, enfermés chacun dans un élégant tube de verre. Et dire qu'un mauvais plaisant prétendait que le tabac était toujours le même et que la forme seule variait ! C'est une calomnie, car parmi les cigares de différentes marques de la Isabela, San-Antonio, Santa-Isabela, San-Luis, etc., nous en avons fumé d'excellents et d'autres détestables.

La Compagnie générale des tabacs des Philippines ne se contente pas de fabriquer des londrès ; un arc en bouteilles de genièvre, soutenu par des caisses d'eau de Florida et flanqué de dames-jeannes d'alcool, nous avertit que la distillerie fonctionne aussi dans ses ateliers. Voici de l'alcool moyen rectifié de canne et de neva, de l'alcool à 40 degrés et à 36 degrés extrait des deux mêmes produits, de l'anisette, 5 qualités de genièvre et de l'alcool à 18, 17, 16 et 15 degrés.

Quittant les superbes étalages de la Compagnie, nous trouvons une intéressante collection de coquillages, recueillie et classée par M. de Bérard, consul à Manille.

Des harnais et malles en cuir de la maison Saler, fort bien conditionnés mais d'un prix élevé, restent sans acheteur : les valises de camelote du Japon leur font sans doute concurrence. Un fabricant de bières, M. Roxas, nous présente la brune et la blonde, toutes deux engageantes, tandis que M. Benito Algarda, dans des flacons multicolores, nous offre les différentes liqueurs de Manille. Encore de l'alcool avec M. Patricio Ubeda ; mais les murailles ornées de tableaux peints à l'huile retiennent notre attention. Bien que peintes avec une certaine naïveté, ces marines où les bâtiments de guerre s'estompent dans la fumée des canons, ces paysages aux chaudes végétations, à l'ombre desquelles s'ébattent de jeunes beautés colorées, ne manquent ni de charme ni d'idées, mais seulement d'étude et d'expérience. Si M. Félix Martinez avait appris son métier, il ferait un artiste original.

Une collection de bois, dont les échantillons sont de trop faibles dimensions pour en permettre l'étude, est, avec ses noms scientifiques et indigènes, bien présentée par MM. Régino Garcia et Mariano Tuason, de Manille, où les bijoutiers ne sont pas maladroits s'il faut en juger par les doublés de M. Manheim et les poignées de cannes en argent et argent doré de M. Aviaco Gaudinez ; malheureusement, les prix de ces dernières sont inabordables. La vie, décidément, doit être chère aux Philippines. La Perla Monroy, avec une table chargée de biscuits et de confitures, nous le confirme ; près de là, des confitures de goyaves exposées par M. Romero, du miel fort appétissant de M. Semilla, de Marivelo, de l'eau minérale de Balong Anito et des spiritueux divers de la distillerie de Tauduay à Manille, dirigée par MM. Inchausti et Cie ; sous le même nom, figurent de beaux cordages en fibres d'abaca ; c'est l'utilisation la plus pratique de ce textile, dont nos compatriotes du Tonkin commencent à faire de nombreuses plantations. Il est à remarquer, toutefois, que la consommation la plus forte de ce produit se fait en Amérique et que, dans ces dernières années, la fibre d'aloès pour le même usage a été très recherchée sur les marchés américains. C'est ce qui explique le prix de 400 roupies la tonne, fixé à Maurice en juin dernier, pour les fibres d'aloès ; il est intéressant pour Madagascar de suivre ce mouvement et cette fabrication. Nous y reviendrons, du reste, en étudiant la situation agricole et commerciale de Maurice, dans la troisième partie de ce rapport. Bien que le gros débouché de l'abaca soit dans les cordages, voici des chemisettes brodées qui prouvent que cette fibre peut être tissée avec la plus grande finesse. Très élégantes ces petites chemisettes légères, transparentes à demi et soyeuses, dont les prix varient de 6 francs à 30 francs, plus élégantes encore sur le torse cambré des brunes cigarières.

Mais l'observatoire de Manille, avec ses instruments et ses publications, nous replonge dans la réalité scientifique, la dure réalité, car le principal rôle de cet établissement est de signaler les cyclones qui passent ou se préparent dans la limite de son champ d'observation. En relations avec Hong-Kong et l'Indo-Chine, il communique à celles-ci ses prévisions. La triste catastrophe qui s'est produite en juin dernier, à Hanoï, prouve que malheureusement ces ouragans ne peuvent être toujours prévus et que le Tonkin et l'Annam sont en plein dans les limites de leurs incursions. L'observatoire de Manille, dirigé par les Jésuites, expose un baromètre spécial pour typhon, à 2 aiguilles aimantées, dont l'une porte à son extrémité une autre aiguille plus petite, d'une sensibilité extrême ; ce baromètre, grâce à cette double combinaison, permet l'indication, non seulement de la dépression, mais du sens dans lequel elle se meut. Des photographies de divers instruments destinés au même usage ou à l'observation des mouvements sismiques fréquents dans ces régions, et d'autres modèles de baromètres nous indiquent le travail constant produit par les Pères dans cet établissement scientifique. Ce travail est condensé du reste dans les publications de l'observatoire sur les climats, le magnétisme, les nuages, les phénomènes sismiques et les typhons ; son bulletin mensuel ; des graphiques, des photographies et un atlas complet de la région. Intéressante également l'exposition des divers ouvrages, livres, brochures publiés par les Jésuites sur les idiomes, l'ethnographie et l'histoire des Philippines. L'un deux, ouvrage en deux volumes, représente l'ensemble des observations de tout genre recueillies par les Pères depuis leur arrivée dans l'archipel. Après la conquête, le gouverneur des Etats-Unis a acheté le manuscrit à la mission pour 300.000 francs et le fit imprimer à Washington avec un grand luxe de gravures et de cartes du plus haut intérêt. C'est un ouvrage nécessaire à l'Académie Malgache et en son nom, nous prions Monsieur le Gouverneur Général de vouloir bien le demander officiellement, si la chose est possible, au gouvernement américain. Au point de vue philologique et ethnographique, l'œuvre est remarquable.

A citer également la collection du Muséum d'histoire naturelle des PP. Dominicains, qui comprend une série de 156 espèces de bois en rondelles et de 500 coquillages recueillis aux Philippines, et celle de l'Université de Saint-Thomas, présentant 150 échantillons de riz en paddy, bien classés, avec leur nom indigène et l'indication de leurs qualités respectives. Un des produits commerciaux recherchés des Philippines est également le chapeau de paille fait en écorce de bambou (*Cana*) en écorce d'arbre ou en fibres d'une sorte de graminée, appelée *nepax*. Ces chapeaux, très souples et fins, sont de prix variables, car si quelques-uns sont affichés 1 fr. 80, 5 francs et 6 francs, d'autres sont estimés à un prix ridicule qui va jusqu'à 200 francs.

Une collection de résines et de gommes diverses exposée par M. Ateneo, de Manille, sans autres renseignements que les noms indigènes ; des cigares et des cigarettes de la marque « La Germinal », des jambières et des chaussures, les broderies soignées du collège de Santa-Catalina, dirigé par des religieuses dominicaines, complètent cette exposition, dont les produits de toutes sortes offrent la plus grande variété. Notons enfin quelques sculptures en bois ou terre cuite sur lesquelles nous ferons les mêmes observations que pour les peintures, et la collection des armes et objets usuels de provenance négrito.

Mais c'est sur place, c'est-à-dire au milieu des indigènes amenés par M. Lelorrain, que nous irons étudier ces intéressants types de races, sinon éteintes du moins presque disparues. Contournant le pavillon des Philippines, nous gagnons donc la série des cases désignée par M', située derrière la galerie de gauche. C'est là qu'étaient cantonnés les Négritos. On a tant parlé de ceux-ci à propos de la race autochtone de Madagascar, recherchant même dans les Vazimbas les analogies extérieures avec leur type, que nous avons tenu à voir de près et à étudier ceux que le délégué des Philippines avait eu l'heureuse idée d'amener à Hanoï. Ils forment une race absolument distincte des Tagals, qui, eux, constituent le fond de la population philippine. Leurs cheveux sont crépus, les bras très longs descendent aux genoux, le nez est épaté et les lèvres lippues, mais sans exagération, la paupière de l'œil est souvent tombante. De très petite taille d'ailleurs, les jambes assez courtes, ils sont agiles et vivent dans les bois du produit de leur chasse : leur arme préférée est l'arc avec des flèches qu'ils empoisonnent.

A l'aide de deux interprètes, l'un Français comprenant le tagal, et l'autre Tagal comprenant le négrito, j'ai interrogé le chef et lui ai demandé la traduction dans sa langue des mots les plus usuels : j'ai pu constater que beaucoup de ceux-ci étaient les mêmes qu'en tagal. Voici la liste que j'ai relevée, sur laquelle j'ai suivi l'orthographe adoptée pour le hova, dont les mots figurent en regard.

FRANÇAIS	TAGAL	NÉGRITO	MALGACHE
Pied	»	Paha	»
Genou	»	Boha-hao	Lohalika
Cuisse	Ilita	Paohômpaha	Fe
Fesse	Ponit	Bohe	Vody
Oreille	»	Pignaol	Sofina
Buffle	Karabano	Damôlaka	Jamoka (bosse du bœuf)
Chien	»	Hasao	Alika, toha, amboa
Chat	»	Posa	Fosa
Dent	Ipin	Nipon	Nify
Vêtement	»	Lamit	Lamba
Chapeau	»	Sambalilao	Sambalahy (plante Betsileo)
Flèche	»	Niahao	Fale (Sakalava)
Arc	»	Bosao	id.
Poisson	Ista	Isda	Fia (Sakalava)
Oiseau	»	hiboun	Vorona
Sanglier	»	Babohi	Lambo
Mort	Patay	Maté	Maty
Mariage	Kassal	Solangœ	Fanambadiana (?)
Naissance	Bagoumpananak	Sangol	Haterahana (?)
Ancêtre	»	Hapao	Razana
Vieux	»	Mangolau	Antitra
Jeune	Binata	Bahoutahao	Vinanto, tanora
Homme	Hoy	Lalaki	Lehilahy
Femme	»	Babay	Vehivavy ou vavy
Enfant	»	Amak	Zanaka-anaka
Ennemi	Kagali	Bobontaka	Babo (captif)
Ami	»	Kaibigan	Sakaiza
Cheveux	»	Cabao	Volo
Œil	»	Mata	Maso
Doigt	»	Lalide	Rantsana, anky
Ventre	»	Bitoka	Kibo
Riz	Bigas	Boyas	Vary
Maison	»	Amak	Trano, Lamaka
Arbre	Pononankayo	Ponkayo	Hazo et voninkazo
Eau	»	Lanôma	Rano
Ciel	»	Langu	Lanitra ou langitra
Soleil	»	Aholo	Masoandro
Lune	»	Boana	Volana
Main	»	Aima	Tanana, tana
Tête	»	Lopa	Loha
Bouche	»	Baobay	Vava
Ongle	»	Sohao	Hoho
Excréments	»	Tay	Tay

Beaucoup de mots, comme on peut le voir, ressemblent à des mots malgaches, surtout si l'on tient compte de la transcription toute factice qui a été faite par les Européens de la langue hova, en particulier pour certaines finales. Ces mots sont-ils tagals ou négritos ? Une longue étude comparative pourrait seule le déterminer : nous nous contenterons de ces rapprochements comme indication, en ajoutant que la numération chez les Négritos est la même que celle des Tagals et se rapproche beaucoup de celle des Malgaches : Isa, daloà, tatlao, apat, lima, anim, pitao, valao, siam, sampao, labin isa (onze), labin daloa (douze) ; daloampao (vingt), tatlompao (trente) apat napao (quarante), etc.

Chez les Tagals, d'origine malaise, les types de race pure sont rares aujourd'hui, la plupart étant métissés d'Espagnol. C'est une population intelligente, mais turbulente. Ils manifestent leurs instincts sanguinaires dans les combats de coqs qui, dans le pavillon L', avaient lieu plusieurs fois par semaine. Ils les suivent avec autant de passion que nos Hova de Tananarive, mais, plus barbares et plus prodigues, ils arment les ergots de leurs animaux de lames recourbées, avec lesquelles il s'éventrent souvent au premier choc.

Très agiles et très souples, ils donnaient au cirque, dans le bâtiment D, des représentations qui ont été très suivies par le public de Hanoï. Excellents acrobates, ils ont été dotés par la nature d'une faculté de préhension par les pieds extraordinaire ; aussi, comme nos Hova de l'Imerina également, ils ne se baissent jamais pour ramasser à terre un objet, mais le saisissent avec l'orteil du pied droit : nous avons vu à Tananarive des gamins lancer ainsi des pierres. C'est évidemment une race bien douée, mais dans laquelle le jeu, l'alcool et la politique ont semé et entretiennent des ferments de troubles et de ruines.

Les femmes, pour la plupart jolies, fabriquent des cigares ou des tissus d'abaca : elles travaillaient à Hanoï dans les pavillons K et J, fort agilement d'ailleurs, tout en fumant elles-mêmes des cigares énormes : les beautés négritos, elles, se contentent de la pipe.

C'est rapidement que nous passerons devant les autres constructions élevées à la hâte dans cette rue dite « des attractions ». Le village laotien avec ses cases dont nous avons déjà parlé et ses habitants ; des paillottes de Bac-kan avec des indigènes, des restaurants chinois, ne nous retiennent guère. Dans nos excursions, nous aurons occasion plus tard de retrouver tout cela dans son cadre.

Il en est de même des artisans du Tonkin, réunis dans la galerie F. Ces exhibitions ont leur raison d'être à Paris, mais non à Hanoï. Franchement, nous avons préféré aller voir dans leurs ateliers les incrusteurs, les fondeurs, les brodeurs, etc... A l'Exposition, grelottants sous des abris incomplets, transis par le vent et la pluie ou gênés par les rayons d'un soleil implacable, ces braves gens ne faisaient rien et semblaient se demander pourquoi on les avait arrachés à leurs petites turnes de la rue du Cuivre ou de la rue des Tasses. De toutes les attractions, la seule qui ait procuré quelque profit à son *manager* et quelque gaieté à ses spectateurs, fut le théâtre Dupuy, situé en B' du plan, qui, avec ses chansons de Montmartre et son répertoire moderne, donnait aux Hanoïens l'illusion de Paris. Or l'Exposition était surtout visitée par les Hanoïens, nous l'avons dit, et nous pensons qu'après cette longue étude il nous sera permis de le regretter encore plus vivement.

CONCLUSION

Nous espérons, en effet, avoir prouvé que les coloniaux auraient pu recueillir dans ces galeries et ces pavillons une ample moisson de renseignements dont toutes nos colonies, et Madagascar en particulier, sont à même de profiter. C'est dans cet esprit que nous avons parcouru et étudié les diverses galeries, l'organisation et le fonctionnement des expositions officielles et privées. Si nous nous sommes permis de faire dans les unes et les autres quelques critiques, c'est toujours pour en tirer un enseignement pratique, au profit de la Colonie que nous représentions, et en vue des expositions où elle pourrait être encore appelée. La description détaillée de cet ensemble aura, nous l'espérons, suffisamment établi l'importance au point de vue colonial de l'Exposition de Hanoï et la puissante vitalité de l'Indo-Chine. Dans cette première partie, nous ne nous sommes attachés à étudier que les résultats présentés par les pays qui ont participé à l'Exposition, nous nous sommes maintenus dans la limite où ces résultats étaient matériellement représentés, c'est-à-dire de façons très différentes.

Les collections, en effet, étaient incomplètes pour beaucoup. En ne considérant que l'Indo-Chine, certaines provinces, certains services s'étaient abstenus, nous ne savons pourquoi, de participer à l'œuvre générale.

Il en résultait des lacunes nombreuses que nous essaierons de combler dans la suite de ce rapport, qui sera pour ainsi dire la mise en œuvre de la première partie, complétée et corroborée par une série d'informations sur place.

POPULATION GÉNÉRALE FIXE

AU 1er JANVIER 1902

d'après les annuaires et publications officielles de l'Indo-Chine complétés par renseignements pris sur place

1° COCHINCHINE

PROVINCES	CHEFS-LIEUX	EUROPÉENS	ANNAMITES	CHINOIS	MINH-HUONGS MÉTIS SINO-ANNAMITES	MOÏS	CAMBODGIENS	CHAMS ou MALAIS	OBSERVATIONS
Bac-Lieu......	Bac-Lieu.......	54	55.742	4.000	5.336	»	12.823	4	Fonctionnaires de la Cochinchine : 622.
Baria.........	Baria.........	47	42.992	354	251	1.358	2	»	
Bentré........	Bentré........	57	204.886	2.500	1.122	»	6	5	
Bien-Hoa......	Bien-Hoa......	106	93.264	1.906	801	2.953	1.158	11	
Cantho........	Cantho	57	185.319	4.500	3.143	»	19.744	117	
Cap-St-Jacques.	Cap-St-Jacques .	114	3.007	372	41	»	3	15	
Chaudoc......	Chaudoc	54	103.264	1.715	1.834	»	28.634	4.336	
Cholon	Cholon.........	119	172.195	3.505	733	»	2	4	
Gia-Dinh......	Gia-Dinh.......	124	207.232	2.486	1.042	»	3	32	
Gocong.......	Gocong........	34	86.553	590	216	»	11	14	
Hatien........	Hatien.........	24	7.220	2.505	629	»	2.411	18	
Longxuyen....	Longxuyen.....	63	138.936	1.509	1.293	»	1.869	22	
Mytho........	Mytho	95	296.444	2.847	1.284	»	15	12	
Rachgia.......	Rachgia........	49	51.997	1.606	3.370	»	33.215	1	
Sadec.........	Sadec.........	34	173.422	2.520	1.639	»	6	»	
Soctrang......	Soctrang.......	72	74.153	7.200	10.552	»	47.122	22	
Tanan	Tanan	24	86.624	943	112	»	246	1	
Tayninh	Tayninh	49	55.385	468	578	»	7.827	3	
Thudaumot ...	Thudaumot	51	81.400	1.412	638	»	4.487	5	
Travinh.......	Travinh........	35	97.422	5.226	3.372	»	63.276	24	
Vinh-Long....	Vinh-Long.....	43	146.088	2.427	1.302	»	499	31	
Saïgon (ville)..	Saïgon.........	3.175	24.640	15.534	527	»	118	363	
Cholon (ville).	Cholon	188	33.932	32.900	1.244	»	199	109	
Poulo-Condor .	Poulo-Condor ..	13	279	62	6	»	9	1	
		4.681	2.422.396	99.087	41.063	4.311	223.685	5.150	

2° TONKIN

PROVINCES	CHEFS-LIEUX	EUROPÉENS	ANNAMITES	CHINOIS	THOS	MANS	NUNGS	MOÏS	OBSERVATIONS
Bac-Giang	Phu-Lang-Thuong...	110	300.000	600	»	»	»	»	Fonctionnaires du Tonkin : 541.
Bac-Ninh	Bac-Ninh	52	385.370	145	»	»	»	»	
Bac-Han......	Bac-Kan	18	300	650	8.000	1.000	200	»	
Haï-Duong....	Haï-Duong.....	94	700.000	387	»	»	»	»	
Ha-Nam.......	Phû-Ly........	67	300.000	37	»	»	»	»	
Haï-Phong (P.).	Phû-Lien	55	100.000	25	»	»	»	»	
Hanoï (P.)....	Gau-Do........	22	636.495	3	»	»	»	»	
Hao-Binh.....	Hao-Binh	22	80.000	43	»	»	»	»	
Hung-Hoa	Hung-Hoa......	60	250.000	72	»	»	»	»	
Hung-Yen	Hung-Yen......	23	220.000	110	»	»	»	»	
Nam-Dinh	Nam-Dinh	116	750.000	900	»	»	»	»	
Ninh-Binh.....	Ninh-Binh.....	91	355.000	89	»	»	»	2	
Phu-Lo.......	Phu-Lo........	»	»	»	»	»	»	»	
	A REPORTER...	730	4.077.165	3.061	8.000	1.000	200	2	

2° TONKIN (*Suite*)

PROVINCES	CHEFS-LIEUX	EUROPÉENS	ANNAMITES	CHINOIS	THOS	MANS	NUNGS	MOÏS	OBSERVATIONS
	REPORT.......	730	4.077.165	3.061	8.000	1.000	200	2	
Quang-Yen ...	Quang-Yen	121	28.500	3.414	»	»	»	»	
Son-Tay	Son-Tay	26	300.000	20	»	»	»	»	
Thaï-Nguyen ..	Thaï-Nguyen ...	44	50.000	70	18.000	»	»	»	
Thaï-Binh.....	Thaï-Binh......	30	900.000	120	»	»	»	»	
Tuyen-Quang ..	Tuyen-Quang...	20	5.776	507	6.460	4.805	»	»	
Van-Bû.......	Van-Bû........	10	20.000	500	»	»	»	»	
Yen-Bay	Yen-Bay.......	50	2.900	101	3.900	3.900	»	2.050	
Vinh-Yen.....	Vinh-Yen.......	41	300.000	8	»	»	»	»	
Lang-Son (cercle).	Lang-Son	88	54.996	3.546	»	«	»	»	
Moncay (G.)...	Moncay........	21	19.210	9.994	»	»	»	»	
Van-Linh(G.) .	Van-Linh	»	10.000	70	»	»	»	»	
Cao-Bang.....	Cao-Bang......	15	35.895	1.500	»	»	»	»	
Bao-Lac,......	Bao-Lac........	7	50	160	4.000	800	1.000	5.000	
Ha-Giang	Ha-Giang.......	11	12.414	585	»	»	»	»	
Bac-Quang....	Bac-Quang.....	»	7.390	40	»	»	»	»	
Lao-Kay	Lao-Kay	24	19.180	308	»	»	»	»	
Bao-Ha	Bao-Ha	9	7.792	35	»	»	»	»	
Hanoï (ville) ..	Hanoï..........	1.238	100.000	1.900	»	»	»	»	
Haïphong (ville).	Haïphong......	950	12.000	5.300	»	»	«	»	
		3.435	5.963.268	31.239	40.360	10.505	1.200	7.052	

3° ANNAM

PROVINCES	CHEFS-LIEUX	EUROPÉENS	ANNAMITES et INSCRITS	CHINOIS	MÉRONGS	MÉOS	THAIS	MOÏS	OBSERVATIONS
Binh-Thuan ...	Phan-Thiet.....	39	12.178	1.300	»	»	»	»	Fonctionnaires de l'Annam : 127
Binh-Dinh	Quinhon.......	120	65.394	557	»	»	»	»	
Ha-Tinh	Ha-Tinh	36	39.366	13	»	»	»	»	
Ho-Van (Quang-Nang)	Tourane	5	8.000	6	»	»	»	»	
Haut-Donaï....	Djiring	9	150	4	»	»	»	5.410	
Khanh-Hoa....	Nha-Trang.....	24	12.428	884	»	»	»	»	
Nghé-An......	Vinh...........	140	48.629	247	»	»	»	»	
Phan-Rang....	Phan-Rang.....	95	10.539	314	»	»	»	»	
Phu-Yen......	Song-Can......	33	12.830	290	»	»	»	»	
Quang-Binh...	Dong-Hoï......	30	14.335	29	»	»	»	»	
Quang-Nam ...	Faifo	40	51.831	663	»	»	»	»	
Quang-Ngaï ...	Quang-Ngaï	25	19.515	443	»	»	»	»	
Quang-Tri.....	Ruang-Tri	33	18.278	31	»	»	»	»	
Thanh-Hoa....	Thanh-Hoa.....	70	72.513	174	»	»	»	»	
Thua-Thien ...	Hué...........	150	25.365	390	»	»	»	»	
		849	411.551	5.345	»	»	»	5.410	

4° CAMBODGE

PROVINCES	CHEFS-LIEUX	EUROPÉENS	CAMBODGIENS	ANNAMITES	CHINOIS	SIAMOIS	CHAMS ou MALAIS	PNONGS et STIENGS	OBSERVATIONS
Kampot.......	Kampot........	39	15.348	1.246	11.895	382	(*) 3.176	»	(*) Avec Cambodgiens.
Kompong-Cham....	Kompong-Cham.....	10	49.819	2.000	20.000	»	»	»	
Kompong-Chnang...	Kompong-Chnang....	16	17.286	5.606	3.981	»	»	»	
Kompong-Speu.....	Kompong-Speu......	7	149.464	76	3.569	»	»	»	
Kompong-Thom....	Kompong-Thom.....	6	19.320	1.200	3.000	»	»	»	
Kratié	Kratié	15	8.013	2.200	3.000	»	»	7.000	
Pnom-Penh...	Pnom-Penh....	375	92.463	6.616	20.020	192	(*) 7.114	»	(*) Avec Cambodgiens.
Prey-Veng	Prey-Deng.....	16	32.493	25.000	8.000	»	»	»	
Pursat........	Pursat.........	40	6.798	3.000	4.500	»	»	»	
Soai-Rieng....	Soai-Rieng.....	21	16.038	6.936	2.422	»	»	»	Fonctionnaires du Cambodge : 81.
Takéo	Takéo	3	32.085	8.425	16.840	»	»	»	
		548	439.127	62.305	97.227	574	10.290	7.000	

5° LAOS

PROVINCES	CHEFS-LIEUX	EUROPÉENS	LAOTIENS et INDIGÈNES DIVERS	ANNAMITES	CHINOIS				OBSERVATIONS
Vien-Tiane....	Vien-Tiane.....	20	62.000	196	250				Fonctionnaires du Laos : 66.
Attopeu.......	Attopeu........	3	58.100	1.500	11				
Bassac........	Bassac.........	7	3.303	»	160				
Cammon......	Pak-bin-Boun ..	24	38.000	2.000	15				
Darlac........	Darlac.........	3	25.200	»	»				
Kong	Kong..........	12	25.000	»	185				
Luang-Prabang	Luang-Prabang.	19	178.368	38	30				
Muong-Hou ...	Mohong-hou-Hona...	2	5.000	»	»				
Muong-Sing...	Muong-Sing....	7	21.200	»	»				
Muong-Song...	Muong-Son.....	2	15.700	»	»				
Saravane......	Saravane.......	6	40.000	»	21				
Savannakhet ..	Savannakhet ...	19	62.500	300	40				
Stung-Treng ..	Strung-Treng...	10	27.500	»	150				
Tranning	Xieng-Khouang	11	40.000	39	25				
		145	601.871	4.073	887				

6° QUANG-TCHÉOU-WAN

PROVINCES	CHEFS-LIEUX	EUROPÉENS	CHINOIS	ANNAMITES					OBSERVATIONS
Tché-Kam	Tché-Kam......	22	66.015	85					Fonctionnaires: 32
Po-Téou	Po-Téou	3	70.000	2					
Tam-Soui	Tam-Soui	3	53.196	6					
Quang-Tchéou	Quang-Tchéou..	15	»	54					
		43	189.211	147					

IMMIGRATION CHINOISE EN COCHINCHINE

Résumé du graphique établi par le service de l'immigration et de l'identification de Cochinchine

	1898				1899				1900				1901				1902				1903
	1er trim.	2e trim.	3e trim.	4e trim.	1er trim.	2e trim.	3e trim.	4e trim.	1er trim.	2e trim.	3e trim.	4e trim.	1er trim.	2e trim.	3e trim.	4e trim.	1er trim.	2e trim.	3e trim.	4e trim.	1er trim.
Hommes...	74.468	76.735	76.882	77.731	79.265	82.034	79.577	79,301	79.788	80.314	78.062	76.820	78.834	81.049	80.109	80 833	83.361	88.170	86.197	85.881	93.073
Femmes...	7.595	7.477	7.786	8.188	8.508	8.453	8.145	8.178	9.128	9.372	9.031	8.793	9.761	9.770	9.496	9.810	10.585	10.940	10.692	11.123	12.740
Enfants....	7.076	6.889	7.292	7.731	7.963	7.731	7.393	7.585	8.347	8.615	8.400	8.210	8.769	8.603	8.313	8.725	9.414	9.488	9.329	9.653	10.599
Totaux....	89.139	91.101	91.960	93.650	95.736	98.218	95.115	95.064	97.263	98.501	95.493	93.823	97.384	99.422	97.918	99.368	103.360	108.598	106.218	106.657	116.412
Total des entrées......	4.253	1.167	7.165	9.075	7.368	2.731	1.473	8.644	1.436	3.552	1.580	6.856	3.296	5.014	2.997	6.600	10.820	6.358	2.993	7.436	14.980
Total des sorties......	1.927	3.619	5.118	4.768	2.430	4.521	4.476	4.536	2.762	4.822	5.331	4.971	1.799	3.577	4.182	3.885	2.154	4.454	5.748	4.621	5.816

MERCURIALE GÉNÉRALE COMPARÉE

des denrées alimentaires de production locale pendant le premier trimestre 1903

POINTS VISITÉS	RIZ BLANC KILOG.	PADDY KILOG.	ŒUFS LA DOUZAINE	PORC KILOG.	GRAISSE KILOG.	BŒUF KILOG.	POULET LA PIÈCE	CANARD LA PIÈCE
Hanoï..........	0.16	0.11	0.36	0.70	0.70	0.40	0.60	0.80
Tuyen-Quang...	0.24	0.10	0.48	0.44	0.20	la pièce 28.00	0.50	»
Yen-Bay.......	0.30	0.11	rare 0.60	0.60	pas	0.80	0.90	»
Ngoi-Hop......	0.30	0.11	0.80	0.40	pas	rare	1.10	»
Bao-Ha.........	0.18	0.06	0.48	0.40	pas	»	0.40	»
Pho-Lu.........	0.20	0.08	0.65	0.60	pas	rare	0.50	»
Lao-Kay........	0.22	0.09	0.36	la pièce 22.00	pas	buffle 0.27	1.10	1.30
Haïphong......	0.18	0.10	0.44	»	1.00	0.50	0.50	0.60
Macao..........	0.20	0.12	2.40	0.60	»	2.00	kilog. 1.10	kilog. 0.90
Hong-Kong.....	0.20	0.12	0.44	0.36	»	0.32	kilog. 1.00	kilog. 0.75
Hué............	0.23	0.10	0.24	0.40	»	0.36	0.55	»
Saïgon.........	0.19	0.11	0.48	0.80	0.80	0.50	1.00	»
Pnom-Penh....	0.18	0.13	0.20	0.60	0.60	0.60	0.50	»
Pondichéry.....	0.18	0.09	0.36	rare	rare	0.40	0.45	0.85
Tananarive.....	0.13	0.05	0.50	0.60	0.60	0.60	0.55	0.60

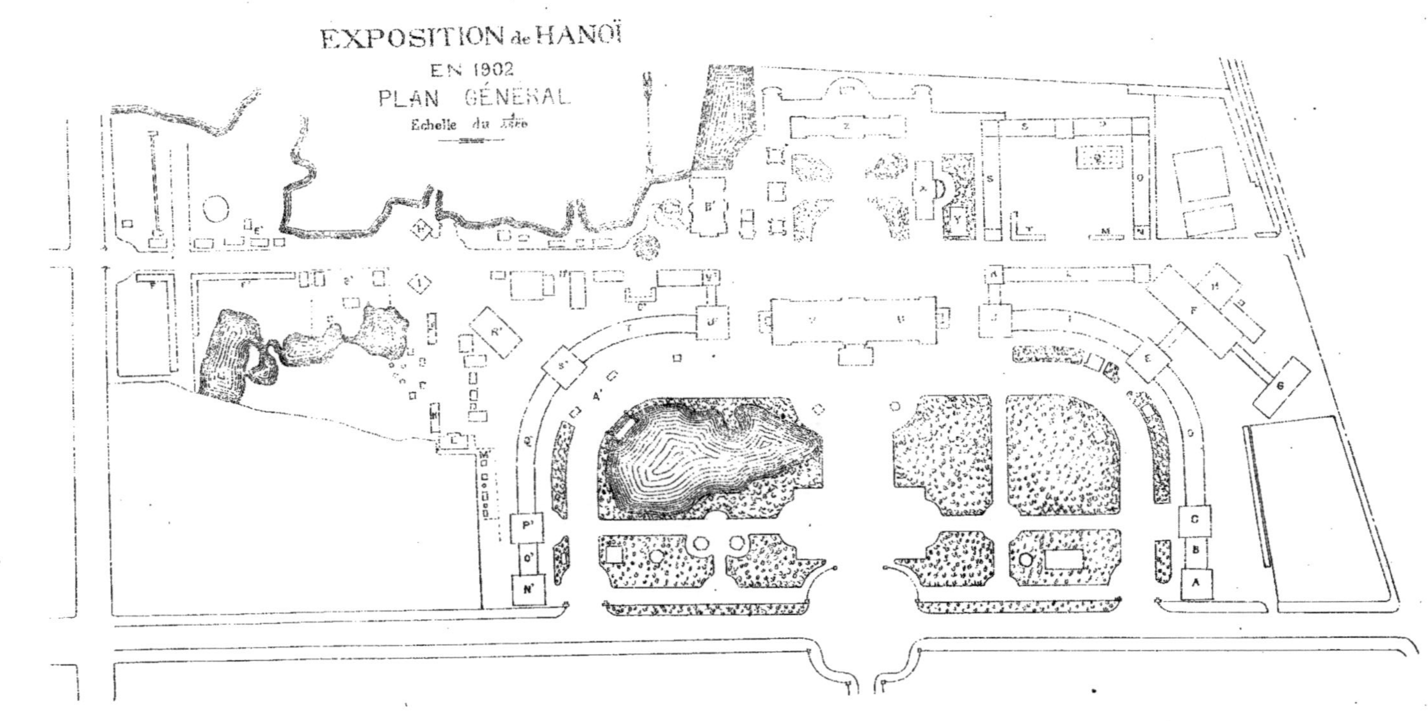
EXPOSITION de HANOÏ
EN 1902
PLAN GÉNÉRAL

TABLE DES MATIÈRES

INDEX ALPHABÉTIQUE

des noms propres, maisons de commerce, industries diverses, etc.,

inscrits dans la première partie du rapport

A

Expositions officielles ou particulières

Documents et renseignements économiques

B

Expositions officielles ou particulières

Documents et renseignements économiques

C

Expositions officielles ou particulières

Documents et renseignements économiques

D

Expositions officielles ou particulières

Documents et renseignements économiques

E

Expositions officielles ou particulières

Documents et renseignements économiques

F

Expositions officielles ou particulières

Documents et renseignements économiques

G

Expositions officielles ou particulières

Expositions officielles ou particulières

Documents et renseignements économiques

N

Expositions officielles ou particulières

Documents et renseignements économiques

O

Expositions officielles ou particulieres

Documents et renseignements économiques

P

Expositions officielles ou particulières

BIBLIOTHÈQUE NATIONALE
R.F.
IMPRIMÉS

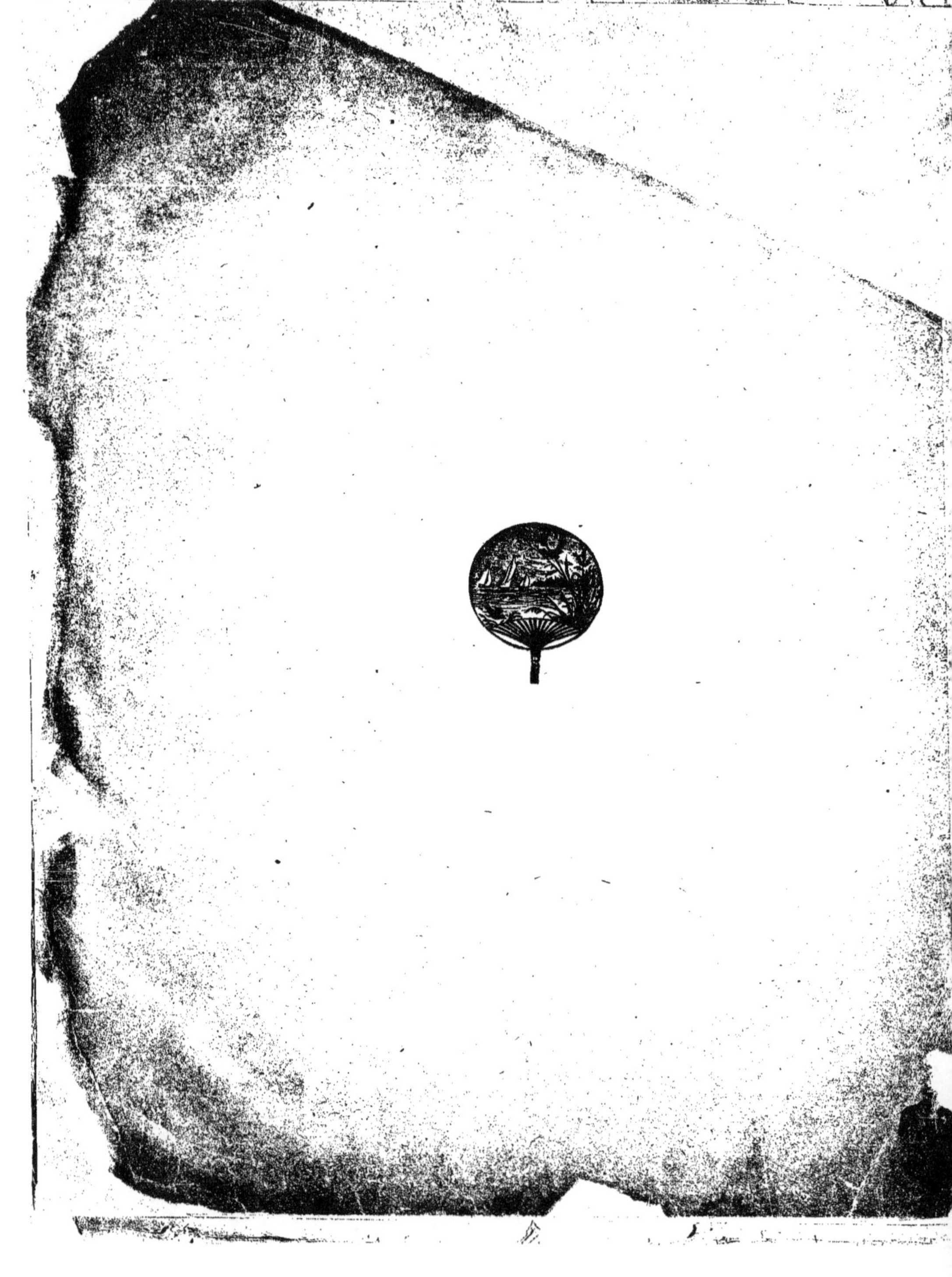

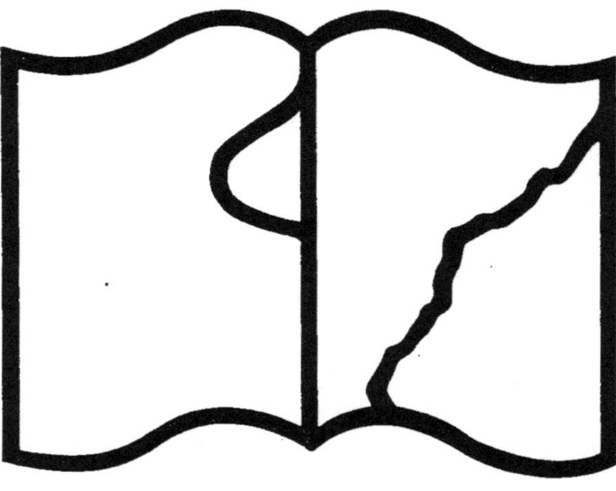

www.ingramcontent.com/pod-product-compliance
Lightning Source LLC
LaVergne TN
LVHW020411230826
846091LV00004B/1233

* 9 7 8 2 0 1 2 8 7 6 8 9 7 *